本书研究获国家哲学社会科学基金青年项目（10CGL009）资助

员工—组织关系
修复与管理创新

——社会契约理论的视角

陈建安 ◎ 著

人民出版社

目　录

前　言

　　从 2010 年"让广大劳动群众实现体面劳动"到 2012 年"中国梦"的提出，中国政府更加关注人本身的发展。实现体面劳动和中国梦离不开和谐劳动关系的重要支撑。当前，中国正进入经济社会全面转型的关键期，企业面临许多人力资源管理领域的挑战，从新生代员工拥有不同于父辈的利益诉求，到不断出现的新法规及利益相关者积极介入企业管理带来的复杂性。尤其是自 2008 年以来，人力资源管理逐渐成为企业管理危机的高发领域。劳动关系因为涉及主体多、面广并与人们的生活紧密相关而成为公共问题，并且是现代社会非常微妙和复杂的问题之一。当然，在员工—组织关系遭到破坏出现危机之后，若及时采取修复补救措施，关系重建或恢复是可能的。有效的人力资源管理实践是修复员工—组织关系的重要手段之一，成为组织关键能力的核心要素。但是，中国企业的人力资源管理长期以来主要关注战略，并将员工导向的人力资源管理责任和伦理活动边缘化。从而，企业人力资源管理的正统性面临威胁，常被批评为"披着羊皮的狼"。因此，中国企业的人力资源管理系统迫切需要转型升级，重构人力资源管理理念和创新人力资源管理实践，为和谐劳动关系提供支撑。

　　本书是在国家哲学社会科学基金青年项目"社会契约理论视角下的人力资源管理创新"（10CGL009）资助下完成的，前后耗时三年之久，课题组形成了一系列研究成果，构成本书的主体架构。总体来说，本书的主要内容如下：

第一，从员工—组织关系断裂演变归纳关系修复的影响因素。结合员工—组织关系连续带特征，引入"差序格局"描述员工—组织之间亲疏远近的关系格局；从关系破坏程度和初始关系质量两个维度确定信任修复的评估依据，引入关系修复指数明确员工—组织关系修复的优先顺序，即破坏之前员工—组织关系质量越好，关系破坏程度越小，则关系修复的可能性也就越大；基于员工—组织关系断裂的演变过程，从关系违背主体、关系违背客体及关系修复环境提炼员工—组织关系修复的影响因素，并以通钢集团流血事件为案例剖析关系修复的影响因素。

第二，以情景实验法揭示初始信任水平与信任破坏程度影响修复效果的内在机理。以情景模拟形式揭示不同修复策略情景下信任内在特征对信任修复效果影响的内在机制，得到以下具体结论：一是初始信任水平和信任破坏程度均对信任修复效果产生影响。初始信任水平对信任修复效果有一定的影响，其中道歉并赔偿策略能够获得最好的信任修复效果。信任破坏程度对信任修复效果有负向影响，也就是信任破坏程度越高，信任修复效果越差。二是情绪反应在初始信任水平、信任破坏程度影响信任修复效果中，在不同的修复策略下存在部分中介作用。三是在道歉、赔偿以及道歉并赔偿策略下，责任归因在员工的情绪反应影响信任修复效果中发挥调节效应，调节效应的大小根据信任修复的策略而有所不同，其中在道歉并赔偿策略下最强烈。

第三，提出能动主义视角下员工—组织关系修复的多元机制。根据组织、员工和外部利益相关者在员工—组织关系修复中的参与度和能动性，提炼员工—组织关系修复的组织单方自我修复机制、组织与员工互动自我修复机制和外部利益相关者介入的干预修复机制，并利用案例研究加以佐证分析；归纳员工—组织关系修复中工会组织、政府机关、合作伙伴、公益性民间组织、媒体关键利益相关者的作用及其实施的干预方式，包括调停与和解、咨询与建议、行政命令与仲裁。

第四，梳理社会契约视角下的人力资源管理理念创新。明晰公司行为准则的内涵，从规范性和描述性视角分别辨析理想的和现实的公司行为准则内容，明确行为准则管控对象从公司内部的管理者、员工向外部的供应商、承包商延伸，从社会契约理论剖析准则的倒金字塔图谱及来源，为人力资源管理创新提供逻辑出发点；梳理并诠释了以企业为中心、以员工为中心和以利益相关者为中心三种逻辑视角下人力资源管理的理念演变及实践创新。

第五，提出员工—组织关系视角的积极人力资源管理实践创新。基于积极心理学视角，提出人力资本、社会资本和心理资本均属于员工开发的内容域，引入知识共享、个人意愿和群体社会资本，揭示个体层面人力资本、社会资本和心理资本的互动机制，分析促进人力资本、社会资本和心理资本协同开发的指导人计划、实践社区和职位轮换制等人力资源开发形式；从员工和组织视角分别辨析工作幸福感的标准，提出积极主义视角下组织的员工幸福主动嵌入管理，归纳能动主义视角下员工的幸福主动追求行为，提出组织与员工互动视角下工作幸福持续增强的双螺旋系统。

第六，剖析关系平衡视角下企业基层工会组织的有效性增强途径。聚焦企业内工会组织与人力资源管理部门在人力资源管理领域的互动，诠释一元主义视角下的替代关系、多元主义视角下的博弈关系及混合主义视角下的伙伴关系；围绕企业内工会组织与工会会员的二元关系，剖析委托代理视角下的社会交换关系和组织身份视角下的社会认同关系；借鉴平衡理论的思路，演绎劳资关系中企业内工会组织、人力资源管理部门和员工三角平衡结构和不平衡结构，及从不平衡状态向平衡状态转化的路径；提出增强中国企业工会组织有效性的途径，即利用组织模型重建会员关系，重视企业内工会的组织战略，例如集体认同的培育和工会领导的开发等。

第七，提出促进转型经济下我国企业人力资源管理转型升级的建议。基于前期研究成果和研究结论，提出员工—组织关系破裂前预警信号识别、修复策略实施注意事项，及从信任修复、积极情绪和积极交换行为（例如组织公民行为）构建员工—组织关系修复效果的监测指标；从人力资源危机准备度、将危机管理主动嵌入人力资源管理系统、人力资源管理品牌塑造、从人力资源危机中学习整合和利用外部积极力量等方面，提出组织人力资源危机干预能力的培育措施；从开发和实施公司行为准则、塑造人力资源管理伦理氛围、创新伦理型人力资源管理实践等方面提出伦理回归背景下的人力资源管理实践伦理化对策；从组织理论视角提出增强中国企业内基层工会组织有效性的对策，包括强化工会组织伦理监督职责，训练工会领导的服务导向和变革型领导风格，强化工会骨干的人力资源管理培训，实施新生代会员的工会社会化策略及利用信息通信技术实现工会实践现代化。

本书突出特色如下：第一，研究视角比较新，如从员工—组织关系修复视角来开展理论研究和实证研究，从社会契约视角来分析人力资源管理理念的创新，从关系平衡视角来剖析企业内工会组织有效性增强的途径；第二，采用多阶段情景实验法动态揭示初始信任水平和关系破坏程度对不同策略修复效果的影响机理，克服了采用横截面数据研究的片面性；第三，将外部利益相关者引入员工—组织关系修复系统中，协同开发员工的人力资本、社会资本和心理资本，将员工—组织互动融入工作幸福管理系统，这些提法更符合中国转型经济下人力资源管理面临的环境实况。

本书是团队集体智慧的结晶，凝结了团队成员龚园园、金晶、陶雅、王筑君、法何等在此领域研究的心血，在此表示感谢。由于知识和能力有限，书中可能存在许多欠缺之处，期待各位读者给予批评和指正。

陈建安

2015 年 6 月于珞珈山

绪　论

进入 21 世纪，员工与组织关系不仅仅是雇佣和被雇佣关系，更是战略性的合作伙伴关系，在人力资源管理领域中占有越来越重要的地位。员工—组织关系和人力资源管理是相辅相成的，高质量的员工—组织关系既是人力资源管理中的宝贵资源，能够增强企业竞争优势，也是实施人力资源管理带来的结果。但是，员工—组织关系是非常脆弱的。从而，随着时间的推移，组织与员工之间的关系会发生变化，甚至终止或消亡。尤其是中国经济社会正进入全面转型期，员工—组织关系的影响因素随之日益复杂和不确定，对人力资源管理提出更高的要求和更大的挑战。

第一节　问题提出

一、全面转型期员工对组织的信任受到挑战

员工对组织的信任是影响二者之间心理契约建构和维持的重要因素之一，对个人与组织利益均会带来积极影响（Dirks & Ferrin，2002）[1]。具体来说，组织信任既有利于员工的身心健康培育，增

---

[1] Dirks, K. T., Ferrin, D. L., "Trust in Leadership: Meta-Analytic Findings and Implications for Research and Practice", *Journal of Applied Psychology*, Vol.87, No.4, 2002, pp. 611-628.

强员工对组织的承诺（Dirks & Ferrin，2001）[1]，激发员工的主人翁精神或组织公民行为（Wong、Ngo & Wong，2003）[2]，也能够促进组织与员工之间亲密合作关系的建立与维持（Davis、Schoorman、Mayer & Tan，2000）[3]、组织的繁荣发展和凝聚力增强（Dirks & Ferrin，2002）[4]。

组织信任涉及员工之间的横向信任、上下级之间的垂直信任及员工与组织之间的制度信任多个层面。其中，制度信任是指员工对组织总经理和高层管理者的信任，能够影响员工对组织奖励实践有效性的感知和离职倾向（Costigan、Iiter & Berman，1998）[5]。虽然员工对主管的信任和对组织的信任是积极相关的，但是二者之间的前因后果存在显著的差异。其中，员工对主管的信任强调管理层的员工导向、诚实、能力、公平和直率，与主管的能力、仁慈、真诚相关；员工对组织的信任则强调组织愿景、产品质量、组织持久性等社会意义，更与组织支持感、公平感相关。员工对主管信任的结果变量是创新行为、对主管的满意度，员工对组织信任的结果变量则是高组织承诺和低离职倾向。因为员工对组织的信任能够促成员

---

① Dirks, K. T., Ferrin, D. L., "The Role of Trust in Organizational Settings", *Organization Science*, Vol.12, No.4, 2001, pp. 450-467.

② Wong, Yui Tim, Ngo, Hang Yue, Wong, Chi Sum, "Antecedents and Outcomes of Employees' Trust in Chinese Joint Ventures", *Asia Pacific Journal of Management*, Vol.20, No.4, 2003, pp. 481-499.

③ Davis, James H., Schoorman, David F., Mayer, Roger C., et al., "The Trusted General Manager and Business Unit Performance: Empirical Evidence of a Competitive Advantage", *Strategic Management Journal*, Vol.21, No.5, 2000, pp. 563-576.

④ Dirks, K. T., Ferrin, D. L., "Trust in Leadership: Meta-Analytic Findings and Implications for Research and Practice", *Journal of Applied Psychology*, Vol.87, No.4, 2002, pp. 611-628.

⑤ Costigan, Robert D., Iiter, Selim S., Berman, J. Jason, "A Multi-Dimensional Study of Trust in Organizations", *Journal of Managerial Issues*, Vol.10, No.3, 1998, pp. 303-317.

工积极主动的合作行为，对组织抱有积极的预期，从而能够在工作中保持奉献精神、充沛的精力。所以，员工对组织的制度信任才是对组织规章制度的有效补充，既能降低企业的运营成本，提高组织绩效，还能增强员工对组织的忠诚度、责任感和使命感（蔡翔，2006）[①]。

　　员工的组织信任对变革成功是必要的，但是变革正在对员工的组织信任产生挑战。具体来说，变革产生不确定性，各种不确定因素可能会影响员工对组织的信任水平。尤其是中国进入全面转型的关键期，企业人力资源管理面临的不确定因素日益复杂。例如，当前文化、价值观念正在发生裂变，员工面临强烈的危机感和较高的工作压力；20 世纪八九十年代出生的新生代员工已经成为职场主力军，这些员工具有超强的自我意识、忠诚职业高于忠诚组织、追求自我价值实现；市场环境正在发生深刻变化，基于社会责任的竞争时代已经悄然而至，对人力资源管理的伦理要求越来越高。虽然中国劳动法律法规逐渐完善，但是多元利益相关者的不同利益期望导致企业遵守劳动法条款存在灵活的应对。其中，当与利益相关者利益趋同时，企业严格遵守相关规定，例如书面劳动合同的要求；当与利益相关者利益基本不趋同时，企业仅轻微遵守法规，例如社会保险条款；当与利益相关者利益不趋同时，企业几乎不遵守相关法规，例如加班时间限制（Chung，2014）[②]。因此，当前员工对组织的信任衰减的现象逐渐增多，部分企业甚至陷入信任危机，进而引发员工抗议的群体事件。例如，2008 年中国东方航空云南有限

---

① 蔡翔、李燎原：《组织内部信任的内涵、特点与功能》，《改革与战略》2006 年第 11 期，第 21—24 页。

② Chung, Sunwook, "Explaining Compliance: A Multi-Actor Framework for Understanding Labour Law Compliance in China", *Human Relations*, Vol.68, No.2, 2014, pp. 237-260.

公司飞行员由于公司的内部冲突集体返航，导致旅客滞留，引起强烈的不良社会影响；2010 年，深圳富士康科技集团员工连续跳楼事件，引起社会对制造企业人力资源管理的反思。尤其是 2008 年以来，众多企业选择裁员降薪以试图度过全球金融危机的寒冬，但是在裁员降薪及执行过程中的种种问题消磨了员工对企业的信任与忠诚。从华为技术有限公司员工自杀到深圳富士康科技集团员工连续跳楼，这些事件的发生破坏了员工与组织之间的信任，不但员工蒙受经济和心理损失，企业同样遭受经济和名誉的双重损失。无独有偶，美世管理咨询公司（Mercer Consulting）在《2010 年人力资本规划》报告中也指出：全球员工对企业的信任已下降。其中，2008—2009 年法国电信公司（France Telecom）共有 35 名员工自杀，2010 年又发生 11 名员工自杀，这些自杀事件导致法国电信公司面临全面信任危机，甚至法国劳工部曾经批评法国电信公司计划在 3 年内裁员 2.2 万人的做法等同于骚扰。面对连续不断的员工自杀和强大的社会舆论压力，法国电信公司只好搁置原有的重组计划，允许年龄较大的雇员选择非全日制工作，减轻老年员工的工作压力，增加心理咨询和暂停内部工作调职，试图赢得员工的再次信任。组织信任的违背与破坏会给组织带来极大的经济、情感和社会损失（Aquino、Tripp & Bies，2006）[1]。一方面，员工对组织的信任遭到破坏，员工的组织忠诚度就会大大地降低，并可能产生各种不良情绪，影响企业和谐；另一方面，组织信任的破坏可能削弱员工对组织的归属感和认同感，增加离职率，不利于组织的稳定。

---

[1] Aquino, K., Tripp, T. M., Bies, R. J., "Getting Even or Moving on? Power, Procedural Justice, and Types of Offense as Predictors of Revenge, Forgiveness, Reconciliation, and Avoidance in Organizations", *Journal of Applied Psychology*, Vol.91, No.3, 2006, pp. 653-668.

二、信任修复能力成为组织的关键管理能力

企业人力资源管理环境的复杂化、员工规模的不断扩张以及员工流动性增大，使得企业的人力资源管理变得更加困难。尤其是企业掌控全局并有效控制的难度不断上升，导致负面事件的频发，引起员工对组织信任的破坏。信任遭到破坏后，员工—组织双方关系就会转变为"不稳定、不确定"的消极状态，并且如果不及时地实施修复补救，关系最终可能遭到破坏。当然，代表真诚、能力和仁慈的强有力管理措施能够阻止信任的下降，但是如果是由低信任变成不信任，那么就可能成为双方都难以破解的死结（Sørensen、Hasle & Pejtersen，2011）①。甚至有些企业的管理层对员工反应以负面解释作出应对，则可能引发信任降低的恶性循环。当然，关系终结过程是暂时的、情景化的（Halinen & Tähtinen，2002）②。在员工对组织的信任遭到破坏后，若组织及时采取恰当的修复补救措施，信任重建或恢复到以前状态是可能的。例如，亨利·福特二世（Henry Ford Ⅱ）在 1945 年接手福特汽车公司时，采用多方面措施重新赢得员工的信任；美国航空公司（American Airlines）从 2003 年重组引发信任危机的冰点走出；华为技术有限公司成功处理"辞职门"事件。并且，与组织外部的信任相比，组织内信任的抗脆弱性比较高，失信企业重拾信任的机会也更大。因此，对于处于信任困境中的企业，采取有效的信任修复计划以重新获得员工对组织的信任，是必要的和可行的。

组织与员工之间的再续前缘，信任是关键。以信任破坏的发生为分界点，将员工对组织的信任分为初始信任和再续信任。初始信

---

① Sørensen, O. H., Hasle, Peter, Pejtersen, Jan H., "Trust Relations in Management of Change", *Scandinavian Journal of Management*, Vol.27, No.4, 2011, pp. 405-417.

② Halinen, A., Tähtinen, J., "A Process Theory of Relationship Ending", *International Journal of Service Industry Management*, Vol.13, No.2, 2002, pp. 163-180.

任的双方缺乏相互作用的历史，信任方并没有被信任方特征的直接信息及相关认知，信任信念与信任意向是一致的。但是，再续信任中信任方拥有对方不可信的经历及相关认知。在信任再续时，需要增加的信任量实际上可能远远大于初始信任建立的信任量。从而，信任危机之后的信任修复与重建，更是异常艰难的系统工程。尤其是如果破坏后的信任一旦被修复，员工—组织关系就会继续往前发展，否则有可能出现员工对组织信任的二次破坏。因此，员工—组织关系持续发展不但需要企业具备关系建构能力，而且需要具备一定的关系修复能力。

三、人力资源管理实践是组织修复员工信任的重要载体

信任是组织与员工在交往互动过程中形成的结果，组织只有获得员工的信任之后，才能与员工进行深层次的情感交流，并且与员工达成心理契约关系。因此，组织信任不仅是外生变量，而且是能够被开发的管理资源（Cho & Ringquist，2011）[1]。员工对组织信任背后更深层次的是人力资源管理问题。社会交换理论认为人力资源活动影响员工信任的发展（Whitener，1997）[2]，人力资源管理实践是信任和组织绩效的重要预测变量。越来越多的研究也表明：人力资源管理方式和管理内容影响员工以组织信任为基础的心理契约。其中，人力资源管理实践和程序公平对员工信任的影响部分由组织可信度（组织能力和值得可信倾向）中介，程序公平和人力资源实践是相互影响的。从而，即使在人力资源管理实践没有得到开

---

① Cho, Yoon Jik, Ringquist, Evan J., "Managerial Trustworthiness and Organizational Outcomes", *Journal of Public Administration Research and Theory*，Vol.21，No.1，2011，pp. 53-86.

② Whitener, Ellen M., "The Impact of Human Resource Activities on Employee Trust", *Human Resource Management Review*，Vol.7，No.4，1997，pp. 389-404.

发的企业，程序公平也是员工对组织信任的重要预测变量（Searle、Den & Weibel 等，2011）①。因此，通过正确实施与完善人力资源管理活动或促进程序公平的管理政策，可以增强员工对组织的信任。例如，获得员工对组织的高信任能够通过一系列相关的政策予以实现：促进关系导向的文化，信息传递简单明了，连续的诱导培训，创造非正式交流机会和胜任力日常管理（Six & Sorge，2008）②。因此，有效的人力资源管理实践也是修复员工对组织信任的重要载体。

在第二次世界大战之前，就业关系中并没有听说过书面合同，雇佣协议通常以握手等传递承诺的传统方式来达成（Karnes，2009）③。员工与雇主之间的关系是建立在社会契约之上，双方认可各自的权利和义务。然而，自从第二次世界大战以来，工作环境中雇主与雇员关系相关的企业伦理正在发生重大转变。人力资源管理角色从关注员工转向关注战略，并将员工导向的人力资源管理责任和伦理活动边缘化。虽然相关理论辞藻华丽地描述战略人力资源管理能够促进组织目标和员工目标统一，但是现实中的人力资源管理实践却优先考虑战略利益而不是员工利益（Van Buren Ⅲ、Greenwood & Sheehan，2011）④，组织目标和员工目标仍然处于

① Searle, R., Den Hartog, D. N., Weibel, A., et al., "Trust in the Employer: The Role of High-Involvement Work Practices and Procedural Justice in European Organizations", *The International Journal of Human Resource Management*, Vol.22, No.5, 2011, pp. 1069-1092.

② Six, F., Sorge, A., "Creating a High-Trust Organization: An Exploration into Organizational Policies that Stimulate Interpersonal Trust Building", *Journal of Management Studies*, Vol.45, No.5, 2008, pp. 857-884.

③ Karnes, Roger Eugene, "A Change in Business Ethics: The Impact on Employer-Employee Relations", *Journal of Business Ethics*, Vol.87, No.2, 2009, pp. 189-197.

④ Van Buren Ⅲ, H. J., Greenwood, M., Sheehan, C., "Strategic Human Resource Management and the Decline of Employee Focus", *Human Resource Management Review*, Vol.21, No.3, 2011, pp. 209-219.

冲突之中。员工几乎没有任何权利，给予雇员的权利并非由雇主自愿提供，而是由政府法规和法庭判例提供的，例如病假、性骚扰和员工薪酬等都是通过法律法规手段来处理，并非基于伦理考虑。因此，人力资源管理的正统性面临威胁。伦理回归是人力资源管理对于人的内在本质的深刻认识。当代经济环境的竞争需要也带来人力资源专业人员的内隐伦理职责。如果人力资源专业人员扮演伦理管家角色和实施变革型领导风格，他们将更加关注对所雇组织的伦理职责，更有效地帮助组织创造持续增长的财富，获得满意的组织绩效，构建使员工更满意的工作环境（Caldwell、Truong & Link 等，2011）①。例如，2008 年华为技术有限公司经历员工连续自杀事件之后，专门成立员工健康指导中心，设立首席员工健康与安全官，负责规范员工餐饮办公等健康标准、疾病预防以及提供健康与心理咨询服务，以此重新获得员工对组织的信任，并激发员工的工作积极性。

四、社会责任竞争时代迫切需要人力资源管理创新

从表面上看，人力资源管理的变迁是由于企业环境的变化所引起，实际上却是各种利益相关者相互作用的结果。契约理论能够为人力资源管理的分析提供很好的平台，在研究人力资源管理问题上具有很大的灵活性。企业被理解为利益相关者政治经济系统的组成部分，是利益相关者正式契约和隐性契约的"契约联合体"。其中，正式契约是以明确的书面条款约定各方的权利和义务，并以法律作为强制实施基础；隐性契约则没有明确的书面规定条款，由缔约方默契安排交易行为。企业社会责任就是企业与社会之间不断变化的

---

① Caldwell, Cam, Truong, Do X., Link, Pham T., et al., "Strategic Human Resource Management as Ethical Stewardship", *Journal of Business Ethics*, Vol.98, No.1, 2011, pp. 171-182.

社会契约关系，因此从伦理责任角度来看，企业必须履行社会契约中的各种显性及隐性义务要求，才能长久生存和持续发展。随着市场竞争的主导逻辑沿着"价格竞争→产品竞争→服务竞争→时间竞争→关系竞争"的轨迹演变，社会责任正成为企业赢得竞争优势的新增长点，"企业社会责任也是竞争力"的理念正得到广大企业及其管理者的高度认可。虽然社会经济发展不同阶段的特征决定企业社会责任的社会契约具有不同的特征，但是企业承担对员工的社会责任是承担其他各种社会责任的前提和基础。

　　承担更多的社会责任是未来企业发展的一种趋势，社会责任最终的实施主体依然是人，因此从人力资源伦理问题入手推进组织伦理建设是一条有效途径。从而，企业进行人力资源管理创新是社会责任竞争时代赢得竞争优势的重要源泉之一。鉴于人力资源管理创新带来的竞争优势是不易模仿的，人力资源管理创新逐渐成为管理创新领域的重要主题。尤其是进入全球化时代，创新成为人力资源管理能力建设的战略工具（Farazmand，2004）[1]。甚至可以说，新的人力资源管理实践是促进公司产生创新的决定性创新（Kossek，1987）[2]。然而，随着中国经济社会加速转型，人力资源管理逐渐成为企业管理危机的高发领域，涉及员工自杀事件、员工凭借新社交媒体有意或无意泄露企业机密等，让管理者不得不重新审视自己的管理到底存在什么问题。因此，我国人力资源公共政策设计者和企业人力资源管理实践者均面临员工生活改善、劳工标准、工会有效性、招工难等一系列现实问题。人力资源管理概念起源于20世纪

---

① Farazmand，Ali，"Innovation in Strategic Human Resource Management：Building Capacity in the Age of Globalization"，*Public Organization Review*，Vol.4，No.1，2004，pp. 3-24.

② Kossek，Ellen Ernst，"Human Resources Management Innovation"，*Human Resource Management*，Vol.26，No.1，1987，pp. 71-92.

60—70 年代的美国，后逐渐被全球各国接受和采纳，并分化为美国人力资源管理模式（Brewster，1995）、欧洲人力资源管理模式（Brewster，1995）和亚洲人力资源管理模式（Rowley、Benson & Warner，2004）等。不同模式下人力资源管理形式既有一些意外的相似点，又存在大量差异之处。从而，中国人力资源管理并不能完全照搬西方的人力资源管理实践，唯一出路在于自主创新。

综上所述，随着人力资源管理问题涉及人多面广，并与人们的生活紧密相关，逐渐成为公共问题，社会契约理论视角下人力资源管理创新成为一个具有重大理论价值和现实意义的研究课题。本书由员工—组织关系入手，试图从员工和组织之间关系动态变化的视角来剖析关系断裂过程，提炼关系修复效果的影响因素，以深化对关系断裂问题的认识；拟以情景模拟的方式对关系修复中的核心要素——信任修复的影响因素进行探索式研究，揭示初始信任和信任破坏对信任修复效果的影响机理；以案例研究诠释利益相关者能动主义视角下组织对员工关系修复的响应机理；最后，从人力资源管理创新、企业内工会有效性增强等方面提出社会契约视角下重新获得员工对组织信任的对策建议。希望本书能够丰富关系修复研究，既能为企业应对人力资源管理领域危机和开展人力资源管理创新提供指导，又能对中国构建和谐劳动关系和规避人力资源管理伦理风险拓宽思路。

第二节　国内外研究现状评述

随着组织变革的日益加剧，员工对雇主组织持有的信心和支持情感，成为企业发展必不可少的道德基础。基于道德、感情的组织信任能对员工的态度和行为有很好的预测，更是成为影响组织健康的重要软性指标之一。从而，增强员工的信任度已成为组织管理尤其是人力资源管理中重要的研究课题。因此，从组织信任修复和人力资源管理创新两个方面来梳理相关文献，为后续相关主题的研究做好理论铺垫。

一、组织信任修复的相关研究评述

组织信任问题受到人文社会学科的广泛关注，成为组织管理领域研究者和实践者关注的焦点。其中，管理学中对信任的研究集中在组织、团队、个体不同层次之间信任关系的发展和维系上。自 1995 年以来，研究信任的文献大量涌现，涉及主题包括信任的界定、测量，还有新的领域，例如情感、情绪、冒犯、修复、国际化和跨文化环境中的信任问题等。尤其是近年国外管理类期刊，如《管理学会评论》（*Academy of Management Review*）、《组织科学》（*Organization Science*）、《信任研究期刊》（*Journal of Trust Research*），纷纷为信任研究开设了专刊，且于 1994 年在斯坦福大学召开了专题会议。

（一）组织信任的内涵界定及分类

社会学、心理学、经济学等众多学科领域均对信任及其内涵进行了深入的研究。组织信任作为信任的分支之一，各个领域的学者也为此开展了大量的研究工作，但是迄今为止还没有一个被普遍接受的权威定义。部分学者从心理学的角度对组织信任进行了内涵界定，认为组织信任是员工对于组织环境是否安全、友善的一种主观评价（Dirks & Ferrni，2001）。梅耶尔、戴维斯和斯库曼（Mayer、Davis & Schoorman，1995）将信任视为一种期望和心理状态，把组织内信任进一步定义为：在组织内部成员之间互动后对彼此的认知和了解的基础上，其中一方期望另一方会执行对自身而言有重要意义的某种行动，而不需要利用监督和管理的手段控制对方的行为，并且愿意接受对方行动可能带来的风险和伤害①。郑伯埙（1999）则从社会学角度对组织信任进行定义，认为组织信任主要是成员关系之间的信任。显然，郑伯埙是从人际信任角度对信任进行定义，将组织信任内化为管理者和员工之间的关系，将组织信任加以具体化。后来，斯佩克特和琼斯（Spector & Jones，2004）将组织信任进一步细分为向下信任和向上信任，其中向下信任就是组织内成员对下属的信任，向上信任就是组织内成员对领导的信任②。从梅耶尔、戴维斯和斯库曼到郑伯埙再到斯佩克特和琼斯都是从人际信任的视角阐释组织信任，认为组织信任包括组织上司和下属之间的信任以及同事之间的信任关系。

人际信任只是组织信任的一个层面而已，组织信任应该包含更加丰富的内涵。柯斯蒂根、意特尔和伯曼（Costigan、Iiter & Berman，1998）构建了一个详细完整的组织内信任架构，把组织信任的主体归纳为组织制度和人际关系两种，其中人际关系包括个体与同事、监督者和高层管理者之间的关系。这丰富了组织信任的内涵，将组织信任从单纯的人际信任扩展到系统信任，其中系统信任是成员与组织间的信任关系，即组织成员对组织本身或制度的信任以及组织对组织成员的信任。员工对总经理的信任和对组织的系统信任并不相关，其中员工对总经理的信任强调管理者的员工导向、诚实、能力、公正和直率；对组织的系统信任则强调组织使命的社会意义、产品质量、超越预期的组织持续（Perry & Mankin，2007)③。

---

① Mayer, Roger C., Davis, James H., Schoorman, F. David, "An Integrative Model of Organizational Trust", *The Academy of Management Review*, Vol.20, No.3, 1995, pp. 709-734.

② Spector, M. D., Jones, G. E., "Trust in the Workplace: Factors Affecting Trust Formation between Team Members", *The Journal of Social Psychology*, Vol.144, No.3, 2004, pp. 311-321.

③ Perry, R. W., Mankin, L. D., "Organizational Trust, Trust in the Chief Executive and Work Satisfaction", *Public Personnel Management*, Vol.36, No.2, 2007, pp. 165-179.

并且，员工对组织的信任能够中介员工对同事的信任、组织情感承诺对组织绩效的影响。此外，组织系统信任还应包括对组织内团队的信任，也就是说，系统信任是一种综合的信任，不只是组织成员间的信任及成员对组织的信任，还包括团队与团队之间、成员与团队之间、团队与组织之间的多重信任关系。

（二）组织内信任的影响因素

组织信任的影响因素有很多，这些因素有不同的来源、不同的层次。日常管理实践、领导风格、组织氛围、组织文化、组织战略决策、组织结构、组织制度、组织内外部政策与流程、公众名誉等在不同程度上影响组织内信任水平（Gillespie & Dietz，2009）[①]。并且，组织信任的各种要素是联动的，当其中一种信任因素遭到破坏时，组织的其他信任维度评价也会受到相应的联动影响（Kim、Ferrin & Cooper 等，2004）。综合组织信任的相关文献，信任的影响因素包括组织因素、个体因素和情景因素。

其中，组织声誉、组织制度及其实施过程、组织文化、组织结构、工作特性、领导风格等是影响信任水平考虑较多的组织因素。组织内的规章制度是替代个人信息和交往经验的重要信息来源之一。制度信任并不是一种明确的契约，而是组织内的成员对于制度以及规则所达成的得到普遍认可的"潜规则"，制度信任水平的高低有赖于组织成员对组织制度及规则的认同程度和内化程度。除了有形的规章制度，无形的组织文化也是组织信任的重要影响因素。通过建设良好的组织文化可以改善组织成员的信任水平（Schoorman、Mayer & Davis，2007）。由于判断对方可信程度的手段有限，通常是以对方所属组织或群体的社会范畴作为推断依

---

① Gillespie, N., Dietz, G., "Trust Repair after an Organization-Level Failure", *The Academy of Management Review*，Vol.34，No.1，2009，pp. 127-145.

据。从而，即使没有掌握被信任方的足够信息，也能根据其在组织中的职位，与之建立信任（Yuki、Maddux、Brewer & Takemura，2005）。组织中的领导行为、领导方式及其对下属的信任水平除了会影响组织成员的行为与绩效（韦慧民和龙立荣，2009），也会影响他们对领导乃至对整个组织的信任（Dirks & Ferrin，2002）。科尔斯戈德、布罗特和怀特讷（Korsgaard、Brodt & Whitener，2002）的研究发现，领导可以通过诚信、行为一致性、开放性交流、关怀员工、充分授权对自己的行为进行调整以赢得下属更多的信任。变革型领导、公仆型领导均与员工的组织信任水平有较高的正相关（Dirks & Ferrin，2002；Joseph & Winston，2005）。其中，员工感知的仆人式领导与领导信任和组织信任呈正相关关系，仆人导向的组织比非仆人导向的组织展现出更高水平的领导信任和组织信任[①]。

不同人口特征、人格特征和成长经历的个体具有不同的信任倾向（Spector & Jones，2004；陈春花和马明峰，2006；Gilbert & Tang，1998），信任倾向与信任度明显相关（Spector & Jones，2004），并受外界因素的调节影响（Becerra & Gupta，2003）。成长环境、背景和社会经历不同影响个体的认知模式，从而导致个体信任他人的倾向存在差异。信任判断有对他人可信度预期的形成和验证可信度预期两个阶段，当实际情况与预期信任有较大差距时个体的信任行为会发生改变。此外，个体的即时心境会影响信任倾向（Dunn & Schweitzer，2005），例如受情感依恋影响的个体可能更愿意承担信任他人所面临的风险（Weber、Malhotra & Murnighan，2005）。

---

① Joseph，E. E.，Winston，B. E.，"A Correlation of Servant Leadership，Leader Trust，and Organizational Trust"，*Leadership & Organization Development Journal*，Vol.26，No.1，2005，pp. 6-22.

情景因素包括关系基础、第三方关系及区域文化等。中国的特殊文化背景有别于西方文化背景，中国特有的"关系"文化是组织信任中不可小视的重要影响因素，会影响信任方的归因过程和对可信赖性的判断。钱海燕和杨忠（2010）发现，文化差异和制度差异影响个体的信任倾向和可信赖程度的判断标准，其中制度差异影响信任方倾向，文化差异影响个体的归因过程和可信赖性感知。后果变量也是信任的影响因素（祁顺生和贺宏卿，2006），包括后期信任发展（韦慧民和龙立荣，2009）、心理契约违背知觉（Robinson，1996）。

（三）信任修复策略及其影响因素

信任是一个多阶段的动态平衡过程，从而在多阶段的平衡过程中，信任从建立到衰退、违背是常见现象（陈阅、时勘和罗东霞，2010）。自从1996年雷维奇和邦克（Lewicki & Bunker）开启学术界对信任修复的研究先河以来，组织信任修复已日渐引起学术界的关注。德克斯、雷维奇和扎西尔（Dirks、Lewicki & Zaheer，2009）在《管理学会评论》期刊中组织了关于信任修复的专题讨论，学者们分别采用质化研究探索了信任修复的理论框架（Gillespie & Dietz，2009）及归因在信任修复中的重要性（Tomlinson & Mayer，2009；Kim、Dirks & Cooper，2009）。并且，部分学者认为信任破坏类型、文化等情景因素会影响信任修复的效果（Ren & Gary，2009；Rhee & Valdaz，2009），当然人际信任修复策略并不适合组织中的系统信任修复（Janowicz-Panjaitan & Krishnan，2009）。归纳起来，根据不同学科领域对组织信任研究的不同侧重点，信任修复研究可以划分为两个层面：以个体为研究对象的社会学和心理学领域研究；以组织为研究对象的经济学和管理学领域研究。

1. 信任修复策略研究

信任修复比信任初建困难，不仅需要降低信任破坏水平，而且需要建立积极预期，克服之前的负面影响，从而信任修复策略的有效实施是至关重要的。归纳起来，常见的研究中有以下几种信任修复方式：

第一，言语反应策略，包括道歉（Kim、Ferrin & Cooper 等，2004；Tomlinson、Dineen & Lewicki，2004）、否认（Kim、Ferrin & Cooper 等，2004）、沉默（Ferrin、Kim & Coope 等，2007）、解释及承诺（Schweitzer、Hershey & Bradlow，2006）。

第二，行动措施，包括自愿抵押担保（Nakayachi & Watabe，2005）、物质补偿（Bottom、Gibson、Daniels & Mumighan，2002）等。

其中，言语反应作为一种修复手段，通过影响信任方的认知来影响信任方对于负面事件的归因。信任破坏发生后，信任方通过口头方式，影响被害者的情绪来达到降低破坏程度的效果（Bottom、Gibson、Daniels & Mumighan，2002）。除这些传统的信任修复策略之外，谢和彭（Xie & Peng，2009）根据信任双方特征，提出功能修复策略和信息修复策略，并证明信任修复方式的组合使用可以起到很好的交互效应，更有利于信任修复。

否认则是被信任方不承认信任破坏的存在，或者不接受信任方或者外界对其关于信任破坏的责难，并且认为信任受损的责任并不主要或者不在于自己，因此自己没有必要作出任何补救措施的言论（Ferrin、Kim & Cooper 等，2007）。否认可以分为直接否认和间接否认。虽然直接否认和间接否认存在形式差异，但是二者的目的一致，即对信任破坏负面结果的外部归因，达到转移责任的目的（韦慧民和蒋白梅，2012）①。道歉表明被信任方承认信任破坏的事实，对负面结果负有责任，并表示对所造成结果的忏悔和自责（韦慧民

---

① 韦慧民、蒋白梅：《基于双主体视角的组织内信任修复模型构建》，《广西大学学报（哲学社会科学版）》2012 年第 2 期，第 25—31 页。

和蒋白梅，2012），是一种表明承担责任意愿并表示歉意的交际行为（Kim、Ferrin & Cooper 等，2004）。博顿、吉普森和丹尼尔斯等（Bottom、Gibson & Daniels 等，2002）发现，与否认相比，当被信任方的道歉能表现出更多的信任信念和责任感，但并没有表现主动改善情况的意愿，易引起信任方的怀疑。然而，另一些研究者（Schweitzer、Hershey & Bradlow，2006）认为，道歉是被信任方承认自己的过错，非但不能减少信任违背产生的负面影响，反而可能导致员工—组织关系更加恶化（Kim、Ferrin & Cooper 等，2004）。解释是试图通过口头上的阐述最小化被信任方对负面结果所要负的责任，有利于增加信任方的积极预期和行动以及信任关系的重建。沉默是被信任方针对信任违背的事实或者原因以及信任方的反应行为不做任何行为或者口头反应，既不否认也不予以证实来自信任方的指控。被信任方常常认为当指责关注到敏感内容、个人隐私、保密信息的时候，沉默可能比直接解释更为适当（韦慧民和蒋白梅，2012）。但是，菲林、金和库珀等（Ferrin、Kim & Cooper 等，2007）指出，沉默既不能降低信任破坏的程度也不能增加信任方的积极预期。

经济补偿既是一种注意力转移机制，让被信任方心理上的不平衡被物质补偿加以平衡，也是被信任方的一种刺激机制，让信任方感受到被信任方对信任破坏的懊悔感和对信任修复的诚意，表明愿意为自己的行为过失付出代价并承担责任（Dirks、Kim、Cooper & Ferrin，2005）。研究发现，对于经济补偿行为，信任方的主动性对修复效果有直接的影响（Desmet、Cremer & Dijk，2011）。具体来说，信任方自愿修复的行为和出于外界压力而被迫进行修复的行为对信任修复效果具有显著差异。当然，信任修复单靠某种孤立的方式是难以实现的，需要多种修复策略共同作用以达到协同效应。

2. 信任修复的影响因素

信任修复是一个信任双方互动的过程，双方的心理和行为在修复过程中相互影响并且动态变化（韩平、闫围和曹洁琼，2012）。归纳起来，对修复过程中信任双方心理和行为变化产生影响的因素主要包括：

（1）信任破坏

信任破坏包含信任破坏行为和信任破坏感知。信任破坏后，信任破坏的程度不同，信任修复的方式和修复耗费的时间也不同。因此，高效修复破坏的组织信任，必须清晰地认识信任破坏类型和程度。此外，负面结果之后关系依赖和后果严重性也会影响信任修复的效果。吴娅雄和贾志永（2012）曾提到将信任破坏程度作为信任修复的影响因素，但是没有开展深入的实证研究。目前，学术界重点关注了信任破坏不同类型对信任修复的影响。部分学者将信任破坏划分为能力型和正直型两类（Kim、Ferrin & Cooper 等，2004）。针对这类划分方法的研究，学者研究发现，否认对于正直型违背具有很好的修复效果，道歉对于能力型信任违背有更好的修复效果。信任破坏的另一种划分方式是根据信任破坏的需要类型将信任破坏分为：身份违背型和控制违背型（Ren & Gray，2009），其中身份违背型强调信任破坏行为破坏信任方的自尊需要或者自我展示需要，控制违背型强调被信任方破坏公平原则而导致信任方的利益受阻。此外，信任破坏依据内隐理论还可以被划分为基于责任的信任破坏和基于权力的信任破坏。

（2）责任归因

信任修复的早期研究多将信任方作为一个"黑匣子"，只是通过后期修复手段去推断信任修复的效果，研究重点多是外部刺激机制，很少涉及信任修复双方的内在心理过程。信任修复涉及社会人际关系、个体心理活动等，作为一种复杂的多层次过程，仅从外部刺激手段进行研究是不能全面认识信任修复的。归因理论有助于更好地理解信任的增长、下降以及修复现象（Tomlinson & Mayer，2009）。汤姆林森（Tomlinson，2011）基于美国心理学家伯纳德·韦纳（Bernard Weiner）的动机和情绪归因理论，构建了信任修复的归因机制模型。金等（Kim 等，2009）认为归因会影响信任方对被信任方修复行为的评价。具体来说，信任方在对事件进行归因时，首先会确认信任方关系的维度，然后将事件的负面结果划分为外部原因（他人或者组织环境）和内部归因（被信任方），确定事件负面结果的责任归属。当信任方将环境因素视为负面结果的原因所在时，就不会认为被信任方发生了信任违背（Lewicki & Bunker，1996）；反之，如果信任方将负面结果的原因归结在被信任方，认为是被信任方的能力、正直、仁慈的过错，则信任破坏修复难度将加大。最后，尽管有些原因被归因为被信任方的内部原因，但是由于结果的可控程度不同，信任方的信任再续意愿也会不同。当负面事件超出被信任方的可控范围时，信任方会减少对被信任方的指控，信任破坏程度相对较小；反之，如果负面结果属于被信任方可控范围，则被信任方会被视为不愿意达到预期目标（Elangovan、Auer-Rizzi & Szabo，2007）。

（3）情绪反应

危机情景下情绪在直觉决策过程中发挥重要的作用。吉莱斯皮和迪茨（Gillespie & Dietz，2009）将信任修复的内在机制分为不信任的约束机制和信任的展示机制。其中，不信任的约束机制是通过监督和控制手段防止未来再次出现信任违背，从而减少信任方对未来信任被破坏的担心，达到信任修复的目的，例如自我惩罚、被迫抵押、设置监督、订立新的制度规则等；信任的展示机制就是被信任方通过语言策略或者实际行动等手段重新在信任方面前树立自己的形象，重塑信任方对自己在能力、正直以及仁慈上的评价，例如道歉、承担责任、主动补偿对方损失、表达悔意等。吉莱斯皮和迪茨（2009）的相关讨论似乎仍然停留在修复策略的层面，没有解释修复策略产生的心理机制。汤姆林森（2004）的归因机制模型验证了不稳定因子的中介作用，道歉、承诺等修复策略通过干扰信任方的归因过程，以情绪和期望为中介，促进短期信任的修复。汤姆林森和梅耶尔（2009）将归因机制模型中的情绪划分为简单的情绪情感体验和后期复杂的情绪情感体验，如图1所示。信任违背发生时，首先引起一般的负面情绪的产生，如不高兴或者生气；当信任方对产生的结果进一步进行归因时，会产生更加复杂的情绪情感体验。该模型强调归因产生的复杂情绪情感体验才会影响信任修复的结果，虽然目前没有得到实际验证，但是它为今后的相关研究提供了思路。德克斯、金和菲林（Dirks、Kim & Ferrin 等，2011）验证

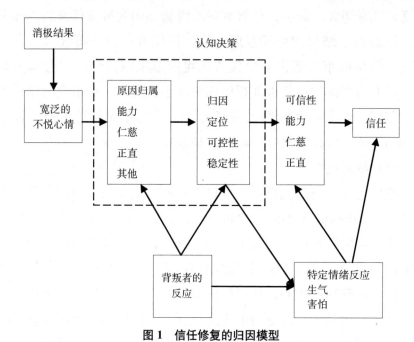

图1　信任修复的归因模型

资料来源：Tomlinson，E.C.，Mayer，R.C.，"The Role of Casual Attribution Dimensions in Trust Repair"，*The Academy of Management Review*，Vol.34，No.1，2009，pp.85-104。

了忏悔感知和防范感知在信任修复中存在中介作用。其中，忏悔感知从被信任方内在特征出发，关注信任违背中被信任方的能力、正直、仁慈等主观原因；防范感知则以外部环境为出发点，剔除和防范破坏信任及不信任行为，从而确保信任修复的效果。虽然关于情绪和信任修复的研究很少，但是归因和情绪存在紧密的关联，而且情绪对于信任方对被信任方行为的判断有至关重要的影响（姚琦、乐国安和赖凯声等，2012；吴娅雄和贾志永，2012）。迪斯美特、克里默和戴克（Desmet、Cremer & Dijk，2011）的研究也得出：感知忏悔发挥中介作用，能够解释为什么被信任方主动表示承担责任的时候信任修复会比被信任方迫于压力而做出的补偿更加容易修复信任。但是，在某些关系中，忏悔感知仅起部分中介作用（Dirks、Kim & Ferrin 等，2011；Desmet、Cremer & Dijk，2011），也就是说，情绪的中介作用存在前提条件，比如，引入人格变量等控制变量。

（4）外部环境

影响关系修复的外部环境主要是文化背景，即关系修复中主体较稳定的价值取向、思维模式、心理结构。任和葛雷（Ren & Gray，2009）将关系违背类型和文化背景结合起来，分析了不同文化背景下的关系修复行为，如图2所示。对于身份违背，在集体主义的文化背景下，适宜采用通过第三方的外部解释、通过第三方的道歉及表示关心的策略；在个体主义的文化背景下，适宜采用直接道歉和澄清事实的策略。对于控制力违背，在集体主义的文化背景下，适宜采用通过第三方澄清事实、通过第三方的利他解释及惩罚赎罪的策略；在个体主义的文化背景下，适宜采用外部归因解释或者澄清事实和惩罚赎罪的策略。

（四）研究现状评述

总体来说，作为一个比较新的研究方向，信任修复的研究目前所取得的成就可谓冰山一角。学者从社会学、心理学及管理学的领

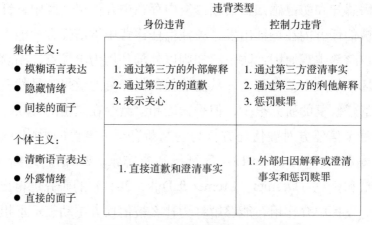

图 2　基于违背类型和文化差异的关系修复策略

资料来源：Ren，H.，Gray，B.，"Repairing Relationship Conflict：How Violation Types and Culture Influence the Effectiveness of Restoration Rituals"，*The Academy of Management Review*，Vol.34，No.1，2009，pp.105-126。

域对其进行研究，理论也在日趋完善。从 1996 年起，雷维奇和邦克开创了组织信任修复的研究，加入这一研究行列的学者在增加，直接针对信任修复的研究呈增长趋势。但是，总体数量仍然较为有限且存在一定局限。

1. 研究视角的转换与发展评述

　　研究者对信任修复的研究，起初是站在被信任方，也就是组织的角度入手，集中在管理学和经济学领域。他们从被信任方的视角，探索采取不同修复措施和刺激手段如何影响被信任方的信任修复状况和再续信任的意愿。随着研究的深入，仅站在组织的角度，无法完全揭示信任修复的内在机理，于是信任修复的视角逐步转到信任方的角度。从信任方的角度研究信任修复，研究内容涉及信任方的道德品质观、责任归因以及宽恕倾向等方面对信任修复的影响。尤其是金、德克斯和库帕（2009）打破以受害者的角度进行研究的常规视角，从认知的角度建立信任修复的动态双边模型；吉莱斯皮和迪茨（2009）开创了从组织宏观角度对信任修复进行研究的先河。

2. 信任修复影响因素的研究评述

最早纳入研究的信任修复影响因素，是个体的情感、认知、个性等。后来，对信任修复的影响因素拓宽到与个体相关的外部因素，如个体的成长环境、社会关系、人际因素等（郑伯埙，1999；Spector & Jones，2004）。尤其是信任修复开始和组织结合起来，组织文化、环境等对组织信任修复的影响逐渐引起关注。

3. 信任修复策略的研究评述

信任修复策略是信任修复的重要内容，也是信任修复研究的主要课题之一。关于信任修复措施研究的文献：一类是将修复方式和具体信任破坏情景相结合，通过分析具体的情景调节修复方式和修复方式的力度，达到信任修复的目的；另一类是探索新的修复方式，让信任方感知到被信任方对信任修复的意愿和所作的努力，调节信任方的内在感知，达到修复信任的目的。总体来说，关于信任修复的研究并不成熟，信任修复机制的研究更少。

（五）研究展望

虽然信任破坏和信任修复的现象是客观存在的，但是相关理论研究缺乏，滞后于管理实践的发展，从而迫切需要深入研究信任修复的相关问题。

1. 修复策略的交互效应

信任修复策略种类较多，有学者对修复策略中的一个或几个进行专门的实验或者游戏研究，如德克斯、库帕和菲林等利用角色扮演游戏的方式研究道歉、否认对信任修复效果的影响。鉴于研究方法、时间、精力等限制，关于信任修复策略的研究，主要针对一种或者两种策略的深入或者对比研究，没有形成一个完善的框架体系。根据管理实践，组织一般同时使用几种策略来修复信任，而目前的研究几乎没有涉及几种信任修复策略的交互作用。

2. 组织层面信任修复的整体框架

国内对组织信任的研究主要集中在组织中的人际信任研究，从系统信任的角度进行信任研究的比较欠缺。已有研究结论来自不同理论和模型，相互独立且可替代，并侧重于人际关系的修复。最近研究表明组织层面的关系修复与人际之间的关系修复存在本质差异，从组织层面引发一些不适合人际背景的问题和困境（Gillespie & Dietz，2009）。尤其在中国"重关系"、"以和为贵"的文化价值观下，员工与企业双方均愿意努力挽救关系，从而西方研究结论并不完全适用中国企业，国内的组织信任修复研究需要进行摸石头过河性的探索。

3. 动态追踪研究

信任是一个时间和过程积累的结果，信任的破坏和修复更需要时间和过程。因此，对于信任修复的研究，更多的是一个具有时间过程的动态研究，而不是某个时点截面的研究。国外学者对困境中信任的研究重点探究信任破坏的原因和修复策略，对修复过程中员工的心理机制涉及少，尤其缺乏实证研究。国内学者参考国外的分析范式研究初始信任的建立和维护，对信任修复的研究比较欠缺。对于信任修复的研究，学者目前很少涉及信任修复的持续性问题，比如各种信任修复策略的效果可以持续多久，不同类型的信任破坏需要的修复时间差异如何，信任修复之后，这种结果会不会反弹等。

4. 文化环境因素对信任修复的影响

信任修复是一个复杂的过程，不仅仅包含信任方和被信任方，而且往往扎根在所在的环境以及文化背景。一方面，个体的思维模式会受到外在环境和所根植文化的影响，从而修复策略与文化环境的契合程度也是影响信任修复的重要因素；另一方面，现实情况中第三方的存在对信任修复的影响绝对不可小视，今后组织信任修复的研究可以关注第三方在信任修复中所扮演的角色及影响机制。

二、人力资源管理创新研究评述

(一)"人力资源管理创新是什么"的审视

人力资源管理创新是管理创新概念在人力资源管理领域的延伸和发展，从而理解人力资源管理创新的内涵，关键在于弄清创新和管理创新的具体含义。对于创新的解释，一些学者把创新界定为由一个组织首先或早期对某一想法的使用，然而另外一些学者则把创新界定为企业内对某一想法的首次采用，不管这种想法是否在其他组织被试用过，即存在创新的广义和狭义内涵界定。具体到有关管理创新的定义，不同学者也有不同的看法。从狭义的视角来说，伯金肖和摩尔 (Birkinshaw & Mol，2006) 及伯金肖、汉默尔和摩尔 (Birkinshaw、Hamel & Mol，2008)、吉马和托马斯等 (Guimar & Tomas 等，2011) 将管理创新界定为与目前管理水平相比，新管理实务、流程、结构或者管理技术的创造和实施，并试图促进组织目标的实现。汉默尔 (Hamel，2006) 则从广义视角把管理创新界定为：明显偏离传统的管理原则、过程和实践，或者不同于常规的组织形式，显著地改变管理工作的完成方式或方法。当今，组织正在实施的众多管理实践、流程和结构均是由管理学者和实务界人士在过去一百多年中经过不断努力创造性开发的。例如，汉默尔 (2006) 基于 1900—2000 年期间涌现的 175 项重要管理创新，根据"是否明显偏离以前的管理实践"、"是否赋予先驱公司竞争优势"和"当今组织中能够仍然发现与此创新相关的一些具体形式"，筛选出最重要的 12 项管理创新：科学管理 (时间研究和动作研究)、成本会计和方差分析、商业化研究实验、投资回报分析和资本预算、品牌管理、大项目管理、事业部制、领导力开发、产业联盟、完全分散化、规范战略分析和员工驱动型问题解决方法。这些管理创新触及了管理的本质所在，均拥有在管理领域全新的特征，被尊称为管理领域无人不知的管理时尚。

在过去的 20 世纪，自从科学管理被提出以来，人力资源管理的理论和实践已经发生明显的演化，尤其在最近二十多年人力资源管理的职能和形式经历了显著的变化，从传统人力资源管理向战略人力资源管理、绿色人力资源管理的多元化转变。人力资源管理的演变从某种意义上来讲就是一个不断创新的过程。那么，究竟何谓人力资源管理创新，自然逐渐进入学术研究的视野。根据创新的判断标准，人力资源管理创新的定义也存在狭义和广义视角之分。人力资源管理创新最初由科塞克（Kossek）在 1987 年提出，被定义如下：为影响员工态度和行为而设计，并被组织成员感觉为新的程序、政策或实务。此种界定从狭义的角度来加以解释，人力资源创新是人力资源实践的变化或导入，这些人力资源管理实践相对于特定采用企业来说是崭新的，并能够为某特定企业创造价值。当然，狭义的定义能够区分人力资源管理创新和组织变革。所有的创新均隐含着变革，但并非所有的变革都涉及创新。当组织变革旨在改变组织内的社交系统时，人力资源管理创新是组织变革的目标；如果人力资源管理创新影响了员工的行为和态度，则组织变革就发生了。另外，从人力资源管理演变来看，既存在人力资源管理模式的根本性变革，也存在人力资源管理实践的渐进、微小的弱变化。因此，广义上的人力资源管理创新不仅对于特定组织是崭新的，而且对于人力资源管理领域来说也是全新的（Kossek，1987）①。

管理是实践性很强的知行合一活动，从而管理创新包括理念创新和实践创新。对于人力资源管理领域来说，规划的人力资源管理

---

① Kossek, Ellen Ernst, "Human Resources Management Innovation", *Human Resource Management*, Vol.26, No.1, 1987, pp. 71-92.

可能远远不同于实施的人力资源管理。因此，人力资源管理创新不再仅仅停留在理念、模式、方法、工具等转换阶段，而且需要在实践中实施和应用。例如，传统人事管理由于过时而被"把人放在战略决策中心地位"的人力资源管理所取代。但是，涌现的人力资源管理并没有明晰管理实践的特殊形式，仅是揭示了人力资源管理中重要的道德问题。人力资源管理创新实践被认为是社会认知理论的折射，被界定为恰当地、坚定地运用人力资源管理创新（Bondarouk、Looise & Lempsink，2009）。人力资源管理实践创新的三个维度包括：创新人力资源管理实践的导入程度、创新人力资源管理实践对组织目标实现的重要性及满意度、组织承诺的重要性（Agarwala，2003），其中创新人力资源管理实践导入程度是影响组织承诺的重要因素。后来，人力资源管理创新实践被细化为既有区别又相联系的四个维度，即人力资源管理创新采纳数量、人力资源管理创新采纳速度、采纳创新激进程度、人力资源部门对创新的态度（Vassalou，2005），强调实践创新意愿和行为的重要性。

总体而言，人力资源管理创新既构成人力资源管理的重要内容，又成为人力资源管理的重要推动力量。人力资源管理能否持续创新决定一个企业在人力资源管理领域是引领者还是模仿跟随者。其中，人力资源领导者将裁员和重组、再造、员工参与计划、团队工作再设计结合起来；人力资源落后者倾向于资助学校以建立伙伴关系、为员工提供灵活工作安排，开展多元化培训和指导人计划；人力资源跟随者由于受到短期压力、冷漠的中层管理人员和其他变革障碍的限制，被动等候其他公司的人力资源管理创新并模仿，无须承担创新的高昂成本但能够享受创新带来的超额收益（Mirvis，1997）[1]。

---

[1] Mirvis, P. H., "Human Resource Management: Leaders, Laggards and Followers", *Academy of Management Perspectives*, Vol.11, No.2, 1997, pp. 43-56.

因为人力资源管理对组织竞争的重要性，成功的人力资源管理创新进而是组织成功的重要决定因素（Wolfe，1995），尤其是人力资源管理引领者能够赢得非常好的声誉，对企业核心竞争力培育有至关重要的作用。例如，在商业新闻媒体上良好的人力资源声誉声明（如公司被标榜为"女性至上"）对公司股价产生积极的影响（Hannon & Milkovich，1996）[①]。

（二）人力资源管理创新影响因素的诠释

现实生活中忽视人力资源管理创新的企业或者人力资源管理创新失效现象比比皆是，所以探究影响人力资源管理创新的因素是理论界和实业界人士共同关注的焦点问题之一。四种理论方法能够被用来解释组织采纳或拒绝新人力资源管理实践的原因：经济法认为，组织采纳人力资源实践是基于有助于提高组织的经济收益；比对法把企业采纳人力资源实践归因于这些实践能够与战略目标匹配；决策法借助管理判断的约束合理模型，将采纳人力资源管理实践视为源于理性的管理决策；扩散法把采纳或拒绝决策归因于鼓励模仿的制度压力（Subramony，2006）[②]。归纳起来，这四种方法背后隐含着影响人力资源管理创新的内部因素和外部因素，二者相互影响，相互制约，最终决定人力资源管理创新的广度和深度（如图3所示）。

1. 内部因素

人力资源管理理念和实践方式的变革创新不会自然而然地产

---

① Hannon，J. M.，Milkovich，G. T.，"The Effect of Human Resource Reputation Signals on Share Prices：An Event Study"，*Human Resource Management*，Vol.35，No.3，1996，pp. 405-424.

② Subramony，Mahesh，"Why Organizations Adopt Some Human Resource Management Practices and Reject Others：An Exploration of Rationales"，*Human Resource Management*，Vol.45，No.2，2006，pp. 195-210.

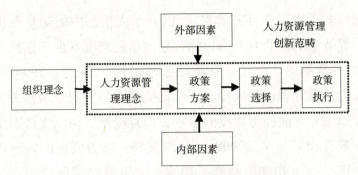

图 3　人力资源管理政策形成过程及创新范畴

资料来源：Shani, D. N., Divyapriya, P., Logeshwari, K., "Human Resource Philosophy", *International Journal of Management*，Vol.2，No.1，2011，pp.61-68。

生。从企业组织自身的角度来说，组织内部因素包括人力资源管理相关人员、组织结构与资源、组织文化等。大型组织各群体对人力资源管理创新（质量圈、柔性实践、柔性福利、公开招聘、现金奖励和健身计划）的接受程度，取决于群体在人力资源管理创新实践方面的经历、层级、资历等背景因素（Kossek，1989）。其中，公司拥有人力资源管理创新的成功经历影响公司各群体接受新的创新（Kossek，1987）。人力资源管理相关人员素质的优劣直接影响到企业人力资源管理创新能力的高低，关系到创新的速度、质量和效果。其中，人力资源专业人员在专业专长和变革管理的胜任力与直线经理和员工感知的人力资源管理有效性是紧密相关的（Han、Chou & Chao 等，2006）；总经理在塑造独特的人力资源管理系统中提供人力资源管理的正统性、领导和资源方面，及培育团体一致性和高层管理团队对人力资源角色达成共识上发挥重要作用；高级经理需要在不同管理层级之间解释一致的人力资源管理使命，为低层次管理者提供正式的和非正式的人力资源战略实施的方向、支持和授权（Stanton、Young & Bartram 等，2010）。这些人力资源管理相关人员的个人特性与品质会显著地影响企业对人力资源管理创新的信念（知觉有用性与知觉易用性），个人信念中的知觉有用性会进一步显著影响企业对人力资源管理创新的态度（创新偏好和创新意向），知觉易用性会显著地影响创新偏好（陈惠芳，1994)①。

人力资源管理创新成功与否不仅受到人力资源管理相关人员在技术、知识等方面拥有程度的影响，而且受制于组织支持因素的多寡（李黎青和周学军，2008）。组织领导、人力资源团队角色、人力资源团队氛围和网络技能是影响人力资源管理创新实践（例如高绩效工作系统）成功采纳的可能关键因素（Murphy & Southey，2003）。其中，直接决策者关注特殊问题的信念、变革型领导风格能够影响特定人力资源管理实践的创新。例如，年龄中性人力资源管理实践和年龄相关的人力资源管理实践（例如年龄评估和年老员工管理实践）得以流行，主要源于决策者的战略逻辑、标杆逻辑和遵守（法律法规）逻辑强度。其中，战略逻辑只与年龄中性人力资源管理实践流行紧密相关，标杆逻辑与年龄中性人力资源管理实践、年龄评估实践、面向老年员工管理实践流行紧密相关，遵守逻辑与年龄评估和面向老年员工管理实践紧密相关（Ariane 等，2013）。

结构性组织特征（如规模和财产）可能与人力资源管理创新相关（Kossek，1987）。具体来说，组织规模与人力资源管理创新呈现较强的线性关系（Scott & Lisa，1994），但只对计算型人力资源管理实践（旨在人力资源的有效利用）的创新有很大影响（Gooderham、Nordhaug & Ringdal，1999）。因为人力资源管理创新涉及组织内社会系统的变革，所以这些创新的采纳和扩散归因于组织内部的社交过程（Kossek，1987）。从而，强势文化企业比弱

---

① 陈惠芳：《人力资源管理创新及其影响因素之研究——技术接受模式观点》，《东吴经济商学学报》1994 年第 50 期，第 119—146 页。

势文化组织更能因为不同原因而实施人力资源管理创新。相关研究表明，正式化、集权化和人力资源部门氛围等内部文化的具体表现对人力资源管理创新的影响呈现弱线性关系（Scott & Lisa，1994）。

　　2. 外部因素

　　管理创新是公司内部环境和外部搜寻新知识的结果，需要在内部环境和外部搜寻知识之间平衡（Mol & Birkinshaw，2009）。外部因素的不确定性增加了人力资源管理创新的难度。其中，面对复杂和多变环境，竞争压力迫使企业主动诊断人力资源问题，采用创新的人力资源管理实践。尤其是知识密集型产业，形成多层次、多专业、多学历的员工多元化格局，必将对人力资源管理创新提出较高要求。例如，产业嵌入对计算型人力资源管理实践（旨在人力资源的有效利用）和合作型人力资源管理实践（旨在促进雇员和雇主的目标实现）的应用有非常强的影响（Gooderham、Nordhaug & Ringdal，1999）。工会、技术变革和劳动力市场状况能够区分不同产业领域的人力资源管理创新（Kossek，1987）。具体来说，公司的外部美誉度与人力资源管理创新呈现非线性关系（Scott & Lisa，1994）。主要原因在于，健康的企业不仅仅需要在目标客户中拥有较好的品牌美誉度，更需要面向现有员工和潜在员工创建优秀的雇主品牌。组织为了在所处环境中表现得更加合规，塑造美誉度，经常采取人力资源管理创新（Kossek，1987）。此外，劳动力可用性和公众监督与人力资源管理创新也呈现较强的线性关系（Scott & Lisa，1994）。当然，工会对人力资源管理创新是支持还是反对，取决于工会认为创新是对自身权力基础和制度保障的威胁还是能够提升自身地位或影响力的机会（Kizilos & Reshef，1997）。

　　总而言之，任何组织的人力资源管理系统如生物机体一样，随着外部环境和内部环境的变化需要不断的调整和变革。因此，随着组织环境的发展变化，信息技术的日新月异，管理思想新时代的到来，企业的人力资源管理实践也发生了巨大的变化，新的人力资源管理政策和措施不断涌现，丰富了人力资源管理的内涵和功能。例如，巴林杰和米柯维（Barringer & Milkovi，1998）根据制度理论、资源依赖理论、代理理论和交易成本理论提出柔性福利计划决策过程模型（见图4），丰富了福利计划的实践形式。该模型揭示了内外部因素对福利管理创新的影响途径。具体来说，竞争者实施的福利政策、法律法规和工会的强制力等外在因素共同对企业形成福利管理创新的制度压力；劳动力市场状况和工作性质决定企业的福利目标，福利目标进一步与员工偏好、目前福利成本和计划成本共同决定福利计划期望的效率收益，期望效率收益影响企业对制度压力的抗拒意愿。企业愿景与技术不确定程度、组织间关联性和组织规

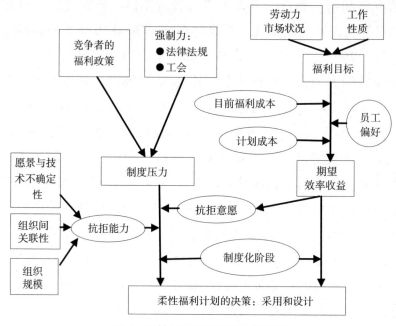

图4　柔性福利计划创新决策过程

资料来源：Barringer, M. W., Milkovich, G. T., "A Theoretical Exploration of the Adoption and Design of Flexible Benefit Plans: A Case of Human Resource Innovation", *Academy of Management Review*, Vol.23, No.2, 1998, pp.305-324。

模影响企业对制度压力的抗拒能力。最后，制度压力、抗拒能力、抗拒意愿、期望的效率收益和制度化阶段共同决定是否采纳和设计新的弹性福利计划。来自制度理论和管理主导逻辑的概念能够被用来解释人力资源经理在支持采纳雇主资助育儿福利作为组织适应变革形式中扮演的制度角色。雇主资助育儿福利的主导逻辑是：管理控制、环境和强制，这三部分构成雇主资助育儿福利的整体管理导向，整体管理导向与管理层的人口特征背景、组织环境和产业环境紧密相关（Kossek、Dass & DeMarr，1994）。

现有研究文献主要关注产品和工艺等方面的技术创新，忽视了非技术创新，尤其是人力资源领域的创新。人力资源管理创新的前因后果不同于技术创新，技术创新的方法并不能解释人力资源管理创新的复杂性（Amarakoon、Weerawardena & Verreynne，2013）。结合当前国内人力资源管理实践，对于战略人力资源管理的推进，信任修复也是企业管理实践中必须面对的重要事项。因此，结合中国传统文化和现实伦理需求，如何促进人力资源管理转型升级是值得深入研究的课题。

第三节　研究内容、研究方法与创新

一、研究内容

本书的内容框架安排如图 5 所示。

（一）员工—组织关系破裂演变与修复影响因素

本部分内容旨在揭示员工—组织关系破裂的演变规律与提炼修复影响因素，为后续研究内容提供基础铺垫。结合我国"重关系、以和为贵"的文化价值观和员工—组织关系连续带特征，引入"差序格局"描述员工—组织间亲疏远近的关系格局；根据劳动契约和心理契约的破坏程度辨析员工—组织关系破坏类型，从关系破坏程

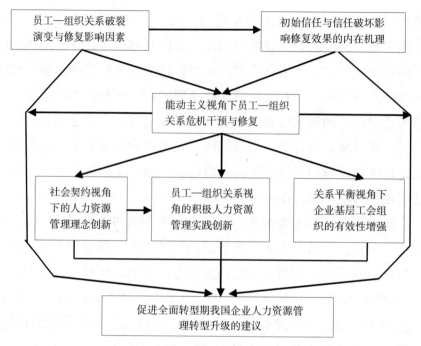

图5　本书的内容框架及内容模块间关系

资料来源：笔者编制。

度和初始关系质量两个维度确定信任修复的评估依据，引入关系修复指数明确员工—组织关系修复的优先顺序；提炼员工—组织关系破坏与危机的影响因素，引入关系破坏速度揭示从相见甚欢到反目成仇的关系断裂演化规律；从关系修复内容和关系修复状态界定破坏后员工—组织关系修复域，挖掘修复效果的影响因素。

（二）初始信任与信任破坏影响修复效果的内在机理

本部分内容旨在探究初始信任与信任破坏如何影响不同策略的修复效果，为企业根据自身需要进行信任修复提供参考依据。以情景模拟形式呈现采用不同修复投入的情景，要求被试者在理解故事情景的基础上，回答自己对组织修复信任投入的感知及再续信任的意愿，并利用统计产品与服务解决方案软件 SPSS17.0（Statistical

Product and Service Solutions）进行统计分析。通过剖析违背前初始信任水平和违背后信任破坏程度对修复后员工情绪反应和信任修复的影响，检验员工在信任违背后的情绪反应变化、责任归因对信任修复效果的影响，揭示不同修复策略作用下信任内在特征对信任修复效果影响的内在机制。

（三）能动主义视角下员工—组织关系危机干预与修复

本部分内容旨在分析组织在修复员工关系中的决策机制及其影响因素，突出利益相关者介入员工—组织关系修复的重要地位。根据组织、员工和外部利益相关者在员工—组织关系修复中的参与度和能动性，提炼关系修复组织实施策略，即员工—组织关系修复的组织单方自我修复模型、组织与员工互动自我修复模型和外部利益相关者介入的干预修复模型，并利用案例研究加以佐证分析；归纳介入员工—组织关系修复中的可能关键利益相关者及其实施的干预方式。

（四）社会契约视角下的人力资源管理理念创新

本部分内容旨在剖析公司行为准则约束下的人力资源管理理念创新，突出以利益相关者为中心的伦理型人力资源管理。一方面，明晰公司行为准则的内涵，从规范性和描述性视角分别辨析理想的和现实的公司行为准则内容，明确行为准则管控对象从公司内的管理者、员工向外部的供应商、承包商延伸；另一方面，从社会契约理论剖析准则的倒金字塔图谱及来源，梳理人力资源管理理念的演变及实践创新。

（五）员工—组织关系视角的积极人力资源管理实践创新

本部分内容旨在提出员工—组织关系视角的人力资源管理实践，突出员工积极心理的培育。首先，提出人力资本、社会资本和心理资本均属于员工开发的内容域，引入知识共享和个人意愿，揭示个体层面人力资本、社会资本和心理资本的互动作用机制，分析促进人力资本、社会资本和心理资本协同开发的指导人计划、实践社区和职位轮换制等人力资源开发形式；然后，从员工和组织视角分别辨析工作幸福感的标准，提出积极主义视角下组织的员工幸福主动嵌入管理，归纳能动主义视角下员工的幸福主动追求行为，提出组织与员工互动视角下工作幸福持续增强的双螺旋系统。

（六）关系平衡视角下企业基层工会组织的有效性增强

企业基层工会组织作为介入员工—组织关系修复的核心利益相关者，增强其组织有效性极其重要。本部分内容聚焦企业内工会组织与人力资源管理部门在人力资源管理领域的互动，诠释一元主义视角下的替代关系、多元主义视角下的博弈关系及混合主义视角下的伙伴关系；围绕企业内工会组织与工会会员的二元关系，剖析委托代理视角下的社会交换关系和组织身份视角下的社会认同关系；借鉴平衡理论的思路，演绎劳资关系中企业内工会组织、人力资源管理部门和员工三角平衡结构和不平衡结构，及从不平衡状态向平衡状态转化的路径。最后，提出增强中国企业内工会组织有效性的途径。

（七）促进全面转型期我国企业人力资源管理转型升级的建议

本部分内容旨在根据前文研究结论提出促进我国企业人力资源管理实践创新的相关建议，以适应多样性和复杂性管理环境的需要。这些建议包括：提出员工—组织关系破裂前预警信号识别和修复策略实施注意事项；根据员工—组织关系修复域，构建员工—组织关系修复效果的监测指标体系及动态监测评价机制；培育组织人力资源危机干预能力的措施；伦理回归背景下人力资源管理实践伦理化的相关对策；组织理论视角下增强我国企业内基层工会组织有效性的对策。

二、研究方法

本研究结合中国实践和理论前沿，采用理论研究与实证研究相结合、案例分析与定量研究相结合，诠释员工—组织关系断裂过程及破坏关系修复评估，揭示初始信任和信任破坏程度对不同策略信任修复效果的影响，提出能动主义视角下的关系修复机制；围绕如何提升员工—组织关系，提出人力资源管理理念和实践创新，及增强企业内工会组织有效性的对策。

（一）文献分析法

搜集、鉴别、整理关系修复、公司行为准则的文献，从中梳理和提炼出有价值的结论，充实研究内容。本研究分析员工—组织关系修复域，包括负面情绪缓解、信任修复、积极交换行为恢复，从关系修复状态的演变视角提出了关系修复的悖论；归纳影响员工—组织关系修复效果的主要因素，涉及关系违背主体、关系违背客体、违背关系特征、关系修复环境，形成关系修复影响因素模型，为后续提供可以实证的方向；明晰公司行为准则的内涵，从规范性和描述性视角分别辨析理想的和现实的公司行为准则内容，明确行为准则管控对象从公司内的管理者、员工向外部的供应商、承包商延伸，从社会契约理论剖析准则的倒金字塔图谱及公司行为准则的来源，述评公司行为准则的实施成效、影响因素及其转化过程。

（二）情景模拟法

通过互联网搜集国内组织信任破坏相关的人力资源管理危机事件，分析事件的起因和处理措施，按照刺激—认知—情感的序列模式，探究组织对信任修复投入，如解释、道歉、承诺、有形补偿等，对员工情感认知的影响，及责任归因的调节作用。设定四个模拟情景，以情景模拟形式呈现采用不同修复投入的情景，要求被试者在理解故事情景的基础上，回答自己对组织修复信任投入的感知及再续信任的意愿。通过问卷的方式收集数据，分析不同情景假设下，个体对信任修复的反应。实验第一阶段陈述既定的故事情景，测量初始信任水平。第二阶段就是发生影响组织信任的突发事件，员工的信任水平开始发生变化，测量突发事件后员工的情绪变化以及组织信任水平的变化。第三阶段为组织的修复投入，此时测量采用不同修复手段时员工的组织信任修复感知，采用 SPSS17.0 对数据进行统计分析，统计方法包括相关性检验、独立样本 T 检验、单因素方差分析、多元线性回归以及分组回归，揭示初始信任和信任破坏程度对不同策略信任修复效果的影响机理。

（三）案例分析法

利用各种媒体（如案例书报、杂志、网络报道等）和实地调研，收集整理吉林通钢股权调整引发流血事件（2009）、东方航空公司云南分公司发生 18 个航班"集体返航事件"（2008）、华为技术有限公司员工自杀门事件（2006）、深圳富士康科技集团员工跳楼门事件（2010）的相关资料，梳理和剖析事件进展，得到一些有价值的结论；根据组织、员工和外部利益相关者在员工—组织关系修复中的参与度和能动性，提炼员工—组织关系修复的组织单方自我修复模型、组织与员工互动自我修复模型和外部利益相关者介入的干预修复模型，并利用案例研究加以佐证分析。

（四）理论模型法

本研究引入破坏函数，采用各有关变量之间的物理数学关系，动态揭示员工—组织关系断裂的演变规律；引入关系修复指数，描述破坏后员工—组织关系的修复评估；引入关系平衡理论，逻辑推导雇主、工会和员工之间三角关系的动态演变过程。

三、研究创新

（一）引入关系修复指数描述关系修复优先顺序

本研究引入关系破坏速率，揭示员工—组织关系在系统内外力共同作用的断裂演化呈 S 型曲线的规律，路径是"中断→衰减→脱离→断裂"。根据演变过程中关系破坏程度，引入关系修复指数来描述破坏关系修复优先顺序，为深入理解关系修复效应提供新的视角。关系修复指数用公式表示为：关系修复指数＝破坏前初始关系质量 ×（1－关系破坏程度），其中关系修复指数与破坏前初始关系质量正相关，与关系破坏程度负相关。具体来说，破坏之前员工—组织关系质量越好，关系破坏程度越小，则关系修复的可能性就越大。

（二）揭示初始信任和信任破坏程度对信任修复效果的影响

信任是一个动态的过程，信任修复是具有时效性的，并且它会随着关系的改变而发展变化，因此，研究发展变化中的信任，既可以检验以往学者的结论，也可以丰富信任修复这一研究领域的学术成果。本研究突破学术界缺乏对信任修复的实证研究与案例研究的现状，以情景实验研究拓展信任修复的应用研究领域，尤其注重中国文化价值观背景下组织层面信任修复的独特性研究。具体来说，采用阶段性动态研究模型，利用情景实验的方式，通过不同阶段的信任水平的测量对比更好地呈现组织信任的变化，从而测量信任修复措施对员工信任修复感知的有效性。克服目前研究仅从组织视角出发探讨信任修复的策略，补充员工在信任修复后的心理反应与行动机制，从而完善信任修复的理论框架。

（三）以案例佐证员工—组织关系修复机制

组织层面的关系修复尚未形成一个规范完整的概念框架（Dirks 等，2009），对员工—组织关系修复的作用机制还远未阐明，需要更多质性研究的理论诠释和更多规范性研究的实证检验以指导该领域丰富和复杂的实践活动。尤其对于中国国内研究来说，虽然关系破坏和关系修复的现象是客观存在的，但是学术界相关理论研究处于探索阶段，滞后于管理实践的发展。并且，中国企业管理理念正从资本主导逻辑向人本主导逻辑演变，新生代员工主动性明显增强，利益相关者积极介入企业管理实践。从而，迫切需要从更广泛的角度寻求员工—组织关系修复的突破口，为此领域加入新的元素或见解。本研究根据组织、员工和外部利益相关者在员工—组织关系修复中的参与度和能动性，将员工—组织关系修复的组织单方自我修复模型、组织与员工互动自我修复模型拓展为外部利益相关者介入的干预修复模型，强调外部利益相关者在员工—组织关系修复中的重要地位。

（四）组织与员工互动视角下的工作幸福感提升

目前，员工幸福感研究大多集中在员工层面或组织策略，对双方互动过程却鲜有关注。随着知识员工和新生代员工逐渐成为职业主体以及以人为本管理的呼声高涨，企业能动主义和员工主动性渐成趋势。当然，对员工的工作幸福管理是一个长期动态的过程。员工仅仅被动接受获得工作幸福感已经远远不够，员工的主动行为对于提升工作幸福感日益重要。本研究提出组织与员工互动视角下工作幸福持续增强的双螺旋系统。一方面，企业需要通过设计可行的人力资源管理技术能动改变员工工作不幸福的状态，加强幸福感的体验；另一方面，员工也应该在配合组织的同时，采取积极的主动行为去增强幸福的体验。只有在企业和员工共同的努力之下，从组织能动干预和员工主动行为的互动视角来提升员工工作幸福度，才能促进员工的工作幸福感持续发展。

（五）从关系平衡视角提出企业工会组织有效性增强的途径

本研究打破就工会论工会的传统思维，从企业内工会组织与人力资源管理部门围绕人力资源管理职能的互动关系、企业内工会组织与会员间的二元关系，及雇主、企业内工会组织和员工（会员）之间三角关系的多重视角重新思考企业内工会组织的有效性。具体来说，聚焦企业内工会组织与人力资源管理部门在人力资源管理领域的互动，诠释一元主义视角下的替代关系、多元主义视角下的博弈关系及混合主义视角下的伙伴关系；围绕企业内工会组织与工会会员的二元关系，剖析委托代理视角下的交换关系和组织身份视角下的认同关系；借鉴态度平衡理论的思路，演绎劳资关系中企业内工会组织、雇主和员工三角平衡结构和不平衡结构，以及从不平衡状态向平衡状态转化的路径。基于上述研究，主要从关系平衡视角提出中国企业内工会增强组织有效性的途径，即利用组织模型重建会员关系，重视企业内工会的组织战略。

第一章　员工—组织关系破裂
演变与修复影响因素

　　随着经济环境的不断变化和人力资源管理的日趋完善，员工的心理状态及认知水平越来越得到企业的关注和重视，因为良好的心理状态和信任感知是员工努力为企业工作、创造高绩效的重要保障。企业在产品或服务市场上竞争力量的强弱取决于它们是否能够创造一个建设性的和谐员工—组织关系（Ni，2008）。员工—组织关系作为企业中最重要的关系，是建立其他关系（如企业—顾客关系、企业—供应商关系）的前提和重要保障。虽然正常情况下员工—组织关系处于平衡状态，但它是非常脆弱的，容易被破坏。组织中的种种不公平、领导行为不当等现象以及组织非伦理行为导致声誉受损均可能影响员工对组织的信任水平，甚至导致双方关系的破坏或终止。尤其进入 21 世纪以来，组织中不确定因素越来越多，员工—组织关系受到破坏的风险越来越大。及时地寻找信任修复的影响因素，采取行之有效的措施修复信任，保证员工关系再续的可能性，对维持企业稳定和发展具有举足轻重的意义。本章试图归纳关系差序和关系断裂类型，评估破坏关系的修复；从员工和组织之间关系动态变化的视角来剖析关系断裂过程，并提炼关系修复的影响因素，以深化对关系修复问题的认识。

第一节　员工—组织关系差序与关系破坏评估

一、员工—组织关系亲疏差异

大多数关于员工—组织关系的研究，主要基于交换视角分析员工与组织之间的关系。这种交换关系既包括组织期望员工所做的贡献，例如工作绩效、承诺或者提出组织改善的建议，也包括组织为员工所做贡献提供的回报或诱因（Tsui & Wang，2002），如图 1–1 所示。其中，第一类交换关系可以视作一种近似定点的关系，组织提供相对较窄的诱因，同时也仅期望员工回报以较窄的贡献。采用这类关系的组织，通常只关注员工较高的任务绩效而不要求员工做出对组织成功的承诺，员工也只需要获得预先期望产出所应获得的回报，而不要求雇主提供长期的工作安全保障。因此，这类交换关系是一种纯粹的经济交换关系，关注短期和相对规定完善的责任。在经济竞争日益激烈的市场中，很多组织开始与员工建立这类经济交换关系，并且这种关系特别突出地出现在高知识和高技能水平的员工群体（Tsui & Wu，2005）[1]。类似地，在全球化竞争中，另一种较新的员工与组织的交换关系是组织投资不足，仅提供较窄的回报但是期望员工做出广泛的贡献。这尤其发生在经济衰退和复苏缓慢的经济危机时期，组织在有限的资源下被迫提高生产率，员工也只能维持这种不平衡的交换关系。与之相对应的不平衡关系是员工—组织关系的过度投资，组织虽然提供广泛的诱因激发员工，不过只得到员工较少的回报贡献。总的来说，从长远来看，相互投资的交换关系，即组织提供大量的宽泛诱因以交换员工所做的众多贡献，

---

[1]　Tsui, Anne S., Wu, J. B., "The New Employment Relationship versus the Mutual Investment Approach: Implications for Human Resource Management", *Human Resource Management*, Vol.44, No.2, 2005, pp. 115-121.

包括行为绩效和员工承诺，对员工和组织才是互利共赢的（Tsui & Wu，2005）。此时，这类员工—组织关系不再是纯粹的经济交换，而更多的是建立在社会交换基础之上的心理契约关系。

组织期望的员工贡献

		低 / 窄	高 / 宽
组织提供的诱因	低 / 窄	（1）近似定点的关系	（2）投资不足
	高 / 宽	（3）过度投资	（4）相互投资

图 1–1　员工与组织的交换关系

资料来源：Tsui, A. S., Wang, D., "Employment Relationships from the Employer's Perspective: Current Research and Future Directions", in C. L. Cooper & I. T. Robertson (Eds.), *International Review of Industrial and Organizational Psychology*, Chichester, UK: Wiley, 2002, pp.77–114。

员工—组织关系长期以来被认为是一种交易关系，即组织期望员工所做的贡献（包括工作绩效、承诺或者提出组织改善的建议）与组织为员工所做贡献提供的回报之间的交换。进入知识经济时代，人力资本的作用越来越重要，员工的地位也越来越高，员工与组织关系不仅仅是雇佣和被雇佣的交换关系，更是以合同契约与心理契约为双重纽带的合作伙伴关系。员工—组织关系不仅包括显性的、以劳动协议形式体现的经济契约关系，而且包括隐性的、非正式的心理契约关系。在经济社会转型期，无论是劳动契约还是心理契约都无法单独地对劳动关系进行有效的调整，二者必须结合起来才能发挥良好的作用。

关系强度表示关系的深度和广度，以及关系持久能力，被用来评价供需关系、员工—顾客关系、企业—顾客关系、员工—组织关系。正如人与人之间不同交往程度的人际关系一样，员工—组织关系也具有不同关系强度。关系是抽象的概念，如何测量关系强度得到广泛的关注。其中，数学模型法将关系强度简单地视为单维变量，即把关系强度看作是沿着交易型—关系型心理契约连续带逐渐地被赋予不同的等级，有利于从整体上把握员工—组织之间关系强度的本质。但是，数学模型法将关系强度视为一个神秘的"黑箱"，仅仅综合地反映关系强弱的相对状态。后来，学者们进一步认识到关系强度是多维概念，员工—组织之间关系强度的测度是一个开放复杂系统的测量和评价。员工—组织关系既有心理状态，例如承诺、满意度、心理契约和组织支持感，也涉及行为状态，例如角色外行为、主动性。

根据交易型成分和关系型成分的结构不同，单个员工与组织之间的心理契约具有连续的特质，是一个介于交易契约与关系契约之间的连续带，如图1-2所示。员工—组织关系连续带的一端从纯交易契约关系开始不断增加感情成分经过若干中间状态延伸到另一端的纯心理契约关系，或者从纯心理契约关系的一端开始不断增加交易成分经过若干中间状态演变为纯交易契约关系的另一端。员工—组织关系连续带理论彻底打破在员工—组织关系上对交易型心理契约和关系型心理契约、劳动契约和心理契约非此即彼的简单争论和狭隘视野，为更深刻地认识和理解员工—组织关系的本质提供广阔的空间。

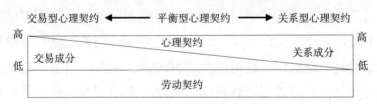

图1-2　员工—组织关系连续带

资料来源：笔者编制。

正如人际关系一样，员工—组织关系同样可以沿袭费孝通在《乡土中国》（1985）中提出的"差序格局"，其中"差"表示以组织为中心圆点对员工的自亲而疏关系网络，"序"则表现这种亲疏关系所隐含的等级差异。然而，随着社会转型中传统等级观念的逐渐消失，差序格局中关系等级的"序"逐渐消失，但是象征关系亲疏的"差"依然存在。因此，群体员工—组织关系就是以组织为中心圆点，在适度空间中与不同员工组成的关系网，网状疏密表示组织与不同员工之间的心理契约关系强弱。基于差序格局中象征关系亲疏的"差"，员工—组织关系可以用关系距离来定量衡量。关系距离是社会学概念，可为研究员工—组织关系提供一个非常有益的出发点。关系距离主要由认知、情感和行为等内容组成。例如，当讨论雇佣关系时，经常涉及内部人—外部人的区别。具体到中国情景来说，内外部人地位差异认知表现在基于"身份识别"的关系。目前国有企业存在的正式工、劳动合同工、劳务派遣工、临时工等多种用工方式，代表不同的身份，进一步表明员工—组织之间关系亲疏差异。

二、员工—组织关系破坏类型

和谐的员工—组织关系能够保证劳资双方的双赢，对企业赢得竞争优势是至关重要的。但是，员工—组织关系是一个不断进化的过程，在员工与组织之间持续的、互动的过程中形成、进化和终结。员工—组织关系的强弱是相对的，强关系由于各种原因随着信任的下降可能会变成弱关系，甚至断绝关系；弱关系随着接触和信任的增加越来越密切，也可能变成强关系。因此，员工—组织关系的形成和恶化是可以相互转换的。其中，劳动契约一般来说是相对稳定的，很少发生改变，并且不存在个体差异；心理契约则随环境变化总处于一种不断变动的状态之中，是随着时间发生变化的，存在显著的个体差异。当心理契约遭到破坏时，员工会重新考虑与组织之间的交换关系，使员工—组织关系的质量发生变化。具体来说，当员工感受到心理契约违背时，可能导致态度和行为的众多改变，将采取离职、抱怨、沉默、破坏等反应行为。但是，心理契约的违背并不意味着员工—组织关系的完全断裂，仅是断裂的前期。

事实上，员工—组织关系断裂会因为态度的影响或行为的变化而发生，是一个持续的破坏过程，并非仅是结果状态。当组织和员工之间发生态度改变而没有行为变化时，已经存在潜在的关系断裂前兆。也就是说，员工—组织关系从开始出现违背到关系断裂存在一个关系破坏潜伏期，潜伏期越长，破坏就越大。在中国经济改革和转轨过程中，员工—组织关系破坏潜伏期逐渐缩短，从而员工—组织关系断裂的风险正在增大。

员工—组织关系受到破坏之后，只要组织采取积极的措施，加强两者之间的沟通和理解，就有可能实现转变。当然，员工—组织关系断裂不一定是员工的单方行为，也并非总是由于消极事件或者负面经历引起。归纳起来，员工—组织关系断裂存在三种类型：员工主动断裂，即员工不满意或者感到不信任，主动中断关系；组织主动断裂，即由于不满意员工或者不可解决的冲突，组织主动中断关系；双方决定断裂，即组织和员工均觉得没有必要保持关系，共同决定中断关系。第一种断裂类型对企业来说是非常重要的，将会给企业带来特殊的经济损失，从而也是本书关注的重点。

在关系演变过程，员工—组织关系的破坏程度是存在很大差异的。根据劳动契约关系和心理契约关系的破坏状态，建立二维矩阵（如图 1-3 所示），将员工—组织关系破坏分为四类：发展型关系、感情型断裂、离职型断裂和终结型断裂。其中，感情型断裂就是"出勤不出力"、"人在心不在"、"身在曹营心在汉"等，常常表现为抱怨、沉默，是关系修复的重点范畴。离职型断裂是员工主动割断与组织的契约关系，尤其是解除正式契约关系。由于员工在组织内外的多重角色，企业与员工的关系是一个错综复杂的问题，在组织内部双方存在雇佣关系，在外部双方可能存在顾客关系、股东关系、竞争者关系等。只有劳动契约关系和心理契约关系都出现失衡甚至破裂，才会导致员工—组织关系的全面断裂，即终结型断裂。

图 1-3　员工—组织关系破坏分类

资料来源：笔者编制。

员工与组织间关系的全面终止，意味着该关系的实质断裂（刘军、刘小禹和任兵，2007）。因此，终结型断裂对企业带来的破坏最大，并且是难以修复的。

三、破坏后员工—组织关系的修复评估

破坏后的员工—组织关系修复需要组织投入大量的时间和精力，因此从成本经济效益的角度来说，并非所有破坏的关系都值得组织去修复。当组织在关系修复结果难以预料的多个可行方案中进行选择时，组织的修复行为不仅受员工—组织间初始关系质量的影响，也受关系破坏程度的影响。也就是说，关系破坏程度和初始关系质量是影响关系修复的两个重要内在因素。其中，初始信任水平与负面事件发生后的心理契约违背知觉是负相关的，具体来说，初始关系质量好的个体更可能原谅他们所在组织的错误，即初始信任水平对关系破坏是存在保护作用的。从而，初始关系强度直接影响员工的认知，将在很大程度上影响员工—组织关系后期的发展。因

此，建立关系破坏程度和破坏前初始关系质量的二维矩阵（如图1–4所示），OY是关系破坏轴，代表员工—组织关系破坏程度的相对大小；OX轴是初始关系质量轴，表示破坏之前组织和员工之间关系的相对强弱。根据二维矩阵，可将破坏关系修复划分为四种类型，分别对应Ⅰ、Ⅱ、Ⅲ、Ⅳ四个象限。

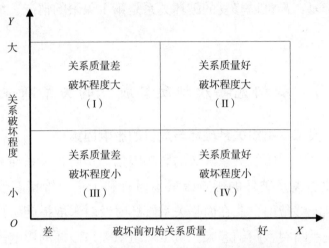

图1–4 破坏后员工—组织关系的修复评估

资料来源：笔者编制。

关系破坏程度过大，难以实现修复，即使能够修复，需要投入的资源比较大；初始关系质量过低，关系修复相当于关系新建，需要投入的资源比较多。这两种情况都不利于调动组织修复员工关系的积极性。因此，引入关系修复指数来描述破坏关系修复优先顺序，为深入理解关系修复效应提供新的视角。关系修复指数可以用公式表示为：关系修复指数 = 破坏前初始关系质量 ×（1 - 关系破坏程度），其中关系修复指数与破坏前初始关系质量正相关，与关系破坏程度负相关。关系破坏程度可以采用关系违背事件发生之后的员工—组织关系质量水平与事件之前的关系质量水平之间的差值来描述。这个理论公式说明：关系修复概率取决于关系破坏程度和破坏前初始关系质量，也就是说，破坏之前员工—组织关系质量越好，关系破坏程度越小，则关系修复的可能性也就越大。因此，从图 1-4 中的 Ⅰ、Ⅱ、Ⅲ、Ⅳ 象限来说，Ⅳ 象限的关系修复指数最大，其次是 Ⅱ 象限和 Ⅲ 象限的关系修复指数，关系修复指数最小的是 Ⅰ 象限。也就是说，位于第 Ⅳ 象限的破坏关系容易得到某种程度的修复；最难以修复的破坏关系是第 Ⅰ 象限的情况，或者不可恢复。

第二节　从相见甚欢到反目成仇的关系断裂演化

一、员工—组织关系破坏与危机的影响因素

理解员工—组织关系破坏的影响因素，是防止关系断裂的重要方面。找出关系破坏的影响因素不但有利于企业维持有价值的关系，而且能够帮助企业在面临关系破坏时及时采取措施防止与员工之间的关系断裂。归纳起来，员工—组织关系破坏的影响因素分为三大类：个人因素（如员工类型、高层管理风格）、组织环境（如组织发展阶段和组织类型）和外部环境（如总体就业前景）（Ni，2007）。员工—组织关系破坏是关系外力、关系内力或者二者协同作用下引起的断裂现象，更多是受内外因素共同影响。例如，面对诱人的待遇条件等，员工可能纷纷离职，导致员工—组织关系断裂。一般来说，员工满意度越低，员工—组织关系断裂的概率就越高。对于拥有专用性人力资本的员工来说，没有较多选择，即使对组织不满意也仍然维持与组织的关系，关系断裂的可能性不大。只有当员工的不满达到难以容忍的时候，员工才会考虑重新定位关系，从而使员工—组织关系出现断裂的可能，甚至导致人力资源危机。

(一) 个体因素

由员工决定断裂员工—组织关系的原因涉及很多方面，比如员工不适应管理风格和文化氛围、上司或同事冲突、个人或家庭原因。尤其是正逐渐成为职场主体的新生代员工 (1980 年及以后出生的劳动力队伍)，由于成长环境的不同，形成区别于老一代员工的特点：其一，注重精神价值的需求。新生代员工生活在改革开放之后中国经济迅速发展的时期，衣食住行等基本生活获得较大的满足，而不同于老一代员工忙于为生计奔波，从而新生代员工关注社会需求、尊重需求和自我实现需求。其二，关注自我。新生代员工希望证明自己的能力，获得别人的尊重，提升自我效能感，因此愿意承担具有挑战性的任务。但是，由于高自尊，他们往往并不畏惧权威甚至藐视权威。其三，寻求立竿见影的工作效果。新生代员工拥有迅速获得进步的愿望，比较注重在自身从事的工作中获得实质性的反馈。其四，抗压能力较弱。新生代员工是我国实行计划生育政策之后出生的一代，大多数为独生子女，成长之路往往也是一帆风顺，所以面对新的问题和进入社会后强大的压力时，可能因为不知所措而采取消极的应对方法。

新生代员工的上述特点和自身所处环境的外在作用，决定他们进入劳动力队伍后将会对企业产生各种危机。

1. 企业文化及制度设计危机

新生代员工融入企业，不但为企业带来活力，而且对企业以前的文化产生冲击，可能会引起企业新老员工冲突的产生。如 2011 年万科集团老员工出现离职倾向，正是由于新旧价值观的冲突而引起的。

2. 人力资源供求危机

新生代员工要求企业能为自己提供良好的发展平台。如果发现企业文化或企业现行的管理制度不适合自己，抑或有其他企业能为自己提供更好的发展空间，他们将会毫不犹豫地选择跳槽。

3. 商业危机及社会责任危机

新生代员工对于新技术的掌握，对新媒体的频繁运用，可能会使企业面临泄密的商业风险。除此之外，由于对企业文化的不适应和抗压能力较差，新生代员工应对压力采取的过激做法往往使企业陷入社会责任危机，如 2006 年华为技术有限责任公司"床垫文化"引发员工过劳死危机和 2010 年深圳富士康科技集团员工连续跳楼事件。

（二）组织因素

企业的管理失误或负面信息的曝光等危机事件也可能是导致员工—组织关系变化的原因。例如，沃尔玛（中国）投资有限公司推行成本控制计划，香港国泰航空公司与空中服务员工会争拗引发罗生门事件，直接造成劳工关系恶化。甚至企业在濒临破产、进入法定整顿期间或者生产经营状况发生严重困难的情景下，经济性裁员和富余职工辞职也会导致员工—组织关系断裂。

（三）危机本身特征

组织在面对危机时，应考虑危机传播情景而选择最适当的危机回应策略，其中危机责任、危机历史和关系历史是危机情景中的三个要素（Coombs & Holladay，2002）。根据库姆斯（Coombs，W.T.）危机情景传播理论对危机传播情景的强调，可以推断危机责任、员工知觉严重性以及历史因素是影响人力资源危机传播的三个重要影响因素（如图 1-5 所示）。人力资源危机发生时，企业员工首先感知危机的严重性，接着进行危机的责任归因，这个过程中企业的历史因素（包括危机历史、关系历史、声誉历史）会影响员工危机责任的归因程度。当员工将危机责任归因于企业责任时，就会进一步引发员工的负面行为进而影响危机的爆发程度。反过来，危机本身又成为影响危机传播的历史因素的一部分。

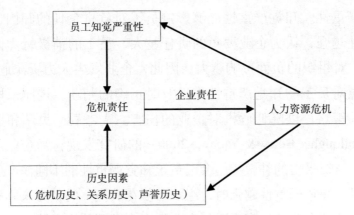

图1–5　人力资源危机爆发的演变模型

资料来源：Coombs，W. T.，"Impact of Past Crises on Current Crisis Communication：Insights from Situational Crisis Communication Theory"，*Journal of Business Communication*，Vol.41，No.3，2004，pp. 265-289。

危机责任是指组织发生危机时，利益相关方对其原因归因的程度。利益相关方对于危机的责任归属，会视危机的类型和损害的严重性而定（Coombs，2006）。企业对人力资源危机进行组织干预时，应考虑引起危机的原因与员工对组织责任归因的程度。一般而言，当企业由于外部环境的变化而发生大量裁员、劳资纠纷等人力资源危机时，员工将组织的责任归于外部原因，是企业无法掌握的，并且组织本身就是受害者，因此认为组织应负的责任程度较小。当企业发生意外工伤等人力资源危机时，这类危机属于意外，企业应付一定的责任，员工对此类危机的责任归因于企业的程度稍大，但还不至于造成严重损失。当企业由于内部人力资源管理的失误和不当行为造成诸如员工跳楼、罢工等重大事故时，员工会把责任归因于企业，这类危机对企业所造成的伤害最大。一般而言，当人力资源危机责任归因于企业时，最容易引起员工的不满情绪和消极行为，进而促使危机的扩大和传播。

知觉严重性是指当企业人力资源出现危机时，员工感知到的危机严重性。知觉严重性能够影响员工对危机责任的归因，知觉严重性越强，认为企业要负的责任越大，员工的消极行为倾向越严重，对组织的负面影响越大。因此，企业发生人力资源危机时，组织应对员工的知觉严重性作出及时正确的判断，进而采取合适的干预策略，以降低危机对企业的伤害。麦考勒、贝瑞和亚达夫（McCollough、Berry & Yadav，2000）的研究发现，当企业发生危机时，组织采用的补救措施会因员工知觉严重性的不同而产生不同的效果。知觉严重性越强时，组织必须花费更多的精力来弥补之前的失误。从企业的角度来看，企业的人力资源管理品牌、过去的危机处理方式和员工—组织关系都会影响员工对危机严重性的感知；从员工的角度来看，员工的忠诚度、归属感和对危机的损失感会影响自身对危机的知觉严重性。

历史因素包括企业的危机历史、关系历史和声誉历史，是影响人力资源危机传播的一个重要因素。危机历史是指企业过去是否有发生过相似的人力资源危机。库姆斯（2004）比较有无危机历史对组织所需负起责任造成的影响，结果表明：有危机历史的组织被认为需要对危机所负起的责任较大。关系历史是指过去组织和员工之间关系的好坏程度，表现为员工对组织的忠诚度及组织给员工的归属感等。与危机历史的作用机理类似，不好的关系历史会加深员工对危机责任归因于企业的程度。声誉历史是指企业过去是否形成一个良好的人力资源管理品牌。企业声誉对组织的威胁不是间接的，而是直接感知危机责任的归因（Coombs，2004）。先前的声誉可以创建一个光环效应，保护处于危机中的组织，减少对组织责任的归因（Coombs & Holladay，2006）[1]。因此，拥有良好的人力资源管理

---

[1] Coombs, W. T., Holladay, S. J., "Unpacking the Halo Effect: Reputation and Crisis Management", *Journal of Communication Management*, Vol.10, No.2, 2006, pp. 123-137.

声誉，员工容易在危机发生时选择相信企业，减弱危机对组织的负面影响。

二、员工—组织关系断裂演化过程

员工—组织关系断裂分为单一员工—组织关系由部分断裂演化为完全断裂和由单一员工—组织的关系断裂演化为群体员工—组织的关系断裂。当然，员工—组织关系的断裂不仅仅是一个状态，更强调其是一个过程。从员工心理反应的视角来看，关系破坏过程主要包括形成心理预期、内部比较、外部比较、破坏感知和破坏反应五个阶段，这仅是关系断裂的局部阶段。从关系本身的变化趋势来说，关系断裂演化的路径是"中断→衰减→脱离→断裂"（Fajer & Schouten，1995）。

在员工—组织关系断裂演化过程中，存在三个主要特征：

第一，关系断裂是时间的函数。在关系断裂过程中，时间是一个关键因素，与组织有关的过去和将来的关系状态，影响现在的关系状态。外力越大，则断裂所需时间越短；断裂所需外力一般都低于关系的屈服强度，即关系断裂的临界外力值。

第二，破坏环境是特定的。员工—组织关系的外部环境因素是在系统之外能够对关系运行的过程和结果产生影响的不可控因素或者间接可控因素。只有在某些组织因素—个人因素的组合情况下，由于外在环境的作用，员工—组织关系才会发生断裂。若无环境外力，关系破坏速度是微小的。

第三，断裂速度在纯关系内在特征及纯环境外力破坏之间。从员工—组织关系出现问题到关系断裂是需要一定时间的，即裂缝在关系恶化中是以某一速度发展的。从关系问题开始到恶化出现的时间，通常称为孕育期；关系违背开始出现到最后断裂所需要的时间，通常称为扩展期。在孕育阶段，环境发生急剧变化，出现环境恶化现象，逐步形成关系破坏；进入关系裂缝稳定扩展阶段，环境变化缓慢，员工—组织关系表面或内部产生裂缝，在环境外力和关系强度本身恶化作用下，关系裂缝缓慢扩展；进入关系裂缝失稳阶段，关系恶化引发裂缝并连续扩展，最终导致员工—组织关系发生突然断裂。发生员工—组织关系断裂时，不但单一员工—组织关系出现破坏，而且常伴随群体员工—组织关系的分支裂缝。关系的分支裂缝有微观分支裂缝和宏观分支裂缝两种，微观分支裂缝是指其他个别员工与组织之间关系出现不和谐，宏观分支裂缝则是员工群体与组织之间的关系出现问题。

整条员工—组织关系演变曲线可分为三段：在孕育阶段（Ⅰ段）和关系裂缝失稳阶段（Ⅲ段），关系裂缝扩展速率随环境外力强度的变化而变化；在关系裂缝稳定扩展阶段（Ⅱ段），与环境外力强度的关系不大。在Ⅰ段中，随着环境外力强度的减少，关系裂缝扩展速率下降。当环境破坏外力强度低于某个极限值时，员工—组织关系在此环境中可持续足够长的时间而不会断裂；当环境外力强度大于某个极限值时，关系裂缝将以某个速度扩展，经过一定的时间扩展至临界状态后发生断裂。这个临界值就是关系断裂临界的环境外力强度。

总之，上述关系断裂过程演变为员工—组织关系的修复提供了理论基础。员工—组织间关系与其原有的和未来的关系状态相联系，员工—组织间相互作用就在于他们之间前后有联系，而且随其持续的相互作用，相互依赖性会变得更大。因此，当员工—组织关系出现破裂时，组织需要及时采取针对性的修复措施，降低关系破坏带来的负面影响，防止关系破坏进一步扩大，最终导致断裂。

第三节　员工—组织关系修复效果的影响因素

组织信任是员工与组织双方基于社会交换形成的心理契约，体现双方对对方提供各种责任的理解和感知。其实，信任与不信任并不是直接对立的，信任的对立面是没有信任，不信任的对立面是没有不信任 (Schoorman、Mayer & Davis，2007)[①]。当关系破坏带来的消极影响恶化到员工认为可以接受的水平以下时，就会产生对组织的不信任。但是，即使员工认为这些消极影响被消除，它只是消除不信任、负面情绪或消极交换，并不会导致积极关系，形成既不是不信任又不是信任的中性状态。但是，员工—组织关系修复的主要目的，在于消除违背方的违背行为，并重建二者之间的信任关系。

吉莱斯皮和迪茨（2009）的研究也表明，信任修复主要包含两个层面的修复行为：不信任行为管理和可信行为展示。其中，不信任行为管理是通过有意识地管理与失败原因相关的消极行为，避免和阻止未来的信任违背事件，规避被违背方的不信任；可信行为展示是违背方象征性地和实际性地向被违背方展示值得信任的特质和行为。因此，员工—组织关系修复是一个困难的过程，不但要克服破坏带来的负面预期，消除不信任带来的负面情绪和消极交换行为，而且需要重建积极的预期、正面情绪，激发积极交换行为 (Kim、Ferrin & Cooper 等，2004)。

员工—组织关系修复的效果不但涉及关系修复的程度，还涉及修复后关系的发展趋势。理解关系修复中的影响因素，能够提高关系修复效果。在关系修复中，关系违背主体（包括违背方与被违背

[①] Schoorman, F. D., Mayer, R. C., Davis, J. H., "An Integrative Model of Organizational Trust: Past, Present and Future", *Academy of Management Review*, Vol.32, No.2, 2007, pp. 344-354.

方)、关系违背客体（即违背事件的内容、发生的原因及导火索等，及违背关系的特征）及事件发生环境是影响关系修复效果的主要因素，如图 1-6 所示。此外，外部利益相关者的外部监管和企业的公众声誉也是影响关系修复的重要因素（Gillespie & Dietz，2009；罗明忠，2010）。

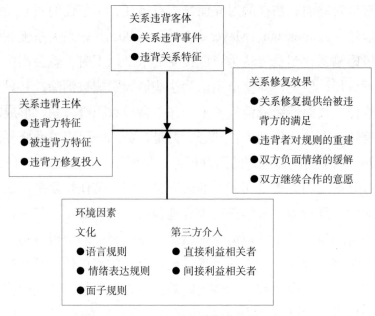

图 1-6 员工—组织关系修复效果的影响因素

资料来源：Ren，H.，Gray，B.，"Repairing Relationship Conflict：How Violation Types and Culture Influence the Effectiveness of Restoration Rituals"，*The Academy of Management Review*，Vol.34，No.1，2009，pp.105-126。

一、关系违背主体

关系违背涉及违背方和被违背方两个主体。一方面，被违背方个性特征会影响关系修复的效果。首先，被违背方认知风格会影响关系修复的效果。根据归因理论，关系违背事件发生后，事件产生的消极结果将使被违背方产生不悦心情，被违背方倾向根据违背方的一系列行为进行分析，并将事件发生的原因归属到违背方的自身特征。归因过程中，被违背方对关系违背行为的归因包括违背方的能力、仁慈、正直或其他因素（Tomlinson & Mayer，2009）。当初步选定归因因素之后，被违背方将从原因源、可控性和稳定性进一步对该因素进行深层次的归因。此归因结果不但会影响被违背方的情绪反应，还与被违背方的情绪反应共同影响其对违背方可信性的理解，最终影响关系强度，抑制或促进关系修复的开展和效果。邓恩和施韦泽（Dunn & Schweitzer，2005）基于五个实验研究也发现：偶发情绪能够显著地影响非相关背景下的信任，其中幸福和感激等积极心理效价情绪能够提升信任，生气等消极心理效价情绪能够减弱信任；他控型情绪（如生气和感激）和弱控制评估（如幸福），比自控型情绪（如自豪感和内疚）和情景控制型情绪（如悲伤）更能显著影响信任。其次，被违背方的利他人格存在差异，也会影响关系修复效果。利他人格理论强调性格特点影响个体是否信任他人。特质性宽容程度较低的个体，在侵害后不管是获得被信任方自愿的还是被迫的赔偿，都倾向于不再信任对方（Desmet、Cremer & Dijk，2011）[1]。从而，关系违背之后，一些员工能快速宽恕对方，另外一些员工则不再信任对方，甚至产生报复行为。例如，道德品格的内隐观是调节信任修复效果的关键个性特征，即在道歉和展示可信行为之后，相信道德品质改变（累积论）的个体比相信道德品质不变（存在论）的人在紧随道歉和可信行为展示之后可能更容易再次信任违背方（Haselhuhn、Schweitzer & Wood，2010）[2]。最后，

---

[1] Desmet, Pieter T. M., De Cremer, David, Van Dijk, Eric, "Trust Recovery Following Voluntary or Forced Financial Compensations in the Trust Game: The Role of Trait Forgiveness", *Personality and Individual Differences*, Vol.51, No.3, 2011, pp. 267-273.

[2] Haselhuhn, M. P., Schweitzer, M. E., Wood, A. M., "How Implicit Beliefs Influence Trust Recovery", *Psychological Science*, Vol.21, No.5, 2010, pp. 645-648.

被违背方的目标导向也是影响关系修复的因素之一。进取型目标导向的个体信任修复的动机是希望在信任关系中争取更多的利益，而回避型目标导向的个体信任修复的动机是避免信任破裂所带来的既有利益的损失（Molden & Finkel，2010）[①]。

另一方面，违背方的响应对破坏后关系的发展产生重要影响。冒犯者策略（如道歉的及时性和真诚性）是影响关系调解意愿的重要因素（Tomlinson、Dineen & Lewicki，2004）。关系破坏后，可能用到的不同反应策略可归纳为三大类：第一，干扰归因的修复策略，如否认（Kim、Ferrin & Cooper 等，2004）、借口（Tomlinson& Mayer，2009）、道歉（Kim、Ferrin & Cooper 等，2004；Tomlinson、Dineen & Lewicki，2004）、辩解（Tomlinson、Dineen & Lewicki，2004），或者提供具体的有效证据（刘星和高嘉勇，2010），甚至是沉默（Ferrin、Kim & Cooper 等，2007）；第二，降低风险感的修复策略，如口头承诺（Schweitzer、Hershey & Bradlow，2006）、抵押担保（Nakayachi & Watabe，2005）；第三，提高公平感的修复策略，如道歉（Kim、Ferrin & Cooper 等，2004；Tomlinson、Dineen & Lewicki，2004）、补偿（Bottom、Gibson & Daniels 等，2002）。任何修复策略都各有利弊，从而在面对不同关系违背情景时应采用不同的关系修复行为（Kim、Dirks、Cooper & Ferrin，2007）。如果否认、寻找借口、道歉、辩解及提供证据能够降低信任方对消极结果的内在归因、可控性及稳定性归因，则这些非经济性修复策略能够成功或部分修复信任方对组织可信性的认知（Tomlinson & Mayer，2009）。并且，不同的修复行为往往需要混合运用才能获得最佳效果。金、德克斯和库帕（2009）

[①] Molden，D. C.，Finkel，E. J.，"Motivations for Promotion and Prevention and the Role of Trust and Commitment in Interpersonal Forgiveness"，*Journal of Experimental Social Psychology*，Vol.46，No.2，2010，pp. 255-268.

认为信任修复行为的策略实施是由相互联系、循序渐进的层次构成的：破坏者否认或承认责任；承认责任后可以归因于客观环境或主观原因；如果归因于主观原因，则需要进一步解释、道歉、忏悔、补偿或承诺等。

此外，违背方的认知对关系修复效果产生重要影响。实质性响应（如赎罪和管控）和非实质性响应（如道歉）都是通过感知的忏悔来修复信任（Dirks、Kim、Ferrin & Cooper，2011）。冒犯方对被指控的负罪感将促进关系的重新建立或关系恢复到以前的状态，如果冒犯方无负罪感或持有不同意见，则信任破坏将加快关系的破裂。帕特、托马斯-摩尔根和比蒙特（Pate、Morgan-Thomas & Beaumont，2012）以案例对组织中 206 名员工在 2004 年和 2007 年两个时间点的量化研究表明，高层管理团队试图通过解决工作场所欺凌现象（包括主管威胁、毫无根据的批评、歧视以及对其他员工不公平的偏袒）再获员工信任，但结果是管理者采取的行为对于员工的信任只有部分影响。具体来说，忠诚水平、仁慈动机和开放性有显著的变化，然而信任的其他维度（正直、能力、一致性和尊重）并没有显著的变化。然而，当不信任方对因为能力而产生的违背道歉，而且否认因为真诚而产生违背的有罪，或者当存在一系列有罪的证明而已经道歉，但是曾经否认违背的责任当存在一系列无罪的证据，信任能够成功地被修复（Kim、Ferrin & Cooper 等，2004）。关系中的破坏经常使受害方蒙受经济损失，普通修复方法涉及为受害者提供经济补偿。自愿提出经济补偿比被迫补偿更能代表冒犯方对受害者的悔改，促进受害者的信任（Desmet、Cremer & Dijk，2011）。并且，更多的补偿能否引起更多的信任，主要依赖犯错方的冒犯意图。例如，虽然与完全或部分补偿相比，过度补偿能够提高信任感，但是违背中冒犯方欺诈意图比较明显，则过度补偿并不能提高信任感（Desmet、Cremer & Dijk，2011）。

二、关系违背客体

关系违背客体包括违背事件本身的相关特性和类型，及违背关系特征。一方面，从违背事件特征来看，某些关系能够从某些冒犯中修复，但是另外一些关系可能并不能得到修复。可恢复的冒犯包括基于正直、能力和仁慈的冒犯，是关系能够被修复的类型，但是该类冒犯若重复发生则可能破坏关系，超出恢复的程度。不可恢复冒犯破坏信任以致信任不能被修复，追随者甚至会撤出关系（Grover、Hasel & Manville 等，2014）。例如，施韦泽、赫尔希和布莱特劳（Schweitzer、Hershey & Bradlow，2006）采用实验研究证实：当个体观察到一系列可信行为之后，由不可信行为损害的信任能够被有效修复，但是即使被欺骗者接受承诺、道歉和观察到系列可信行为，由重复不可信行为和欺骗而导致的信任破坏永远也得不到完全修复。对于可修复的关系违背，从被违背方的视角来说，关系违背客体包括身份和控制力。身份和控制力是在组织关系中两种最为重要的需求（Ren & Gray，2009）。当信任方所感知到的被信任方的行为与其期望不相符时，就会出现信任违背（Tomlinson、Dineen & Lewicki，2004），可能导致不信任状态的出现。因此，一方阻碍另一方此两种基本需求的满足，将引发关系违背事件，使被违背方产生不同方面的消极反应，对关系修复产生不同影响。其中，个人身份标准被有意或无意跨越将导致身份违背，即当个人通过社会身份来定义的个人相关身份属性（如行为、尊重、被顺从等）与他人对此做出的定义产生矛盾并显现出来时，将引发身份违背。身份违背事件使得被违背方变得情绪化、多变、更加注重社会地位，甚至是行为粗鲁，不仅使关系受损更严重，而且使关系修复更加困难。控制力违背是指个人对结果产出和资源分配失去应有的控制权力而引发的关系违背。这不但影响员工的情绪状况，也使其对组织的公平公正性产生怀疑，降低其对组织的预期，转而规避风险，加重关系破裂的程度。

从违背方的视角来说，信任违背按照产生原因分为正直型信任违背和能力型信任违背（Kim、Dirks & Cooper 等，2007；Ferrin、Kim & Cooper 等，2007）。对于能力型信任违背来说，提供积极信息（如承诺、展示可信行为）能够抵消消极信息的影响，从而有效地修复信任；管理消极信息的修复策略（如否认、解释、约束不信任行为）将更有效地修复由于正直型信任违背带来的信任破坏（Gillespie & Dietz，2009；姚琦、乐国安和赖凯声等，2012）。修复团队信任比修复个体信任更加困难。当被信任方否认对基于能力冒犯有过失（而不是道歉）或者对基于正直冒犯道歉（而不是否认有过失），团体和个体不再容易相信被信任方。同时，冒犯类型和冒犯响应的交互也最终影响团队和个体信任修复的相对难度（Kim、Cooper、Dirks & Ferrin，2013）。

另一方面，冒犯之前的关系经历程度也是影响信任修复的关键关系特征。根据哈维拉和威尔金森（Havila & Wilkinson，2002）提出的关系能量守恒原理，关系能量可传输但不可毁灭，即双方在以前交往经历中的认知、情感等会继续留存，需要经过一段时间后才会消失，这为破坏关系的修复提供机遇与挑战。违背前员工信任水平会影响心理契约违背的感知和违背后的态度（Braun，1997）。初始信任和心理契约违背负相关，员工对雇主的初始信任在心理契约违背和后续信任之间起到调节效应，所以在心理契约违背后高初始信任的员工比低初始信任的员工很少发生信任度下降（Robinson，1996）。双方关系的紧密度和质量不仅影响对契约违背的容忍程度或者契约的解除，而且影响双方改善关系的能力。双方的关系特征（如初始关系强度、关系破坏程度）是影响关系调解意愿的重要因素，其中初始关系强度与调解意愿有很强的正相关关系，关系破坏强度对信任违背后关系调解意愿产生调节效应。具体来说，当破坏强度比较大时，初始关系强度更重要，而未来违背的可能性并不重要（Tomlinson、Dineen & Lewicki，2004）。信任冒犯前更多的关系经历能够促进信任修复，主要原因在于两个大脑系统的不同激活模式，信任冒犯初期的决策涉及控制型的社会认知系统结构，信任冒犯后期的决策涉及自动型社会认知系统结构，即信任的社会心理理论和神经生理学（Schilke、Reimann & Cook，2013）。并且，初始关系强度能够产生晕轮效应，在冒犯期间能够保护关系持续。当然，晕轮效应是作为保护动力，而并非往好处想别人（Coombs & Holladay，2006）。违背后建立信任和恢复合作的能力对于维持积极关系是非常重要的。一开始没有处理好关系可能导致灾难性的长期后果，虽然后期违背好像只在短期内制约合作，但是这些违背为最终表面不信任埋下隐患（Lount、Zhong、Sivanathan & Murnighan，2008）。

三、关系修复环境

组织层面关系修复是一项复杂的系统工程。吉莱斯皮和迪茨（2009）系统地将组织层面信任修复的影响因素归纳为内部因素和外部因素，其中外部因素包括外部监控和公众声誉，内部因素包括领导力和管理实践、组织文化和氛围、组织战略及组织结构、政策和过程，即领导层行为、组织结构和组织文化。归纳起来，影响关系修复的主要外部因素包括文化因素和利益相关者（包括媒体）的介入，其中文化因素包括语言规则、情绪表达规则和面子规则（Ren & Gray，2009）。语言规则通过命名来构建个人身份和地位，命名影响人们看待他人的方式。在不同文化中语言规则存在差异，从而对关系修复产生重要影响。例如，高语境文化中，双方更倾向于采用模糊用语，若危机情景中某方采用清晰直接的语言来开展关系修复，则会加重关系破裂。并且，关系修复中，需要结合特定文化下情绪表达规则，判断对方的真实情绪，从而更准确地开展关系修复活动。例如，集体文化中，个体趋向于隐藏极端的负面情绪，若违背方在关系修复中未察觉到对方真实的极端负面情绪，而只采取浅层少数的补救措施，将严重影响关系修复效果，不能达到关系修复预期。面子规则是关于如何确认、支持、挑战个人和他人面子的相关规则（Ren & Gray，2009）。由于面子通过规定个人责任、义务、承诺等来确认个人身份，与个人对身份的需求相联系，从而受到个体的特别重视。面子尤其是中国人交往中最不可或缺的人情媒介。当然，不同文化中面子规则的内涵不同。例如，个体文化中，个体更加注重自己的面子，倾向于采用直接的对抗性面子维护策略；集体文化中，个体更加注重他人的面子，倾向于采用迂回的非对抗性面子维护策略。在关系修复中，应根据具体文化中面子规则的类型，选取相应方法手段，否则不但会影响关系修复效果，甚至会造成更严重的关系破裂（Brew & Cairns，2004）。

　　从利益相关者视角，在组织、员工之外，可信的外部利益相关者对组织能力、仁慈和正直的认知是员工判断组织可信性的重要参照标准之一。从而，外部利益相关者（如政府、商会、顾客、媒体等）的介入也是组织层面关系修复的重要因素。当然，第三方在组织关系修复中既有负面影响又有积极作用。信任能够被第三方放大，第三方对强关系中的信任有积极效应，对弱关系中的信任有消极作用（Burt & Knez，1995）。例如，媒体的情感消息框架（诱发生气、诱发悲伤）影响员工对公司危机的情绪响应，不同消息框架诱发的特殊情绪影响个体的信息加工策略（即启发式加工还是系统加工）和对公司的评价。具体来说，与接触悲伤诱发型消息的个体相比，接触生气诱发型危机消息的个体对公司有更多负面的看法（Kim & Cameron，2011）。因此，员工—组织关系危机中公司响应有效策略，需要考虑媒体发布消息的方式、公众情绪响应和情绪传染的运用。尤其是日益灵活的社交媒体工具的广泛应用，大量的开放式沟通渠道削弱了组织应对关系危机沟通的控制。并且，不同策略修复效果取决于第三方的意见。当采取否认策略时，第三方支持的修复效果好于第三方不支持时的效果；当实施道歉策略时，第三方支持与否对修复效果的影响不大。

第四节　案例分析

　　重组企业要想与关系断裂的被重组企业员工再续前缘，首先要明确影响关系再续的因素有哪些。大量的研究表明，初始关系将会影响后期关系的建立和维护。一方面，再续关系与初始关系具有相同的关系主体——员工和企业，初始关系是关系再续的基础。因此，应该对初始关系中影响关系再续的因素进行研究。另一方面，关系再续是关系的重新建立，仍然涉及关系建立问题，从而关系建立的影响因素可以为关系再续提供借鉴。最后，以吉林通钢集团流血事件为例剖析员工—组织关系修复的影响因素。

　　建龙集团参与通钢集团（即吉林省通化市通化钢铁集团有限公司）的第一次重组始于 2005 年，结束于 2009 年 3 月，从同床异梦到不欢而散。建龙集团入驻通钢集团后，为顺利重组开始实行"一刀切"的内退机制，引起内退工人们的集体抗议，并开始上访告状。后来，通钢集团内退上访诉求由内退机制不符合政策转为举报重组涉嫌国有资产流失，至此建龙集团与通钢集团职工间积累下矛盾。由于长期上访无效，退休工人也加入举报队伍。受经济危机影响，通钢集团在 2008 年出现亏损。因通钢集团持续亏损，建龙集团于 2009 年 3 月 6 日宣布退出通钢集团，此举令通钢集团上下员工对建龙集团形象更趋负面。建龙集团撤出后，员工积极投入生产，加上中央 4 万亿刺激方案出台，通钢集团经营好转，扭亏为盈。已经退出重组的建龙集团于 2009 年 7 月卷土重来再次入股通钢集团，在吉林省国资委的操办下欲强行接管通钢集团。从吉林省国资委与建龙集团分手，到再次同意其控股，建龙集团与通钢集团上下员工从冤家路窄、狭路相逢到刀兵相见，引起轩然大波导致群体性事件发生。虽然建龙集团高管分别与员工谈话，试图缓和与通钢集团员工的关系，但却最终以职业经理人陈国君的殒命而告终。

民营企业建龙集团两次入驻国有企业通钢集团，涉及与通钢集团员工的初始关系建立和再续关系的重建过程。双方的初始关系缺乏相互作用的历史，均没有对方特征的直接信息。但是，在关系再续中，一方拥有对方不可信的经历及相关认知。关系能量保持原理意味着"这种能量可传输但不可毁灭"（Havila & Wilkinson，2002），过去的印象会留存在员工的关系和知识中，要经过一段时间以后才会消失，这为员工—组织关系的再续提供了契机和挑战。

一、初始关系强度

员工与企业间的初始关系由于建立时的环境、目的、条件等因素的不同，会表现出不同强度，大致可分为：强关系、弱关系、无关系。通钢集团流血事件中，在重组之初，虽然通钢集团内部员工并没有将抵制的矛头指向建龙集团，但在建龙集团撤出通钢股份时，通钢集团员工一致认为从此可以过上"好日子"，并且此想法在后来通钢集团独立经营且盈利状况好转下得以"验证"，致使员工在建龙集团二次入驻时便将之前的"一刀切"内退、工资大幅下降、被南方检修队替代等公司的一切"错误"都归因于建龙集团的入驻，形成了员工与建龙集团的初始关系。并且，自建龙集团和通钢集团联姻以来，通钢集团员工与建龙集团冲突不断，通钢集团职工干群关系急转直下。在第二次接管之际，建龙集团高管和通钢集团员工只有真正抛开初始关系的不愉快后，重逢才能真正绽放新生，否则就永远在初始关系的"仇人相见"上打转，走不出僵局。

二、关系断裂原因

关系断裂的原因会对关系再续产生明显的影响。找出关系断裂的原因不但有利于企业维持有价值的关系，而且能够帮助企业在面临关系断裂时及时采取措施防止关系断裂。关系断裂原因作为结束初始关系的直接原因，在一定程度上也反映了初始关系的强度和造成相应强度的原因。通钢事件案例中关系断裂的主要原因在于建龙集团一方过多地考虑自己的利益。建龙集团并购通钢集团的一个重要目的是借助通钢集团的资源和优势建成建龙集团的精品钢项目，但在并购后，通钢股份对于此项目的帮助并不明显，加上通钢股份盈利逐渐下降，此时深陷宁波并购案的建龙集团分身乏术，只能改持吉林精品钢基地的所有权和通钢集团原有矿山的所有权而退出通钢股份，"逃跑"的建龙集团让通钢股份员工彻底失去信心。建龙集团若想顺利完成二次入驻通钢股份，并赢得通钢股份内部上下员工的认同，则要将补救与开发相结合，完成员工—组织的关系再续。

三、企业投入力度

企业与员工之间稳定和谐的关系既是一个相互补充的过程，也是一个互动的过程。互动可以为双方关系注入活力，促进双方在互动中增加信任。企业在关系再续的投入包括口头投入、行为投入和实物投入，其中口头投入包括道歉、误会解释、承诺。在通钢事变中，尽管建龙集团高层管理人员认识到克服被购方员工对并购的抵触情绪不可小视，也采取部分措施试图消解双方的分歧或隔阂，但是在运作过程中，或者过多地考虑自身利益，或者过多仰仗当地政府推动，在接管时遇到阻力应对迟钝而乏术（周宇和陈天白，

2009），表明在关系再续之际投入力度仍然偏小，从而通钢集团上下员工对建龙集团的关系再续行为抵制自然难以避免。

四、员工群体特征

不同企业的员工由于群体特征的差异，对原有企业采取的关系再续措施的感知不同，从而关系再续的难度也就不同。例如，通钢集团悠久的历史形成了强大的企业文化，职工的主人翁意识、团体凝聚力远大于一般中小企业，并且对于通钢职工身份的认同比较深厚。因此，通钢集团员工在面临被"实力并不强大"的民营企业重组时，内心很难波澜不惊，尤其是在觉得原有利益难以保障时，不满情绪的产生和倍增效应是难以避免的（周宇和陈天白，2009），从而关系再续的难度可想而知。通钢集团上下员工坚决反对建龙集团再次控股，并且领导层辞职，员工集聚抗议，双方已经水火不相容，也证明民营企业和国有企业员工的观念差异引起关系再续的风险增大。

五、可信的第三方介入

当关系破坏涉及第三方的利益，或参与重组企业没有办法处理员工关系事件时，可信的第三方介入关系再续事件能发挥积极作用，关键在于选择适当的介入机制和干预策略。其中，可信的第三方可能包括政府部门、工会组织、战略合作伙伴、行业协会等。在通钢集团流血事件中，为保证建龙集团再次增资扩股入驻通钢股份，吉林省政府成立了专门工作领导小组，并派出工作组进驻通钢集团，分别召开了多个座谈会。但是，在建龙集团第一次参与通钢集团重组中，省国资委的行为已经引起通钢集团员工的质疑和抗议，从而在第二次重组的再次介入难以奏效。

综上所述，在关系修复中，主动修复方要充分考虑关系违背主体、关系违背客体和关系修复环境等因素，相互结合渗透，选择最适合的关系修复的手段，满足被违背方的心理需求、重建规则、缓解双方负面情绪、修复双方继续合作的意愿，以达到关系修复预期。

第二章　初始信任与信任破坏影响
修复效果的内在机理

　　信任是一切关系的基础，从而修复员工对组织的信任是员工—组织关系修复的核心内容之一。信任修复根据信任破坏的类型以及企业性质等因素，所采取的有效修复策略不尽相同。国内学者正在逐步关注信任修复策略的问题，但是对于此类问题的研究，无论是研究方法还是研究理论基础都有限，加之中国传统文化的影响以及比较特殊的社会文化环境，国内的组织信任修复研究需要进行摸石头过河性的探索。因此，拟以情景模拟的方式，结合修复策略情景对信任修复的机制进行探索性研究。通过互联网搜集国内组织信任破坏相关的人力资源管理危机事件，分析事件的起因和处理措施，提出研究构思和假设，并设定研究的模拟情景，通过数据分析，验证假设，寻找不同情景下信任修复的影响因素，为企业分析信任破坏的情况、寻找合适的信任修复策略提供理论依据。

第一节　假设的提出

　　本章着重考虑信任内在特征对组织信任修复效果的影响，涉及组织系统信任的破坏前初始信任水平（简称初始信任）、信任破坏程度，修复中员工情绪反应和责任归因，如图 2-1 所示。研究的主要内容包括：

第一，组织信任修复的影响因素及这些因素的影响大小，如初始信任、信任破坏程度对员工情绪反应以及信任修复效果的影响。

第二，情绪反应在初始信任以及信任破坏程度影响信任修复效果之间的中介效应。

第三，责任归因在初始信任、信任破坏程度影响信任修复效果之间的调节效应。

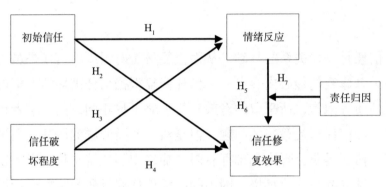

图 2-1　理论构思模型

资料来源：笔者编制。

一、变量的操作化定义

初始信任：初始信任就是在没有经过人力资源危机事件之前的组织内系统信任水平。

信任破坏程度：员工对组织的信任在人力资源危机事件影响之后的受损情况，以危机后组织信任水平和危机前信任水平之间的差值加以表示。

信任修复效果：信任修复被定义为在信任违背或破坏发生后，为了增加信任方对信任的积极预期和意愿而实施的一系列活动。从而，信任修复效果采用危机后信任水平和修复后信任水平之间的差值加以测量。

情绪反应：情绪是一种抽象而又复杂的情感体验或者心理活

动，这种情感直接指向人和物，是个体对人或物的直接反应。例如，当个体害怕某件事物或者感到快乐时，都是一种情绪的表达。对于情绪反应的测量，采用伊泽德（Izard，1977）的情绪差异化（Differentia Emotion Scale，DES）量表加以测量。

责任归因：对于外界发生的各种事件，人们总是会在认知和情感上有一定的反应，其中一个心理活动就是责任归因，尤其是针对突发事件或者其他负面事件（Weiner，1986）。责任归因被定义为个体对于来源于外界的人或者事物的刺激寻找原因并进行责任推断的过程。推断的结果会进一步影响个体在推断之后的认知、情感及行为反应。

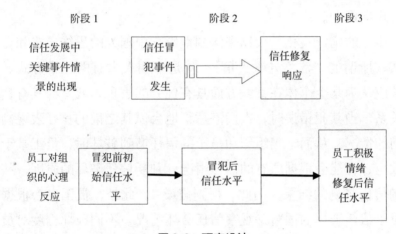

图 2-2　研究设计

资料来源：笔者编制。

二、研究假设

情绪是个体对周边环境通过信息交换发生的正面的或者负面的一系列生理和心理的反应，并且该反应受到认知评价的影响。从而，当组织和员工之间的信任遭到破坏之后，必然会引发个体内心一系列的情绪反应。因此，可以推断：初始信任遭到破坏后会引起员工情绪的反应。更具体来说，如果初始信任水平较高，个体与组织有较好的初始关系，那么当出现信任破坏时，个体情绪恶化会得到一定程度的缓冲。由此，得到假设1：

H₁：初始信任对修复过程中员工的情绪反应具有正向影响。

H₁ₐ：否认策略：初始信任对修复过程中员工的情绪反应具有正向影响；

H₁ᵦ：道歉策略：初始信任对修复过程中员工的情绪反应具有正向影响；

H₁c：赔偿策略：初始信任对修复过程中员工的情绪反应具有正向影响；

H₁d：道歉＋赔偿策略：初始信任对修复过程中员工的情绪反应具有正向影响。

传统的儒家文化长久以来深刻地影响中国人的思维方式和行为方式，所谓的"法不外乎人情"，就是中国人常有的思维方式。首因效应认为某个个体在某一方面具有优秀的表现，或者与其有良好的关系，当其犯错误时，人们潜意识地会以其之前的良好表现判断当前的情况。从而，当组织和员工的信任遭到破坏时，员工基于首因效应，可能会根据原有的信任情况，判断信任破坏的原因，从而影响信任修复的结果。因此，得到假设2。此外，员工也会根据个人对于信任破坏的理解，观察信任破坏情况，不同破坏程度对员工的情绪影响也有所差异，因此，得到假设3。

H₂：初始信任对破坏后组织信任的修复效果有正向影响。

H₂ₐ：否认策略：初始信任对破坏后组织信任的修复效果有正向影响；

H₂ᵦ：道歉策略：初始信任对破坏后组织信任的修复效果有正向影响；

H₂c：赔偿策略：初始信任对破坏后组织信任的修复效果有正向影响；

H_{2d}：道歉＋赔偿策略：初始信任对破坏后组织信任的修复效果有正向影响。

H_3：信任破坏程度对修复过程中员工的情绪反应具有负向影响。

H_{3a}：否认策略：信任破坏程度对修复过程中员工的情绪反应具有负向影响；

H_{3b}：道歉策略：信任破坏程度对修复过程中员工的情绪反应具有负向影响；

H_{3c}：赔偿策略：信任破坏程度对修复过程中员工的情绪反应具有负向影响；

H_{3d}：道歉＋赔偿策略：信任破坏程度对修复过程中员工的情绪反应具有负向影响。

信任破坏后，信任破坏程度不同，信任修复方式和修复耗费的时间也不同，因此若要高效修复破坏的组织信任，必须对信任破坏类型和程度有一个清晰的认识。信任破坏越严重，修复起来就需要耗费更多成本，得到假设 4：

H_4：信任破坏程度对信任修复效果具有负向影响。

H_{4a}：否认策略：信任破坏程度对信任修复效果具有负向影响；

H_{4b}：道歉策略：信任破坏程度对信任修复效果具有负向影响；

H_{4c}：赔偿策略：信任破坏程度对信任修复效果具有负向影响；

H_{4d}：道歉＋赔偿策略：信任破坏程度对信任修复效果具有负向影响。

汤姆林森（Tomlinson，2009）在自己的研究基础上进行了拓展探究，结合信任违背的具体情景进行分析，阐述了认知和情绪对信任修复的影响。后来，德克斯、金和菲林等（2011）进一步提出以情感防范作为中介变量，即将感知的忏悔和感知的防范作为中介探讨信任修复机制，正式开启以情绪情感为中介变量的信任修复研究。迪斯美特、克里默和戴克（2011）也得到类似的结论：感知忏悔的中介作用能够解释为什么被信任方主动表示承担责任的时候信任修复会比被信任方迫于压力而做出的补偿更加有效。归纳起来，任何修复都是通过信任方情绪情感变化来实现的，因此得到假设 5 和假设 6：

H_5：修复过程中员工情绪反应在初始信任影响信任修复效果中发挥中介作用。

H_{5a}：否认策略：修复过程中员工情绪反应在初始信任影响信任修复效果中发挥中介作用；

H_{5b}：道歉策略：修复过程中员工情绪反应在初始信任影响信任修复效果中发挥中介作用；

H_{5c}：赔偿策略：修复过程中员工情绪反应在初始信任影响信任修复效果中发挥中介作用；

H_{5d}：道歉＋赔偿策略：修复过程中员工情绪反应在初始信任影响信任修复效果中发挥中介作用。

H_6：修复过程中员工情绪反应在信任破坏程度影响信任修复效果中发挥中介作用。

H_{6a}：否认策略：修复过程中员工情绪反应在信任破坏程度影响信任修复效果中发挥中介作用；

H_{6b}：道歉策略：修复过程中员工情绪反应在信任破坏程度影响信任修复效果中发挥中介作用；

H_{6c}：赔偿策略：修复过程中员工情绪反应在信任破坏程度影响信任修复效果中发挥中介作用；

H_{6d}：道歉＋赔偿策略：修复过程中员工情绪反应在信任破坏程度影响信任修复效果中发挥中介作用。

归因理论是信任修复领域最重要的理论之一，有助于更好理解信任的增长、下降及修复（Tomlinson，2009）。金等（Kim 等，

2007，2009）认为归因在很大程度上会影响信任方对被信任方修复行为的评价。当信任破坏的行为发生时，信任方会寻求信任违背发生的原因归属，即对信任破坏行为进行归因。具体来说，当信任方将环境因素视为负面结果的原因所在时，就不会认为被信任方发生了信任违背（Lewicki & Bunker，1996）；反之，如果信任方将负面结果的原因归结在被信任方，认为是被信任方的能力、正直、仁慈某一方面的过错，则信任破坏修复难度将加大。责任归因对信任修复的影响可见一斑，由此得出假设7：

H_7：责任归因在修复过程中员工情绪反应对信任修复效果的影响具有调节作用。

H_{7a}：否认策略：责任归因在修复过程中员工情绪反应对信任修复效果的影响具有调节作用；

H_{7b}：道歉策略：责任归因在修复过程中员工情绪反应对信任修复效果的影响具有调节作用；

H_{7c}：赔偿策略：责任归因在修复过程中员工情绪反应对信任修复效果的影响具有调节作用；

H_{7d}：道歉＋赔偿策略：责任归因在修复过程中员工情绪反应对信任修复效果的影响具有调节作用。

第二节　问卷设计

一、问卷设计说明

由于研究的重点是组织系统信任修复的影响因素，因此希望通过问卷的调查结果进行分析，验证关于信任修复因素的探索性猜想，并修正和完善理论模型。问卷的变量包括：组织信任的初始信任水平、信任破坏程度、责任归因、员工情绪反应、信任修复效果。其中，为保证问卷的信度和效度，问卷的设计均采纳国内外比较成熟量表做参考，提取研究中常见的测量项目，并根据国内语境进行相应的调整。调查问卷的内容包括两个主体部分：

第一部分为问卷卷首语和被试者基本信息。其中，卷首语是用来道明问卷填写目的和保密说明，有利于消除被试者的担心和忧虑，令被试者更乐意配合，保证获取数据的真实性。被试者基本信息包括被试者的年龄、性别、学历、在职单位性质、工作年限及职位情况。这些人口统计学信息将作为模型中的控制变量加以使用。

第二部分为问卷调查正式内容部分。其中，包括三个故事情节，第三个故事情节又分为四种情景。三个情节具有时间上的连续性，四个情景是修复策略的假设情景。问卷第二部分的计分方式采用李克特五点量表法，从"完全不符合"到"一般"再到"完全符合"，从"完全不可控"到"一般"再到"完全可控"。

问卷第二部分以故事形式展开，需要被试者假设自己是故事情节中的主人公，通过阅读故事，涉入故事情节，然后根据故事发展，感受自己对组织信任的变化情况。整个故事的经过如下：

情节一：假设被试者为某航空公司的飞行员，根据初始故事情节感受"自己"和组织的信任水平。

"我是国内某知名航空公司的飞行员。航空公司为了将我培养成一名合格的飞行员，耗费了巨资以及时间精力。并且，航空公司为飞行员提供了很好的住宿条件和娱乐设施等，每年有 3 个月带薪休假。与此同时，公司与每个飞行员签订一份 20 年的劳动合同，双方同意前 10 年飞行员的工资不变，后 10 年飞行员得到公司的股票权且年薪以 3% 递增，若解除合同需要支出巨额赔偿。外界看来，这是一份令人羡慕的好工作，有着高额的工资、优越的福利待遇。但是，在过去几年，航空业效益一直很好，其他航空公司飞行员工资比我所在航空公司飞行员要高。并且，近年来，公司也出现了很多问题，相继曝出公司高管贪污、机长辞职的天价索赔官司等。"

情节二：发生飞行员集体返航事件，公司开始处理此件事情。在这样的突发情况下，"自己"对组织的信任水平变化如何。并且，对这样的突发事件进行责任归因判断。

"半年前，公司所在地税局要求飞行员的个税从 8% 上涨到 20%—30%，公司内飞行员的收入再次缩水，时常听见有同事抱怨不公。公司的飞行员同事组织了两次抗议式的集体行动（如集体告假），要求与领导进行对话，争取公正合理的待遇，但都以失败告终。前不久某天，我正在执行飞行任务时，收到有同事在飞行任务中返航的消息，我并不知道他返航的原因，但是我跟随他的做法，也停止飞行任务并返航。然而事后我发现，这次跟随返航的不止我一人，居然多达几十人，导致众多航班停飞，大量旅客滞留，造成很大的社会负面影响。大量滞留的乘客开始投诉、抱怨并要求经济赔偿和追究法律责任。

补充说明：从技术上来说，飞机返航是机长的权力，甚至是绝对不容干涉的权力，因此返航不会受到终身禁飞的严厉惩罚。"

情节三：本情节有四个子情景，分别对应四种信任修复措施，否认（A）、道歉（B）、赔偿（C）、道歉赔偿（D）。被试者要在每种情景下，根据组织的修复策略，感受"自己"对组织采取信任修复策略之后的情绪变化及信任水平变化。

"公司决定对上述情况进行处理，如果公司采取以下措施，您会作出何种反应?

措施 1：公司宣称因为与飞行员双方事先有合同约定，此次集体返航是飞行员无理取闹，公司并没有任何过错。

措施 2：公司向飞行员公开道歉，宣布出现集体返航事件，公司方也应当承担一定的责任。

措施 3：公司没有做出任何声明，但提高了所有飞行员的待遇和岗位津贴。

措施 4：公司向飞行员公开道歉，声明公司方也应当承担一定的责任，并提高了所有飞行员的待遇和岗位津贴。"

其中，第一个情节主要用来测量负面事件发生之前的初始信任水平。第二个情节展示冲突之后，员工对组织信任水平和对信任破坏的责任归因进行判断。责任归因作为一个分类变量出现，量表主要参考郑丹（2010）的研究，其中"1"代表被试者判断责任方为公司，"2"代表被试者判断责任方为自己，"3"代表被试者判断责任方为第三方。同时，加入责任控制和责任归因分配，用来验证被试者责任归因的有效性。利用组织信任问卷对第二个情节展示之后当前的组织信任水平进行测量，由第一个情节和第二个情节分别展示后两次测量信任水平之间的差值确定信任破坏程度。

组织信任量表主要采用罗宾逊（Robinson，1996）开发的问卷。该问卷共有 7 题，分别是"我相信我的公司是非常正直的"、"公司在工作上公平地对待我和我的同事们"、"我的公司总是值得信赖的"、"公司在工作上对我和我的同事是坦率直接的"、"我相信公司的动机和意图是好的"、"我在公司的发展是可预期的"和"我确定能完全相信公司的决策"，以李克特五点法计分，从"完全不符合"到"完全符合"，得分越高表示组织信任水平越高。本研究在原来的 7 个条目下，增加了 1 个条目："我愿意一直留在公司为之效力"，用来了解员工对企业的忠诚度，隐含员工对公司在正直、能力、仁慈三个方面的综合考量。

情节三展示了四个不同修复策略的情景，测量修复策略对员工情绪反应的影响水平，以及在此之后员工对组织信任的修复状况。员工情绪反应测量量表采用 DES 分化情绪量表，该量表是心理学家伊泽德（1977）设计的两个情绪测量量表之一，几乎涵盖人的所有情绪，包括恐惧、愤怒、厌恶、藐视、充满敌意、悲哀、内疚、羞愧、害羞、兴趣、喜悦（具体条目见表 2–1）。DES 量表的前九个维度是关于消极情绪的测量，后两项是关于积极情绪的测量。为了保证问卷数据质量，根据被试者的建议，添加了两个积极情绪测量的条目，共计13个条目。问卷计分以李克特五点法进行，从"完全不符合"到"完全符合"。输入数据统计之时，将前九项进行反向计分，得到正向情绪反应的得分用于数据分析，得分越高，表示情绪越积极。

表2-1 情绪反应量表

情绪维度	情绪反应	情绪维度	情绪反应
消极情绪	我对公司的行为感到恐惧	积极情绪	我对公司的行为感到喜悦
	我对公司的行为感到愤怒		我对公司的行为感到满意
	我对公司的行为感到厌恶		我认为公司行为是合理的
	我对公司的行为感到蔑视		我认为公司行为是客观公正的
	我对公司的行为感到悲哀		
	我对公司的行为感到内疚		
	我对公司的行为感到羞愧		
	我对公司的行为感到害羞		
	我对公司的行为感到充满敌意		

资料来源：笔者编制。

二、问卷预测试

为了保证问卷的质量，在发放正式问卷之前，先对问卷进行预测试，并测算问卷的信度和效度。根据检测结果调整问卷的测算条目，以提高问卷的信度和效度。被试对象为武汉大学2011级工商管理学硕士（Master of Business Administration，MBA），共计发放问卷60份，回收问卷52份，有效问卷45份。利用统计产品与服务解决方案软件SPSS17.0对问卷进行预测试，首先对回收问卷的信度和效度进行检验。

（一）组织信任

对组织信任的 8 个条目进行信度分析，量表的克朗巴哈系数（Cronbach's Alpha）为 0.903，大于 0.70，表示问卷具有较高的信度。

接下来，对问卷的效度进行分析。利用因子分析法，对问卷的效度进行测试，当问卷的因子大于 0.50 时，表明该条目符合要求。

组织信任量表的样本测度值为 0.909，大于 0.70，巴特利（Bartlett）球形度检验近似卡方为 1594.116，且具有显著性，说明该量表适合做因子分析。接下来利用统计产品与服务解决方案软件 SPSS17.0 对组织信任的各因子进行因子分析，先利用主成分法进行因子抽取，然后用卡特陡阶法对因子进行选取，均选择特征值大于 1 的因子，采用最大方差法对选取的因子进行旋转，得到 1 个因子，解释百分比为 63.395%。旋转后，各个条目的因子荷重如表 2–2 所示，均大于 0.50，属于可接受范围，表明量表具有较高的效度。

表 2–2　初始信任因子荷重

初始信任条目	因子荷重
我相信我的公司是非常正直的	0.785
我在公司的发展是可预期的	0.728
我的公司总是值得信赖的	0.835
我相信公司的动机和意图是好的	0.792
公司在工作上公平地对待我和我的同事们	0.844
公司在工作上对我和我的同事是坦率直接的	0.788
我确定能完全相信公司的决策	0.795
我愿意一直留在公司为之效力	0.785

资料来源：笔者编制。

（二）情绪反应

对情绪反应量表进行信度和效度检测，情绪反应量表的克朗巴哈系数为 0.825，大于 0.7，适合做因子分析。对情绪反应的量表进行因子分析，得到恺撒—迈耶—奥肯（Kaiser-Meyer-Olkin，KMO）样本充分性检验统计量为 0.833，大于 0.7，巴特利球形度检验近似卡方为 2067.357，显著性概率为 0.000，小于 0.01。

对情绪反应进行因子分析，首先采用主成分法进行因子抽取，然后采用卡特陡阶法对因子进行选取，选择特征值大于 1 的因子，并采用最大方差法对选取的因子进行旋转，得到 3 个因子，解释百分比为 68.155%，即解释方差变异量的 68.155%。旋转后，各个条目的因子荷重如表 2–3 所示，均大于 0.5，属于可接受范围，表明量表具有较高的效度。问卷设计时，设定为消极情绪和积极情绪两个因子，测出的实际结果却是 3 个因子。虽然与问卷设计所依据的理论存在偏差，但是在进行数据处理时，会将所有条目转换成积极性情绪进行计分，因此并不影响问卷的效度。

表 2–3　情绪反应因子荷重

	条目	因子荷重			克朗巴哈系数
		F_1	F_2	F_3	
因子 1	1. 我对公司的行为感到恐惧	0.764			0.837
	2. 我对公司的行为感到愤怒	0.838			
	3. 我对公司的行为感到厌恶	0.886			
	4. 我对公司的行为感到藐视	0.841			
	5. 我对公司的行为感到悲哀		0.603		0.859
	6. 我对公司的行为感到内疚		0.537		
	7. 我对公司的行为感到羞愧		0.759		
	8. 我对公司的行为感到害羞		0.534		
	9. 我对公司的行为感到充满敌意		0.650		

续表

条目		因子荷重			克朗巴哈系数
		F_1	F_2	F_3	
因子2	10. 我对公司的行为感到喜悦			0.561	0.913
	11. 我对公司的行为感到满意			0.529	
	12. 我认为公司的行为是合理的			0.632	
	13. 我认为公司行为是客观公正的			0.634	

资料来源：笔者编制。

通过以上分析，对问卷的修正如下：对于组织信任，量表添加项目符合要求；对于情绪反应，添加条目也符合要求。因此，在正式问卷测试中，继续保留使用。

第三节　调查样本特征

本研究采用邮寄、走访、电子邮件等方式发放调查问卷，发放对象包括武汉大学的工商管理硕士生（武汉、深圳和上海教学点的学员）、浙江工商大学的工商管理硕士生、中南民族大学的工商管理硕士生，以及部分公司人员。本次调查共计发放问卷580份，回收电子版221份，纸质版250份，共计回收问卷471份，问卷回收率87.90%。有效问卷414份，作废57份。相关资料来源分布情况见表2-4和表2-5。

表2-4　被试样本基本情况统计（N=414）

被试样本基本情况		样本数（个）	百分比（%）
年龄	25 岁以下	93	22.5
	26—35 岁	223	53.9

续表

被试样本基本情况		样本数（个）	百分比（%）
年龄	36—45 岁	87	21.0
	46—55 岁	9	2.2
	56 岁以上	2	0.5
性别	男	230	55.6
	女	184	44.4
学历	高中以下	5	1.2
	高中/中专	8	1.9
	大专	64	15.5
	本科	256	61.8
	硕士及以上	81	19.6
企业性质	国有企业/集体企业	139	33.6
	三资企业	53	12.8
	民营企业	165	39.9
	其他	55	13.7
工作年限	1 年以下	51	12.3
	1—3 年	74	17.9
	3—5 年	61	14.7
	5—10 年	116	28.0
	10 年以上	112	27.1
职位	基层人员	150	36.2
	基层主管	64	15.5
	专业技术人员	83	20.0
	中层管理人员	91	22.0
	高层管理人员	26	6.3

资料来源：笔者编制。

表2–5 被试样本来源分布情况（*N*=414）

样本来源	有效问卷数（份）	百分比（%）	样本来源	有效问卷数（份）	百分比（%）
湖北	133	32.1	陕西	2	0.5
湖南	41	9.9	江苏	1	0.2
浙江	54	13.0	山东	20	4.8
深圳	105	25.4	广西	19	4.6
上海	34	8.2	合计	414	100.0
北京	5	1.2			

资料来源：笔者编制。

第四节　信效度分析

一、组织信任

信度分析是为了检验问卷的可靠性，涉及量表内部项目一致性的程度检验。利用克朗巴哈系数来检验问卷的信度，并采纳0.7作为信度的最小可接受限度。关于变量的效度检验，首先对变量的相关性进行检验，利用恺撒—迈耶—奥肯样本充分性检验验证相关性，然后再对变量进行因子分析。

组织信任的恺撒—迈耶—奥肯样本充分性检验和巴特利检验的样本测度值为0.912（大于0.7），巴特利球形度检验近似卡方值为1900.063（显著性概率＜0.010），也说明组织信任的各因子适合做因子分析。

接下来利用SPSS17.0对组织信任的因子进行因子分析，首先采用主成分法进行因子抽取，然后用卡特陡阶法对因子进行选取，选择特征值大于1的因子，采用最大方差法对选取的因子进行旋转，得到1个因子，解释百分比为61.965%，即解释方差变异量的

61.965%。

表2–6　不同策略下组织信任的信效度分析

	恺撒—迈耶—奥肯（KMO）样本充分性检验和巴特利（Bartlett）检验			克朗巴哈系数	方差变异量解释百分比
初始信任	KMO 度量	0.912		0.912	62.019%
	Bartlett 的球形度检验	近似卡方	1900.063		
		自由度 df	28		
		显著性概率 Sig.	0.000		
事后信任	KMO 度量	0.912		0.922	64.955%
	Bartlett 的球形度检验	近似卡方	2225.358		
		自由度 df	28		
		显著性概率 Sig.	0.000		
组织信任 A	KMO 度量	0.911		0.917	66.217%
	Bartlett 的球形度检验	近似卡方	2368.609		
		自由度 df	28		
		显著性概率 Sig.	0.000		
组织信任 B	KMO 度量	0.918		0.917	71.538%
	Bartlett 的球形度检验	近似卡方	2994.028		
		自由度 df	28		
		显著性概率 Sig.	0.000		
组织信任 C	KMO 度量	0.943		0.957	76.788%
	Bartlett 的球形度检验	近似卡方	3284.104		
		自由度 df	28		
		显著性概率 Sig.	0.000		
组织信任 D	KMO 度量	0.953		0.973	84.319%
	Bartlett 的球形度检验	近似卡方	4328.771		
		自由度 df	28		
		显著性概率 Sig.	0.000		

资料来源：笔者编制。

由分析结果看出，因子分析结果和问卷构思的理论并不完全一致，问卷构思的三个维度，检验后只有一个维度，表明对于正直、能力和仁慈的区分并不是很明显。这三个维度之间的确有交叉情形，对于正直和仁慈，难以严格区分。因此，尊重数据分析结果，将组织信任作为单维变量。以此类推，情节二中的组织信任，以及情节三中的四种修复策略下的组织信任同样采用这种方法进行信度和效度测试。从表2-6的信度和效度分析可以看出，各种情景下组织信任的克朗巴哈系数均在0.9以上，具有较高的信度；对各种情景下的组织信任进行恺撒—迈耶—奥肯样本充分性检验和巴特利检验，发现恺撒—迈耶—奥肯的度量值均在0.9以上，显著性概率为0.000＜0.01，因此，不同情景下的组织信任均适合做因子分析，因子荷重如表2-7所示，问卷信度和效度整体表现良好。

表2-7　组织信任因子分析

	初始信任	负面事件后信任	组织信任A	组织信任B	组织信任C	组织信任D
我相信我的公司是非常正直的	0.768	0.772	0.606	0.867	0.864	0.920
我在公司的发展是可预期的	0.729	0.763	0.789	0.875	0.896	0.921
我的公司总是值得信赖的	0.830	0.868	0.870	0.914	0.921	0.934
我相信公司的动机和意图是好的	0.784	0.833	0.858	0.548	0.854	0.896
公司在工作上公平地对待我和我的同事们	0.838	0.760	0.852	0.884	0.883	0.930
公司在工作上对我和我的同事是坦率直接的	0.773	0.822	0.841	0.891	0.876	0.912
我确定能完全相信公司的决策	0.811	0.834	0.855	0.874	0.873	0.920

	初始信任	负面事件后信任	组织信任 A	组织信任 B	组织信任 C	组织信任 D
我愿意一直留在公司为之效力	0.759	0.788	0.806	0.854	0.842	0.913

资料来源：笔者编制。

二、情绪反应

情绪反应采用伊泽德开发的分化情绪量表，其中消极情绪 9 个维度，积极情绪 4 个维度，共计 13 个项目。在问卷计分的时候，对消极情绪进行反向计分。在问卷中，在四种修复策略的情景下，每个情景展示之后需要测量情绪反应。

表 2-8 否认策略下情绪反应的因子荷重

	条目	因子荷重		克朗巴哈系数
		因子 1	因子 2	
因子 1	2. 我对公司的行为感到愤怒	0.847		0.831
	3. 我对公司的行为感到厌恶	0.901		
	4. 我对公司的行为感到藐视	0.822		
	5. 我对公司的行为感到悲哀	0.701		
	6. 我对公司的行为感到内疚	0.794		
	7. 我对公司的行为感到羞愧	0.737		
	8. 我对公司的行为感到害羞	0.746		
	9. 我对公司的行为感到充满敌意	0.668		
因子 2	10. 我对公司的行为感到喜悦		0.846	0.885
	11. 我对公司的行为感到满意		0.884	
	12. 我认为公司的行为是合理的		0.853	
	13. 我认为公司行为是客观公正的		0.828	

资料来源：笔者编制。

在否认策略情景下，对情绪反应量表的 13 个项目进行信度分析，其整体的克朗巴哈系数为 0.825，大于 0.7，表明具有较高的信度。然后，对该情景下量表的 13 个条目实施主成分分析，进行恺撒—迈耶—奥肯样本充分性检验和巴特利检验。恺撒—迈耶—奥肯值达到 0.854，大于 0.7，表明样本数据适合做因子分析；巴特利的球形度检验结果显示，近似卡方为 2764.942，显著性概率为 0.000 < 0.01，也说明样本可以用来进行因子分析。最后，对情绪反应进行因子分析，先利用主成分法进行因子抽取，然后用卡特陡阶法对因子进行选取，选择特征值大于 1 的因子，采用最大方差法对选取的因子进行旋转，得到 3 个因子，总体解释方差变异量的百分比为 67.272%。删除在两个以及两个以上的因素上大于 0.4 的 1 个条目，再重新进行信度和效度分析，整体的克朗巴哈系数为 0.814，大于 0.7，信度有所降低，但是依然较高。再次重新对剩下的 12 个条目进行因子分析，并采用最大方差法，对选取的因子进行旋转，得到 2 个因子，方差变异量的解释百分比为 70.099%。从表 2-8 分析得知，否认策略下，删除 1 个条目后，情绪反应的设计构思和分析结果比较一致。经过信度分析发现，问卷的同质性比较高，两个因子的内部一致性系数分别为 0.831 和 0.885，说明问卷的一致性程度较高，且内部结构合理。

在道歉策略下，对情绪反应量表的 13 个项目进行信度分析，其整体的克朗巴哈系数为 0.895，大于 0.7，表明具有较高的信度。接着，对该情景下量表的 13 个条目进行主成分分析、恺撒—迈耶—奥肯样本充分性检验和巴特利检验。恺撒—迈耶—奥肯值达到 0.874，大于 0.7，表明样本数据适合做因子分析；巴特利的球形度检验结果显示，近似卡方为 4316.300，显著性概率为 0.000 < 0.01，也说明样本可以用来进行因子分析。最后，对组织信任进行因子分析，先利用主成分法进行因子抽取，然后用卡特陡阶法对因子进行选

表 2–9　道歉策略下情绪反应的因子荷重

条目		因子荷重		克朗巴哈系数
		因子 1	因子 2	
因子 1	1. 我对公司的行为感到恐惧	0.817		0.918
	2. 我对公司的行为感到愤怒	0.909		
	3. 我对公司的行为感到厌恶	0.885		
	4. 我对公司的行为感到藐视	0.859		
	5. 我对公司的行为感到悲哀	0.795		
	6. 我对公司的行为感到内疚	0.895		
	7. 我对公司的行为感到羞愧	0.867		
	9. 我对公司的行为感到充满敌意	0.727		
因子 2	10. 我对公司的行为感到喜悦		0.875	0.885
	11. 我对公司的行为感到满意		0.857	
	12. 我认为公司的行为是合理的		0.857	
	13. 我认为公司行为是客观公正的		0.828	

资料来源：笔者编制。

取，选择特征值大于 1 的因子，采用最大方差法对选取的因子进行旋转，得到 3 个因子，总体解释方差变异量的百分比为 77.613%。删除在两个以及两个以上的因素上大于 0.4 的 1 个条目，重新进行信度和效度分析，整体的克朗巴哈系数为 0.886，大于 0.7，信度有所降低，但是依然较高。重新对剩下的 12 个条目进行因子分析，并采用最大方差法，对选取的因子进行旋转，得到 2 个因子，方差变异量的解释百分比为 78.121%，因子分析如表 2–9 所示。从表 2–9 分析得知，道歉策略下，删除 1 个条目后，情绪反应的设计构思和分析结果比较一致，经过信度分析发现，问卷的同质性比较高，两个因子的内部一致性系数分别为 0.918 和 0.885，说明问卷一致性程度较高，且内部结构合理。

在赔偿策略下，对情绪反应量表的 13 个项目进行信度分析，其整体的克朗巴哈系数为 0.915，大于 0.7，表明具有较高的信度。接着，对该情景下量表的 13 个条目进行主成分分析，进行恺撒—迈耶—奥肯样本充分性检验和巴特利检验。恺撒—迈耶—奥肯值达到 0.9064，大于 0.7，表明样本数据适合做因子分析；巴特利的球形度检验结果显示，近似卡方为 4934.247，显著性概率为 0.000 < 0.01。最后，对组织信任进行因子分析，先利用主成分法进行因子抽取，然后用卡特陡阶法对因子进行选取，选择特征值大于 1 的因子，采用最大方差法对选取的因子进行旋转，得到 2 个因子，总体解释方差变异量的百分比为 74.437%。删除在两个以及两个以上的因素上大于 0.4 的 1 个条目，再重新进行信度和效度分析，整体的克朗巴哈系数为 0.906，大于 0.7，信度有所降低，但是依然较高。再次重新对剩下的 12 个条目进行因子分析，并采用最大方差法，对选取的因子进行旋转，得到 2 个因子，方差变异量的解释百分比为 78.121%，如表 2-10 所示。补偿策略下，删除 1 个条目后，情绪反应的设计构思和分析结果比较一致，经过信度分析发现，问卷的同质性比较高，两个因子的内部一致性系数分别为 0.943 和 0.921，说明问卷一致性程度较高。

在道歉补偿策略下，对情绪反应量表的 13 个项目进行信度分析，其整体的克朗巴哈系数为 0.913，大于 0.7，表明具有较高的信度。接着，对该情景下量表的 13 个条目实施主成分分析、恺撒—迈耶—奥肯样本充分性检验和巴特利检验。恺撒—迈耶—奥肯值达到 0.9064，大于 0.7，表明样本数据适合做因子分析；巴特利的球形度检验结果显示，近似卡方为 5954.863，显著性概率为 0.000 < 0.01，也说明样本可以用来进行因子分析。最后，对组织信任进行因子分析，首先采用主成分法进行因子抽取，然后用卡特陡阶法对因子进行选取，选择特征值大于 1 的因子，采用最大方差法对选取的因子

表 2–10　赔偿策略下情绪反应的因子荷重

条目		因子荷重		克朗巴哈系数
		因子 1	因子 2	
因子 1	1. 我对公司的行为感到恐惧	0.793		0.943
	2. 我对公司的行为感到愤怒	0.853		
	3. 我对公司的行为感到厌恶	0.869		
	4. 我对公司的行为感到蔑视	0.852		
	5. 我对公司的行为感到悲哀	0.814		
	6. 我对公司的行为感到内疚	0.820		
	7. 我对公司的行为感到羞愧	0.861		
	8. 我对公司的行为感到害羞	0.843		
因子 2	10. 我对公司的行为感到喜悦		0.863	0.921
	11. 我对公司的行为感到满意		0.908	
	12. 我认为公司的行为是合理的		0.897	
	13. 我认为公司行为是客观公正的		0.889	

资料来源：笔者编制。

进行旋转，得到 3 个因子，总体解释方差变异量的百分比为 84.282%。删除在两个及以上因子上大于 0.4 的 2 个条目，再重新进行信度和效度分析，整体的克朗巴哈系数为 0.907，大于 0.7，信度有所降低，但是依然较高。再重新对剩下的 11 个条目进行因子分析，并采用最大方差法，对选取的因子进行旋转，得到 2 个因子，方差变异量的解释百分比为 85.048%，因子分析如表 2–11 所示。道歉补偿策略下，删除 2 个条目后，情绪反应的设计构思和分析结果比较一致，并且 2 个因子内部一致性系数分别为 0.930 和 0.940，说明问卷一致性程度较高，且内部结构合理。

表2-11 道歉补偿策略下情绪反应因子荷重

条目		因子荷重		克朗巴哈系数
		因子1	因子2	
因子1	1. 我对公司的行为感到恐惧	0.778		0.930
	2. 我对公司的行为感到愤怒	0.924		
	3. 我对公司的行为感到厌恶	0.922		
	4. 我对公司的行为感到藐视	0.917		
	5. 我对公司的行为感到悲哀	0.878		
	7. 我对公司的行为感到羞愧	0.897		
	9. 我对公司的行为感到充满敌意	0.778		
因子2	10. 我对公司的行为感到喜悦		0.886	0.940
	11. 我对公司的行为感到满意		0.935	
	12. 我认为公司的行为是合理的		0.905	
	13. 我认为公司行为是客观公正的		0.900	

资料来源：笔者编制。

三、变量的描述统计

表2-12的数据显示信任修复和情绪反应的均值排序存在一致性。其中，道歉赔偿策略下，信任修复均值最大，积极情绪均值也最大；其次是道歉策略，再次是赔偿策略和否认策略。

表2-12 各变量的描述性统计（N=414）

变量	项目数	均值	标准差
初始信任	8	2.9164	0.76086
信任破坏程度	8	-0.4435	0.67251
信任修复A	8	-0.4004	0.67050
信任修复B	8	0.7032	0.89729

续表

变量	项目数	均值	标准差
信任修复 C	8	0.5272	0.92346
信任修复 D	8	1.3111	1.15435
情绪反应 A	13	2.4764	0.68175
情绪反应 B	13	3.8519	0.64013
情绪反应 C	13	3.6403	0.73994
情绪反应 D	13	4.2705	0.68321

资料来源：笔者编制。

　　责任归因作为一个分类变量，描述性统计不涉及均值统计，其频率统计如表 2–13 所示。从责任归因的频率分布来看，大多数被试者将责任归属在航空公司一方。

表 2–13　责任归因描述性统计（$N=414$）

	频率	百分比（%）	累计百分比（%）
航空公司	259	62.6	62.6
我自己	94	22.7	85.3
第三方	61	14.7	100.0
合计	414	100.0	

资料来源：笔者编制。

第五节　数据实证分析

一、相关分析

本部分主要是对变量的相关性进行检验，以明确各变量之间的相关性，为之后的假设检验做铺垫。按照四种修复策略情景，采用皮尔逊（Pearson）检验，对不同情景下的变量分别进行相关分析。

（一）否认策略：相关分析

在否认策略下，各变量之间的相关关系如表 2–14 所示。从数据可以看出，初始信任和信任破坏程度负相关，也就是说初始信任程度越高，信任破坏程度会相对越低，表明初始信任水平对组织信任有一定的保护性，较高的信任水平往往不会轻易被破坏。由于信任破坏出现在信任修复之前，二者的相关性不受修复情景因素的影响。

初始信任和否认策略的信任修复效果以及情绪反应均呈负相关，可能和信任修复策略有关。否认策略下，信任破坏程度与信任修复效果是负相关的，但与情绪反应呈正相关。也就是说，信任破坏程度越大，组织采取否认策略能够阻止员工积极情绪下降，但是并不能改善员工对组织的信任水平。并且，在以下各情景中，虽然相关性大小有改变，但是整体内在逻辑一致，表现出二者的负相关关系。

表 2–14 否认策略下相关分析

	初始信任	信任破坏程度	情绪反应 A	信任修复 A
初始信任	1			
信任破坏程度	− 0.450**	1		
情绪反应 A	0.202**	0.239**	1	
信任修复 A	− 0.194**	− 0.162**	0.125*	1

注：** 表示在 0.01 水平（双侧）上显著相关，* 表示在 0.05 水平（双侧）上显著相关。
资料来源：笔者编制。

在否认策略下，信任修复效果与情绪反应呈正相关，即情绪反应越积极，信任修复效果越好。关于情绪反应与信任修复效果，二者之间的相关性也是不论何种情景下，内在逻辑并没有差异，二者均会呈现正相关的关系，只有相关系数大小的差异。

（二）道歉策略：相关分析

表 2–15　道歉策略下相关分析

	初始信任	信任破坏程度	情绪反应 B	信任修复 B
初始信任	1			
信任破坏程度	− 0.450**	1		
情绪反应 B	0.082	− 0.148**	1	
信任修复 B	− 0.141**	− 0.385**	0.373**	1

注：** 表示在 0.01 水平（双侧）上显著相关。

资料来源：笔者编制。

在道歉策略下，初始信任水平和信任破坏程度负相关（否认策略部分已经论述，在此不再赘述）。初始信任和道歉策略下的情绪反应没有显著相关性，和信任修复的效果显著负相关；信任破坏程度和道歉策略下的情绪反应以及信任修复效果显著负相关。根据博顿（2002）的研究，道歉比否认更可能引起信任方的怀疑，因为道歉代表承认自己的过失，因此信任方会不断验证被信任方的失信行为，导致信任修复效果不佳。在此种策略下，情绪反应和信任修复效果显著正相关，也就是说，情绪反应越强烈，信任修复效果越好。

（三）赔偿策略：相关分析

表 2–16　赔偿策略下相关分析

	初始信任	信任破坏程度	情绪反应 C	信任修复 C
初始信任	1			
信任破坏程度	− 0.450**	1		
情绪反应 C	− 0.027	− 0.010	1	
信任修复 C	− 0.258**	− 0.298**	0.335**	1

注：** 表示在 0.01 水平（双侧）上显著相关。

资料来源：笔者编制。

在赔偿策略下，情绪反应和初始信任、信任破坏程度之间并没有显著的相关性；初始信任与信任修复效果显著负相关，信任破坏程度和信任修复效果显著负相关，情绪反应和信任修复效果显著正相关。

（四）道歉赔偿策略：相关分析

在道歉赔偿策略下，初始信任和信任破坏程度以及信任修复效果均是显著负相关的，但是此情景下与情绪反应没有显著相关性。信任破坏程度和情绪反应及信任修复效果显著负相关，情绪反应和信任修复效果显著正相关。

对于各变量之间的相关性分析，在不同情景下虽然显著性水平 P 值不同，但是大致呈现一定的规律性，总结如下：初始信任和信任破坏程度以及信任修复效果均是负相关的；信任破坏程度和信任修复效果呈负相关关系；情绪反应和信任修复效果正相关。

表 2–17　道歉赔偿策略下相关分析

	初始信任	信任破坏程度	情绪反应 D	信任修复 D
初始信任	1			
信任破坏程度	− 0.450**	1		
情绪反应 D	0.040	− 0.163**	1	
信任修复 D	− 0.210**	− 0.393**	0.501**	1

注：** 表示在 0.01 水平（双侧）上显著相关。
资料来源：笔者编制。

二、多元回归分析

本书利用多元回归分析法检验各变量之间的相关关系。选取变量进行回归分析有多种进入方式，在此主要利用强迫进入法进行回归分析，各个变量的进入顺序按照研究需要进行，参考温忠麟、张雷和侯杰泰（2004）的中介效应检验分析步骤开展分析。

首先，以信任修复效果为因变量，进入控制变量（年龄、性别、学历、工作单位、工作年限和职位），得到第一个回归模型；其次，进入自变量初始信任或者信任破坏程度，得到第二个回归模型，此时如果自变量和因变量的回归系数显著，那么接着进行下一步的回归；然后，进入中介变量情绪反应，得到第三个回归模型，检验自变量和中介变量的回归系数 a 以及中介变量和因变量的回归系数 b，如果 a、b 均显著，那么存在部分中介效应，继续进行中介效应的检验，如果 a、b 至少一个不显著，那么就要进行索贝尔（Sobel）检验；最后，采用分层法加入自变量和中介变量，观察 c 值的显著性。

（一）否认策略：多元回归分析

首先，对假设 1 中的初始信任和情绪反应进行回归检验，同时该检验也是对情绪反应的中介效应检验中的参数 a 的提前检验。

表 2–18 否认策略下回归分析

自变量	因变量	β	T 值	F 值	R^2	ΔR^2
初始信任	情绪反应 A	0.181**	4.195**	17.599**	0.041	0.039
信任破坏程度	情绪反应 A	0.242**	4.989**	24.895**	0.057	0.055

注：** 表示在 0.01 水平下显著。
资料来源：笔者编制。

由表 2–18 可以看出，初始信任进入情绪反应的回归方程，方程的方差齐性检验（F 检验）水平显著，调整后的决定系数为 0.039，即表明否认修复策略下情绪反应的 3.9% 可以由初始信任解释，且回归系数 b 为正数，与相关分析结果一致，假设 H_{1a} 得到验证，同时表明以情绪反应为中介的初始信任和信任修复效果的参数 a 具有显著性。

同理可知，信任破坏程度和情绪反应的回归分析 F 检验水平显著，调整后的决定系数为 0.055，回归系数 b 为正数，这与相关性分析的结论具有一致性，因此拒绝假设 H_{3a}，同时表明以情绪反应为中介的信任破坏程度和信任修复的中介效应检验的参数 a 具有显著性。

分析表 2-19 中的数据，控制变量进入模型 1，回归方程的 F 值达到显著水平，调整后的决定系数为 0.037，表明该情景下信任修复效果的 3.7% 可以由控制变量解释。在模型 2，初始信任和信任破坏程度进入回归方程，方程的 F 值达到显著水平，调整后的决定系数为 0.151，回归系数 b 均为负值，这与相关性检验结果一致，说明初始信任、信任破坏程度对信任修复效果产生负向影响。因此，拒绝假设 H_{2a}，H_{4a} 得到验证。初始信任的 β 值大于信任破坏程度的 β 值，表明初始信任对信任修复的效果具有相对较大的影响。

表 2-19　否认策略下情绪反应的中介效应检验

变量	因变量：信任修复 A					
	模型 1		模型 2		模型 3	
	β	t	β	t	β	t
常量	-0.345	-1.426	0.743**	2.618**	0.107	0.374
年龄	0.170**	2.572**	0.149*	2.384*	0.146*	2.466*
性别	-0.181**	-2.721**	-0.197**	-3.147**	-0.165**	-2.750**
学历	-0.022	-0.487	-0.084	-1.930	-0.074	-1.779
企业性质	0.041	1.369	0.028	0.995	0.034	1.247
工作年限	0.013	0.365	0.002	0.058	0.008	0.230
职位	-0.080**	-2.740**	-0.071**	-2.586**	-0.069**	-2.671**
初始信任			-0.299**	-6.505**	-0.404**	-8.683**
信任破坏程度			-0.325**	-6.311**	-0.451**	-8.573**

续表

变量	因变量：信任修复 A					
	模型 1		模型 2		模型 3	
	β	t	β	t	β	t
情绪反应 A					0.310^{**}	6.603^{**}
F	3.666^{**}		10.148^{**}		14.814^{**}	
R^2	0.051		0.167		0.248	
ΔR^2	0.037		0.151		0.231	

注：** 表示在 0.01 水平下显著，* 表示在 0.05 水平下显著。
资料来源：笔者编制。

在模型 3 中，中介变量情绪反应 A 进入回归方程，验证中介效应。由表 2–19 数据可知，回归方程 F 值具有显著性，调整后决定系数为 0.231，说明信任修复效果 A 的 23.1% 可由初始信任和信任破坏程度、情绪反应以及控制变量解释。观察加入中介变量——情绪反应后，回归系数 b 值显著，表明具有中介效应。初始信任的回归系数 b 变为 -0.404，信任破坏程度的回归系数 b 变为 -0.451，表明初始信任对信任修复仍然具有较大的影响。加入中介后，二者的影响有所减弱，对应的回归系数 b 在 0.01 水平下是显著的，说明情绪反应在否认策略下具有部分中介效应。因此，假设 H_{5a} 和 H_{6a} 均部分得到验证。

（二）道歉策略：多元回归分析

在道歉策略的情景下，相关分析表明情绪反应 B 和初始信任之间没有相关性。因此，在进行回归分析的时候，剔除该变量，也说明假设 H_{1b}、H_{5b} 不成立，只考虑信任破坏程度做自变量的情况。首先，对初始信任和信任修复效果进行线性回归验证。接着，验证以情绪反应作为信任破坏程度和信任修复效果的中介变量的参数 a。

表 2–20　道歉策略下回归分析

自变量	因变量	β	T 值	F 值	R^2	ΔR^2
初始信任	信任修复 B	-0.166^{**}	-2.895^{**}	8.379^{**}	0.020	0.018
信任破坏程度	情绪反应 B	-0.141^{**}	-3.031^{**}	9.188^{**}	0.022	0.019

注：** 表示在 0.01 水平下显著。
资料来源：笔者编制。

　　以初始信任为自变量和以信任修复 B 为因变量构建回归方程，F 值具有较高的显著水平，调整后的决定系数为 0.018，即解释力度为 1.8%，初始信任的回归系数 b 为负值，与相关分析结果是一致的，因此拒绝假设 H_{2b}。对信任破坏程度和情绪反应的回归分析，方程的 F 值具有显著性，信任破坏程度对情绪反应 B 的解释力度为 1.9%，回归系数 b 为负值，与相关分析结果一致，至此假设 H_{3b} 得到验证。

　　情绪反应在信任破坏程度和信任修复效果之间发挥中介效应的分析如表 2–21 所示。在模型 1 中，进入控制变量，方程的 F 值不显著，调整后的决定系数为 0.008，表明该情景下控制变量对线性回归模型没有显著影响。在模型 2 中，信任破坏程度进入回归方程，方程的 F 值达到显著水平，决定系数为 0.145，解释力度达到 14.5%，具有较好的解释性，并且回归系数 b 为负值，与相关分析结果一致，假设 H_{4b} 得到验证。在模型 3 中情绪反应 B 进入回归方程，方程 F 值具有显著性，调整后决定系数为 0.251，说明信任修复效果 B 的 25.1% 可由初始信任水平和情绪反应以及控制变量解释，回归系数 b 在 0.01 水平下显著，表明中介效应存在。但是，信任破坏程度也具有较高的显著性，即回归系数 b 显著，说明情绪反应在道歉情景下对信任破坏程度和信任修复效果之间仅存在部分中介效应，假设 H_{6b} 得到部分验证。

表 2–21 道歉策略下情绪反应的中介效应检验

变量	因变量：信任修复 B					
	模型 1		模型 2		模型 3	
	β	t	β	t	β	t
常量	0.091	0.278	0.038	0.125	-1.826^{**}	-4.867^{**}
年龄	0.050	0.561	0.076	0.909	0.064	0.824
性别	0.156	1.728	0.111	1.315	0.101	1.279
学历	0.014	0.223	0.005	0.094	0.023	0.435
企业性质	0.023	0.572	0.032	0.841	0.048	1.352
工作年限	0.059	1.172	0.021	0.442	0.044	1.000
职位	-0.010	-0.263	-0.016	-0.423	-0.035	-1.015
信任破坏程度			-0.500^{**}	-8.136^{**}	-0.433^{**}	-7.440^{**}
情绪反应 B					0.465^{**}	7.662^{**}
F	1.547		10.994^{**}		18.326^{**}	
R^2	0.022		0.159		0.266	
ΔR^2	0.008		0.145		0.251	

注：** 表示在 0.01 水平下显著，* 表示在 0.05 水平下显著。
资料来源：笔者编制。

（三）赔偿策略：多元回归分析

根据赔偿策略下的相关检验结果，初始信任、信任破坏程度和情绪反应均不存在显著的相关性，因此假设 H_{1c}、H_{3c} 均不成立，假设 H_{5c}、H_{6c} 的中介效应也无法验证，进一步推断 H_{5c}、H_{6c} 也不成立。

赔偿策略下，以初始信任为自变量和信任修复 C 为因变量构建回归方程，方程的 F 值具有较高的显著水平，调整后的决定系数为 0.064，即解释力度为 6.4%，初始信任的回归系数 b 为负值，这与相关分析结果一致，拒绝假设 H_{2c}。以信任破坏程度为自变量和信任修复 C 为因变量构建回归方程，方程的 F 值具有显著性，信任破坏程度对情绪反应 C 的解释力度为 8.6%，回归系数 b 为负值，假设 H_{4c} 得到验证。

表 2–22　赔偿策略下的回归分析

自变量	因变量	β	T 值	F 值	R^2	$\triangle R^2$
初始信任	信任修复 C	− 0.313**	− 5.424**	29.423**	0.067	0.064
信任破坏程度	信任修复 C	− 0.409**	− 6.328*	40.043**	0.089	0.086

注：** 表示在 0.01 水平下显著，* 表示在 0.05 水平下显著。
资料来源：笔者编制。

（四）道歉赔偿策略：多元回归分析

根据对道歉赔偿策略下的相关检验结果可知，初始信任和情绪反应之间的相关性不显著，假设 H_{1d} 无法通过验证，以情绪反应为中介变量的假设 H_{5d} 也无法通过验证。首先，对假设 1 中的初始信任和情绪反应进行回归检验；其次，检验以情绪反应发挥中介效应的回归分析中参数 a 的提前检验。

表 2–23　道歉赔偿策略下的回归分析

自变量	因变量	β	T 值	F 值	R^2	$\triangle R^2$
初始信任	信任修复 D	− 0.319**	− 4.368**	19.075**	0.044	0.042
信任破坏程度	情绪反应 D	− 0.166**	− 3.356**	11.266**	0.027	0.024

注：** 表示在 0.01 水平下显著。
资料来源：笔者编制。

根据表 2–23 的数据分析得知，以信任破坏程度为自变量和信任修复 D 为因变量构建回归方程，方程的 F 检验水平显著，调整后的决定系数为 0.042，表明道歉赔偿策略下情绪反应的 4.2% 可以由信任破坏程度解释，且回归系数 b 为负数，与相关分析结果一致，拒绝假设 H_{2d}。信任破坏程度和信任修复效果的线性回归 F 检验具有显著性，调整后的决定系数为 0.024，也就是说道歉赔偿策略下情绪反应解释 2.4% 的信任修复效果，回归系数 b 为负，假设 H_{3d} 得到验证。同时，以情绪反应为中介的初始信任和信任修复效果的参数 a 具有显著性。

表 2–24　道歉赔偿策略下情绪反应的中介效应检验

变量	因变量：信任修复 D					
	模型 1		模型 2		模型 3	
	β	t	β	t	β	t
常量	0.037	0.089	− 0.031	− 0.081	− 3.075**	− 7.005**
年龄	0.110	0.964	0.143	1.352	0.100	1.074
性别	0.235*	2.048*	0.176	1.654	0.144	1.537
学历	0.181*	2.332*	0.171*	2.369*	− 0.035	− 0.820
企业性质	− 0.083	− 1.594	− 0.072	− 1.492	0.150	2.362
工作年限	0.036	0.569	− 0.013	− 0.218	0.025	0.480
职位	0.025	0.503	0.019	0.400	− 0.009	− 0.224
信任破坏程度			− 0.644**	− 8.293**	− 0.523**	− 7.556**
情绪反应 D					0.742**	10.927**
F	3.715**		13.539**		30.228**	
R^2	0.052		0.189		0.374	
ΔR^2	0.038		0.175		0.361	

注：** 表示在 0.01 水平下显著，* 表示在 0.05 水平下显著。
资料来源：笔者编制。

表 2–24 是对情绪反应在信任破坏程度影响信任修复 D 中发挥中介效应的分析。在模型 1 中，进入控制变量，回归方程的 F 检验具有显著性，调整后的决定系数为 0.038。模型 2 中，信任破坏程度进入回归方程，方程的 F 值达到显著水平，决定系数为 0.175，

解释力度达到 17.5%，具有较好的解释性，回归系数 b 为负值，与相关分析结果一致，得出参数 c 显著，同时假设 H_{4d} 得到验证。模型 3 中，情绪反应 D 进入回归方程，验证中介效应。回归方程 F 值具有显著性，调整后决定系数为 0.361，可知信任修复效果 D 的 36.1% 可由初始信任水平和情绪反应以及控制变量解释，b 在 0.01 水平下显著，表明中介效应存在。但是，信任破坏程度的回归系数 b 也具有较高的显著性，说明在道歉赔偿策略下员工的情绪反应在信任破坏程度和信任修复效果之间存在部分中介效应，假设 H_{6d} 得到部分验证。

三、责任归因的调节效应分析

责任归因以分类变量出现，分类如下：1＝航空公司，2＝我自己，3＝第三方。对于调节变量而言，并不强制需要各变量之间有显著的相关性，相反，如果各变量之间不相关，调节变量的交互效应会更清晰，辨认度更高。具体操作时，需要首先将样本按照分类变量进行拆分，然后进行分组回归。具体操作如下：首先将样本按照责任归因进行拆分；其次，人口统计学变量进入回归模型，得到模型 1；最后，将调节变量输入模型，得到模型 2。

（一）否认策略：责任归因的调节效应

表 2–25　否认策略下责任归因调节的分组回归

变量	因变量：信任修复 A					
	模型 1			模型 2		
	航空公司	我自己	第三方	航空公司	我自己	第三方
常量	－ 0.244	－ 0.742	0.216	－ 0.477	－ 2.023**	0.215
年龄	0.123	0.264	0.159	0.137	0.181	0.159
性别	－ 0.062	－ 0.245	－ 0.524*	－ 0.054	－ 0.135	－ 0.525*

续表

变量	因变量：信任修复 A					
	模型 1			模型 2		
	航空公司	我自己	第三方	航空公司	我自己	第三方
学历	-0.066	0.116	-0.080	-0.065	0.164	-0.080
企业性质	0.033	0.051	0.059	0.033	0.056	0.059
工作年限	0.000	-0.022	0.071	0.000	0.030	0.071
职位	-0.045	-0.142^*	-0.118	-0.043	-0.174^{**}	-0.118
情绪反应 A				0.077	0.383^{**}	0.000
F	0.917	1.712	3.945^{**}	0.991	3.621^{**}	3.319^{**}
ΔF	0.917	1.712	3.945^{**}	1.426	13.589^{**}	0.000
R^2	0.021	0.106	0.305	0.027	0.228	0.305
ΔR^2	0.021	0.106	0.305	0.006	0.122	0.000

注：** 表示在 0.01 水平（双侧）上显著相关，* 表示在 0.05 水平（双侧）上显著相关。
资料来源：笔者编制。

在否认策略下，模型 2 的 ΔF 相比模型 1 并不具备普遍显著性，只有责任归因于"我自己"的分组 ΔF 较显著（$p < 0.01$），如表 2–25 所示。这说明：在否认策略下，责任归因在情绪反应影响信任修复效果中的调节效应并不明显，H_{7a} 不成立。

（二）道歉策略：责任归因的调节效应

在道歉策略下，模型 2 的 ΔF 均具备较高的显著性（$p < 0.01$），表明两组回归方程的效应显著。从表 2–26 中的数据可以看出，模型 2 中航空公司的决定系数为 0.20，也就是说航空公司的回归方程中情绪反应的解释力度高达 20%。同理，"我自己"的回归方程中情绪反应解释了 20.3% 的信任修复效果，"第三方"的回归方程解释力度为 33.3%。在模型 2 中，三个分组中的回归系数 β 均达到显著水平（$p < 0.01$），说明在道歉策略下，责任归因在情绪反应对信

任修复效果的影响中发挥显著调节作用。因此，H_{7b}成立。

表2-26　道歉策略下责任归因调节的分组回归

变量	因变量：信任修复 B					
	模型 1			模型 2		
	航空公司	我自己	第三方	航空公司	我自己	第三方
常量	−0.191	0.888	0.874	−2.427	−1.421	−1.658
年龄	0.111	−0.144	0.040	0.125	−0.202	0.035
性别	0.178	0.091	−0.017	0.166	0.062	−0.130
学历	0.079	−0.056	−0.208	0.009	−0.042	−0.155
企业性质	0.016	−0.132	0.177	0.086	−0.092	0.275**
工作年限	0.028	0.118	0.086	0.053	0.116	0.129
职位	0.019	−0.024	−0.122	−0.014	−0.015	−0.174
情绪反应 B				0.579**	0.576**	0.595**
F	1.584	0.625	1.559	8.944**	3.121**	3.775**
ΔF	1.584	0.625	1.559	51.206**	17.392**	14.697**
R^2	0.036	0.041	0.148	0.200	0.203	0.333
ΔR^2	0.036	0.041	0.148	0.163	0.161	0.185

注：** 表示在 0.01 水平（双侧）上显著相关。
资料来源：笔者编制。

（三）赔偿策略：责任归因的调节效应

表2-27　赔偿策略下责任归因调节的分组回归

变量	因变量：信任修复 C					
	模型 1			模型 2		
	航空公司	我自己	第三方	航空公司	我自己	第三方
常量	−0.563	0.818	1.187	−1.943**	−1.943**	−1.343
年龄	0.416**	−0.172	0.130	0.345**	0.345**	0.085

续表

变量	因变量：信任修复 C					
	模型 1			模型 2		
	航空公司	我自己	第三方	航空公司	我自己	第三方
性别	0.016	− 0.221	− 0.496	0.108	0.108	− 0.510*
学历	0.077	0.029	− 0.068	0.059	0.059	0.028
企业性质	− 0.030	− 0.129	0.088	− 0.034	− 0.034	0.157
工作年限	0.017	0.154	− 0.024	0.031	0.031	0.024
职位	0.017	− 0.054	− 0.160	0.013	0.013	− 0.176
情绪反应 C				0.398**	0.398**	0.534**
F	7.217**	0.662	0.936	11.826**	2.239**	2.456**
ΔF	7.217**	0.662	0.936	33.839**	11.226**	10.577**
R^2	0.147	0.044	0.094	0.248	0.156	0.245
ΔR^2	0.147	0.044	0.094	0.101	0.112	0.151

注：** 表示在 0.01 水平（双侧）上显著相关，* 表示在 0.05 水平（双侧）上显著相关。

资料来源：笔者编制。

在赔偿策略下，模型 2 的 ΔF 均具备较高的显著性（$p < 0.01$），表明两组回归方程的效应显著（如表 2–27 所示）。模型 2 中责任归因于"航空公司"样本的回归方程的决定系数为 0.248，也就是说航空公司的回归方程中情绪反应的解释力度高达 24.8%；同理，"我自己"的回归方程中情绪反应解释了 15.6% 的信任修复效果，"第三方"的回归方程解释力度为 24.5%。在模型 2 中，三个分组中的回归系数 β 均达到显著水平（$p < 0.01$）。因此，H_{7c} 成立。

（四）道歉赔偿策略：责任归因的调节效应

在道歉赔偿策略下，模型 2 的 ΔF 均具备较高的显著性（$p < 0.01$），表明两组回归方程的效应显著（如表 2–28 所示）。模型 2 中分组为

"航空公司"的回归方程的决定系数为 0.32，也就是说"航空公司"的回归方程中情绪反应的解释力度高达 32%；分组为"我自己"的回归方程中情绪反应解释 17.9% 的信任修复效果，"第三方"的回归方程解释力度为 39.1%。在模型 2 中，三个分组中的回归系数 β 均达到显著水平（$p < 0.01$）。因此，H_{7d} 成立。

表 2–28 道歉赔偿策略下责任归因调节的分组回归

| 变量 | 因变量：信任修复 D | | | | | |
| | 模型 1 | | | 模型 2 | | |
	航空公司	我自己	第三方	航空公司	我自己	第三方
常量	0.050	0.876	0.816	-3.502^{**}	-2.007	-2.565^{*}
年龄	0.279	-0.123	0.023	0.174	-0.103	0.140
性别	0.272	0.136	-0.134	0.189	0.144	-0.145
学历	0.151	0.056	0.135	0.136	0.040	0.147
企业性质	-0.107	-0.125	-0.034	-0.065	-0.070	0.001
工作年限	-0.025	0.085	0.132	0.047	0.058	0.103
职位	0.072	0.006	-0.222	0.031	0.004	-0.280^{*}
情绪反应 D				0.863^{**}	0.672^{**}	0.781^{**}
F	3.727^{**}	0.388	0.554	16.894^{**}	2.673^{*}	4.85^{**}
ΔF	3.727^{**}	0.388	0.554	88.165^{**}	15.983^{**}	28.954^{**}
R^2	0.081	0.026	0.058	0.320	0.179	0.391
ΔR^2	0.081	0.026	0.058	0.239	0.153	0.333

注：** 表示在 0.01 水平（双侧）上显著相关，* 表示在 0.05 水平（双侧）上显著相关。
资料来源：笔者编制。

第六节 分析结论与结果讨论

一、分析结论

表2-29 假设检验结果

主假设	研究发现	验证结论
H₁: 初始信任对修复过程中员工的情绪反应有正向影响	否认策略: 初始信任对修复过程中员工的情绪反应具有正向影响; 道歉策略: 初始信任对修复过程中员工的情绪反应不存在影响; 赔偿策略: 初始信任对修复过程中员工的情绪反应不存在影响; 道歉+赔偿策略: 初始信任对修复过程中员工的情绪反应不存在影响	部分子假设成立, 部分验证
H₂: 初始信任对信任修复效果有正向影响	否认策略: 初始信任水平对信任修复具有负向影响; 道歉策略: 初始信任水平对信任修复具有负向影响; 赔偿策略: 初始信任水平对信任修复具有负向影响; 道歉+赔偿策略: 初始信任水平对信任修复具有负向影响	假设不成立
H₃: 信任破坏程度对修复过程中员工的情绪反应具有负向影响	否认策略: 信任破坏程度对修复过程中员工的情绪反应具有正向影响; 道歉策略: 信任破坏程度对修复过程中员工的情绪反应具有负向影响; 赔偿策略: 信任破坏程度对修复过程中员工的情绪反应没有影响; 道歉+赔偿策略: 信任破坏程度对修复过程中员工的情绪反应具有负向影响	部分子假设成立, 部分验证
H₄: 信任破坏程度对信任修复效果具有负向影响	否认策略: 信任破坏程度对信任修复效果具有负向影响; 道歉策略: 信任破坏程度对信任修复效果具有负向影响; 赔偿策略: 信任破坏程度对信任修复效果具有负向影响; 道歉+赔偿策略: 信任破坏程度对信任修复效果具有负向影响	假设成立

续表

主假设	研究发现	验证结论
H$_5$: 修复过程中员工的情绪反应在初始信任对信任修复效果的影响中发挥中介作用	否认策略：修复过程中员工的情绪反应在初始信任影响信任修复效果中发挥部分中介效应； 道歉策略：修复过程中员工的情绪反应在初始信任影响信任修复效果中没有中介效应； 赔偿策略：修复过程中员工的情绪反应在初始信任影响信任修复效果中没有中介效应； 道歉+赔偿策略：修复过程中员工的情绪反应在初始信任影响信任修复效果中没有中介效应	部分子假设成立，成立子假设得到部分验证
H$_6$: 修复过程中员工的情绪反应在信任破坏程度对信任修复效果的影响中发挥中介作用	否认策略：员工情绪反应在信任破坏程度影响信任修复效果中发挥部分中介效应； 道歉策略：员工情绪反应在信任破坏程度影响信任修复效果中发挥部分中介效应； 赔偿策略：员工情绪反应在信任破坏程度影响信任修复效果中没有中介效应； 道歉+赔偿策略：员工情绪反应在信任破坏程度影响信任修复效果中发挥部分中介效应	部分子假设成立，成立子假设得到部分验证
H$_7$: 修复过程中责任归因在情绪反应影响信任修复效果中发挥调节作用	否认策略：责任归因在情绪反应影响信任修复效果中没有调节作用； 道歉策略：责任归因在情绪反应影响信任修复效果中发挥调节作用； 赔偿策略：责任归因在情绪反应影响信任修复效果中发挥调节作用； 道歉+赔偿策略：责任归因在情绪反应影响信任修复效果中发挥调节作用	部分子假设成立，部分验证

资料来源：笔者编制。

　　通过回归分析可知，初始信任和情绪反应只有在否认策略下才有正相关的关系，其他修复策略下，二者并没有显著的关系存在。假设2中，在不同的修复策略下，初始信任均对信任修复具有负向的影响，这可能是由于修复策略的影响以及情绪反应的调节作用存在，使得二者的关系变得相对比较复杂。

对于信任破坏程度和情绪反应的关系，回归分析结论如下：在否认策略下，信任破坏程度对情绪反应具有正向影响，即信任破坏会导致员工强烈的情绪反应；在道歉策略和道歉赔偿策略下，信任破坏程度对情绪反应具有负向影响。根据金、菲林和库帕等（2004）的研究，在能力型信任违背的情况下，相比道歉，否认具有更好的修复效果，因为道歉行为是承认自己的过失，反而会引起员工的消极情绪和预期，不利于信任修复的进行；赔偿策略下，信任破坏程度对情绪反应没有显著影响。迪斯美特、克里默和戴克（2011）的研究发现，信任方自愿修复的行为和出于外界压力而被迫进行修复的行为对信任修复效果具有显著差异，主动的信任修复能体现信任方的意愿，因此能够增加被信任方对信任修复的积极预期。虽然调查问卷中设计的情景材料没有强调公司的赔偿行为是出于被动还是主动，但是根据情景模拟的排列方式，默认了这种经济赔偿是迫于外部舆论或者压力的公关策略，因此导致赔偿策略的无效。

通过分析发现，假设4中，无论何种修复策略，信任破坏程度均对信任修复具有负向的影响，也就是说，信任破坏越严重，信任修复难度越高。并且，比较不同策略之间的回归系数，可以发现：在道歉赔偿策略下回归系数的绝对值最大，其次依次是道歉、赔偿和否认，这一排序和这些策略下的信任修复效果的均值排序完全吻合，再次说明赔偿道歉策略对于信任修复效果的影响最大，与谢和彭（2009）的实证研究结果相吻合，即信任修复策略的组合使用，可以起到很好的交互效应，更有利于信任修复。

根据假设5和假设6的验证情况来看，修复过程中员工的情绪反应只有否认策略下才在初始信任影响信任修复效果中发挥部分中介作用。这是因为其他修复策略下，自变量和因变量的相关性不显著，而并不是情绪反应的中介作用不存在；在信任破坏程度和信任修复效果的关系中，修复过程中员工的情绪反应在任何修复策略下都在信任破坏程度影响信任修复效果中发挥部分中介作用。根据德克斯、金和菲林等（2011）的研究，口头修复策略和实质行动修复策略是通过感知的忏悔为中介对信任进行修复的，这是因为信任方在信任修复过程中更加关注被信任方的意图以及修复的诚意，即更加关注被信任方的潜在行为。另外，情绪反应发挥中介作用，解释了为什么被信任方主动表示承担责任的时候信任修复会比被信任方迫于压力而做出的补偿更加容易修复信任，该结论与迪斯美特、克里默和戴克（2011）的研究结果类似。针对情绪反应的部分中介作用，可以推测，其中介作用的实现应该存在一定的前提条件，比如其他控制变量的引入，或者其他修复策略的情况下，情绪反应能起到完全中介的作用。

针对责任归因的调节作用，除了否认策略之外，其他三种修复策略下，责任归因在员工的情绪反应影响信任修复效果中有正向的调节作用。其中，赔偿道歉策略下，调节作用最大，其次是道歉策略，再次是赔偿策略。此外，对每组数据进行横向比较，发现每组数据的共同点是，每种修复策略下，归因在"自己"的回归系数最弱，在"公司"和"第三方"的回归系数明显较大，即本研究的责任归因大多数是把原因归结在外部，信任方将负面结果的原因归结在被信任方，这就解释了为什么责任归因对信任方的修复策略有调节作用。另外，信任方判断负面事件成因的稳定性以及被信任方对信任破坏结果的可控程度不同，会影响责任归因作为调节变量的作用强弱（Elangovan、Auer-Rizzi & Szabo，2007）。本研究中，在信任方看来，不同的修复策略体现了被信任方不同的修复努力程度，否认策略下调节效应最低，表明信任方在此种策略下责任归因的存在使得其对于被信任方修复信任的积极预期比较低，因此信任修复效果也就最弱。调节效应最好的修复策略是道歉赔偿。因此，大胆推测，道歉赔偿策略最能体现被信任方的忏悔以及修复诚意，直接影响信任方的责任归因过程，从而这种情况下修复效果是最好的。

二、结果讨论与研究结论

根据不同策略下的信任修复效果和情绪反应情况来看，否认策略下，信任修复均值为 -0.4004，情绪反应均值为 2.4764；道歉策略下，信任修复均值为 0.7032，情绪反应均值为 3.8519；赔偿策略下，信任修复均值为 0.5272，情绪反应均值为 3.6403；道歉赔偿策略下，信任修复均值为 1.3111，情绪反应均值为 4.2705。从以上数据可以看出，从平均值的大小排序上来看，情绪反应和信任修复效果排序一致，从小到大依次为：否认、赔偿、道歉、道歉赔偿。否认的修复效果是最差的，修复均值为负数，表明否认策略对信任修复没有任何的效果，甚至起到恶化双方信任的负效应。其次是经济赔偿策略，员工的积极情绪略低于平均值，表明物质补偿对于信任破坏起到一定的修复效果，但是效果不是很明显。赔偿策略下，信任修复均值为 0.7032，情绪反应均值为 3.6403，员工的积极情绪较高，说明该策略对员工情绪有较好的刺激作用，因为道歉表明被信任方的忏悔和信任修复的诚意，也是信任方做出的变相承诺，保证信任破坏行为不会再犯，所以道歉有利于增加员工的积极预期。对于道歉赔偿策略，信任修复均值要大于赔偿策略和道歉策略的信任修复效果总和，说明赔偿和道歉两种修复策略所起的协同作用大于两种策略分别实施的效果相加之和，而且在两种修复策略共同使用时，员工的情绪反应均值高达 4.2705，表明其对员工的情绪有极大的刺激作用，很好地控制了员工的消极情绪，已经做好了信任修复的第一步；继续实施赔偿，表明被信任方忏悔之外愿意为自己的过失付出代价，比起单纯的道歉行为，能够让信任方更能感受到被信任方的积极意愿和修复信任所付出的努力，更能够增加信任方对于信任修复的积极预期，因此能够达到更好的修复效果。根据责任归因的频率统计，数据显示，将负面事件责任归咎于"公司"的达到62.6%，占了绝大多数。

通过假设验证，得到如下结论：

第一，初始信任对信任修复效果有一定的影响，并且其影响程度根据修复策略的不同而有所差异。赔偿道歉策略，也就是两种修复策略同时使用时会获得最好的信任修复效果，并且大于二者的共同效应之和，与国外研究者（Bottom、Gibson & Daniels 等，2002）的论述相符。信任破坏程度对信任修复效果产生负向影响，即信任破坏程度越高，信任修复效果的均值越小，即修复效果越差。

第二，情绪反应在初始信任、信任破坏程度影响信任修复效果中，在不同的修复策略下存在部分中介作用。本研究的结论与德克斯、金和菲林等（2011）的研究相符，即某些情景下员工的情绪反应只能起到部分中介作用。鉴于信任修复和情绪反应之间的关系研究甚少，本书结论丰富了关于信任修复和情绪反应之间的理论。

第三，在道歉、赔偿以及道歉赔偿策略下，责任归因在员工的情绪反应影响信任修复效果中发挥调节效应。调节效应的大小根据信任修复策略而有所不同，具体来说，责任归因的调节作用在道歉赔偿策略下最强烈，否认策略下却不存在调节作用。

第三章　能动主义视角下员工—组织关系危机修复

　　企业作为社会经济中最活跃的主体之一，为社会创造价值的同时，也出现了不少由于组织和员工之间存在冲突和争议而引发的社会矛盾问题。由于外部环境、企业文化、管理方式、激励制度等原因，组织与员工间时常会产生冲突。如果这些冲突得不到及时、有效的干预和引导，往往会导致不良后果甚至悲剧性事件的发生。尤其是随着社交媒体工具的日益更新，危机对组织和个体的影响比以往任何时候更强烈。虽然危机事件带来的影响逐渐引起政府、企业和学术界人士的重视，但是大部分企业并没有在管理危机方面做好充分的准备。备受关注的深圳富士康公司员工"十四连跳"事件就是组织与员工之间冲突未能得到正确干预的悲剧事件之一。深圳富士康公司的案例绝不是个例，如何规避或干预组织与员工之间的冲突是许多企业共同面临的管理问题。此外，随着新生代员工成为工作职场的主力军，员工的诉求越来越多元化，需求也朝着更注重精神和人文层面发展，从而企业与员工之间爆发冲突的概率在增大。当然，冲突也有可能成为企业变革的良好契机，可以吸取来自基层的意见和建议，并作为改进组织制度、管理方式，提高组织效率的积极力量。

　　组织与员工双方的关系建立不是自然、自动自发的过程，需要个人和组织主动地采取措施去增进和强化。从而，在能动主义视角下，由于冲突引起的组织与员工之间破裂的关系是可以主动管理和推进的，实现自我修复。尤其在中国"重关系"、"以和为贵"的文化价值观下，员工与企业双方应积极努力地寻求化解矛盾的方法。但是，更多时候，由于企业不能及时、有效地对组织中出现的问题进行干预，冲突往往给组织和员工带来极大的伤害和损失。一方面，企业没有充分地认识组织干预的重要性，常常错失组织干预的最佳时机。事态恶化之后，企业需要付出更大的代价才能重获员工的信任，甚至造成不能挽回的局面。另一方面，企业对于如何实施有效干预并没有经验，不能够准确把握冲突原因，对症下药，使得干预效果不佳。甚至修复关系可能会比双方第一次建立初始关系的时候更慢，需要克服更多的障碍和疑虑，从而破坏的关系可能超出员工—组织关系内部的自我修复功能。由于关系破坏超出自我修复范畴，导致需要利益相关第三方的积极介入，实施干预修复。因此，根据员工—组织关系修复中参与主体及其能动性，将关系修复过程模型划为组织单方主动修复、组织与员工互动自我修复和利益相关者介入干预修复。

第一节　组织单方主动干预与自我修复机制

一、信任修复阶段的划分

在员工—组织关系遭到破坏之后，组织可以主动出击采取相应措施以赢得主动权和谅解。组织单方主动修复关系是在关系违背事件发生以后，冒犯组织采取关系修复行为，受冒犯的员工接受并表示愿意继续合作的过程。在单边的关系修复过程中，由违背方采取行动主动向被违背方示好，而被违背方仅是相对被动地观察并评估违背方的关系修复努力。

吉莱斯皮和迪茨（2009）从违背方的视角将信任修复过程划分

为立即响应、诊断分析、实施干预和评估反馈四个阶段（如图 3–1 所示），对于管理人员恢复员工对组织的信任关系具有重要的借鉴意义。具体来说：

（一）立即响应阶段

违背方感知到违背事件对另一方和双方关系造成伤害时，通过语言和行动及时真诚表达歉意，承诺将实施全面调查，保证类似事件不会再次发生，并着手解决已经发现的不良因素。危机响应形式

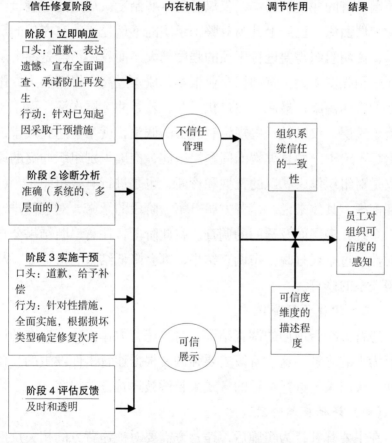

图 3–1　组织主动修复信任的 G—D 模型

资料来源：Gillespie, N., Dietz, G., "Trust Repair after an Organization-Level Failure", *The Academy of Management Review*, Vol.34, No.1, 2009, pp.127-145。

（及时响应、一致性响应和积极响应）比危机沟通策略（否认、转移焦点、辨明、借口和让步）更能预测信任和关系承诺（Huang, 2008）。因此，在这一阶段中，虚假欺骗等手法对后续的关系修复有害无益，应积极主动采取准确透明的表达方式。

（二）诊断分析阶段

在诊断分析阶段，识别关系破坏出现的原因是对信任危机事件进行有效组织干预的基础。员工与组织之间的冲突产生有各种不同的原因，有的冲突层面浅，仅仅是对一些制度、规定的不满，而有的冲突层面深，已经上升为对整个组织的不信任。冲突产生的层面越深，说明组织需要进行干预的强度越大、面越广。若是冲突层次浅而干预强度太大，将动摇企业根本，成本过高，得不偿失，影响企业的整体健康，最后往往过犹不及；若是冲突层次深，而干预手段流于浅层，仅仅做一些规定制度上的调整，就不能达到效果，产生治标不治本、姑息弊端的问题。因此，准确识别组织冲突的原因不仅是对组织健康状况的把握和诊断，也是进行有效组织干预的基础和前提。具体来说，违背方履行第一阶段的承诺，对事件进行深入、系统、多层面及透明的调查。在此阶段，注意诊断结果公布的适时性，过早或过晚公布调查结果，都会降低结果的可信度，从而阻碍关系的修复。

（三）实施干预阶段

违背方结合前期的调查结果，对被违背方作出合理应有的语言和行为上的弥补。这一阶段主要强调要根据违背事件发生的具体情况和背景因素等选择合适的方式来补偿被违背方的损害。

（四）评估反馈阶段

在主要弥补行为实施后，违背方需要对被违背方的相关反应进行调查研究，分析评价相应补偿方式是否合理得当，是否需要其他的辅助手段等。评估反馈可以保证违背方的信任修复行为确实起到应有的效果，否则将要更换修复手段或增加其他手段。

其中，立即响应和诊断分析两个阶段主要致力于不信任管理，违背方通过积极主动的反应行动，准确透明的调查结果，使被违背方重拾对其的低层次信任。实施干预和评估反馈两个阶段是在不信任管理为信任修复扫清障碍后，大幅提升自身可信度的过程。违背方主要致力于可信行为展示，通过积极正面地回应被违背方的诉求，保证被违背方利益不受损失等行为来提升其在被违背方心中的可信任程度。

基于组织单方主动修复关系过程的四个阶段，吉莱斯皮和迪茨（2009）进一步将关系修复的内在机制分为不信任行为的约束机制和可信任行为的展示机制。其中，约束机制并不能影响员工对组织的信任程度，而只能影响员工对组织的不信任程度。只有可信展示机制才能对关系修复产生更大的影响。因此，在关系修复中，违背方应先采取不信任管理，安抚被违背方的情绪，降低被违背方认知的不可信度，然后采取可信度展示行为，以塑造其在被违背方心目中的可信形象。

二、危机干预策略

根据信任危机爆发中责任归因的划分，企业尤为需要关注归因于企业责任的危机应对。由危机发生对员工消极行为影响程度的高低，将企业危机可能发生的内部原因划分为三个层次：第一，制度层次，是指企业人力资源管理的一系列制度；第二，价值层次，包括员工对企业价值观的认同，员工能够获得培训与发展的机会；第三，归属层次，强调员工对组织的忠诚度与归属感，最容易引发信任危机，是组织在管理中最应该重视的层面。

对信任危机的组织主动干预是一个动态发展的过程，需要针对不同层级的危机选择合适的干预手段（参见图3-2）。组织干预的手段按照作用方式的不同，可以分为直接干预和间接干预。直接干预包括提供心理咨询、开展娱乐活动、进行工作再设计等方式。直接干预能够直接改善或消除令员工不满的因素，具有直接作用、见效快、易操作的特点，但是只能够改善制度和规定方面浅层次危机。间接干预不仅包括员工培训、工作生活质量计划，也包括利用第三方力量参与组织干预的手段。间接干预能够作用于问题的本质，提高员工忠诚度和归属感，但是多数情况下是一个长期的干预过程，对企业危机进行组织干预的整体意识、规划和投入有更多更

危机责任	对组织干预手段的要求	干预手段	举例	危机责任层级间关系
制度层次：危机的最低层次，表现为员工对工作环境以及组织管理制度的不满	干预手段较为直接，一般仅需明确员工不满的部分，充分沟通及适当调整	员工帮助计划、工作再设计	东方航空公司飞行员集体返航事件——薪资制度不公平	
价值层次：危机的中间层次，表现为员工心理对企业整体文化、价值观的不理解、不认同	干预手段应当较为深入彻底，而不能仅限于局部微调，应当反思企业整体管理的不足，多关注员工的心理状况和更高层次的需求，干预的时间要求较长	心理资本增值服务	富士康员工连续跳楼自杀事件——员工对管理方式和企业文化的不认可	
归属层次：危机的最高层次，表现为员工组织关系的断裂，员工对组织的彻底不信任与背离	干预手段应当多样化，重点在于修复组织与员工关系，建立信任，增强员工归属感，干预的时间要求最长，直接干预和间接干预配合使用	员工帮助计划、心理资本增值服务、第三方介入	通化钢铁集团公司并购事件——员工对组织不信任	

图3-2 关系信任危机中组织主动干预的系统模型

资料来源：笔者编制。

高的要求。此外，不同层级间的危机也是可以相互转化的，从而可以通过有效的组织干预逐渐降低危机层级最终使得危机得到完全解决。

（一）制度层次危机的干预策略

制度层次的员工—组织关系危机将危机责任归因于员工对工作环境或管理制度的不满，通常表现为员工工作压力大、对组织抱有抵制情绪和消极行为等。因此，工作再设计、员工帮助计划等都是针对这一类型危机的有效干预手段，用来减缓员工工作压力、改善工作环境和管理制度从而化解危机。其中，员工帮助计划是目前对员工进行有效压力管理的组织干预手段之一。员工帮助计划是组织为其成员提供的一项系统的、长期的援助计划，主要借助心理咨询的理论与方法，采用教育培训与短期咨询相结合的方式，帮助组织和员工尽早发现心理健康问题，并对那些存在较严重心理行为障碍的员工进行及时的干预（刘亚林，2006）[①]。例如，众多跨国企业为员工提供员工帮助计划服务，用以解决企业人力资源管理制度上的危机问题。工作再设计则是针对关系危机表现为员工职业倦怠的一种有效组织干预手段。研究表明，员工的职业倦怠问题主要有四个方面的原因：高工作负荷、角色冲突、工作压力和职责模糊，从而工作再设计就是针对员工存在的这些问题进行调整和改善（Rowlinson、Booth & Clark 等，2009）。组织利用工作再设计作为组织干预手段时必须进行整体考虑，既要考虑组织的环境因素又要结合工作设计本身的因素。此外，员工的直接参与能够提高工作再设计的组织干预效果，因为在工作设计过程中，员工会产生流畅体验，随即激发员工的正向情绪。

---

① 刘亚林：《EAP（员工援助计划）研究综述》，《经济与管理研究》2006 年第 6 期。

(二) 价值层次危机的干预策略

价值层次的关系危机将危机责任归因于员工对企业整体文化、价值观的不理解、不认同，员工追求来自更高层次的心理需求。对于这一层次危机的组织干预，应当有针对性地解决工作自身和企业文化方面的问题，多关注员工的心理状况，且所需干预时间较长，心理资本增值服务是解决这一类危机非常有效的组织干预手段之一。员工的心理资本与价值层次的关系危机是紧密相关的。通过对个体的心理资本进行干预与调整，可以有效改善员工的心态，进而调整团队氛围最终化解危机。埃维、卢森斯和詹森 (Avey、Luthans & Jensen，2009) 通过对跨多种行业的在职人士的调查发现，心理资本的增值是帮助员工自觉化解压力、减少离职倾向的关键。心理资本增值服务是将心理资本与员工帮助计划结合后应用于企业实践，以员工心理价值为导向，增强员工的心理资本水平，化解员工与组织价值取向不同而造成的人力资源危机。例如，广东移动集团首创了心理资本增值管理模式，为员工塑造阳光快乐心灵，营造激情、自信、进取的工作氛围，以更好姿态服务客户。

(三) 归属层次危机的干预策略

归属层次的关系危机将危机责任归因于员工对组织的彻底不信任与背离，员工与组织发生关系断裂。显而易见，这一层次的危机最为严重，对组织干预的要求也最高，需要综合采用多种干预手段，重点在于修复组织和员工的关系，增加员工对组织的信任感、归属感。前两个层次的危机干预手段对于这一层次的危机同样适用，此外，这里还将外部利益相关者作为第三方引入到组织干预中，这样能够大大提高组织干预的效果，更好地帮助化解危机。

表 3-1　深圳华为集团成功处理员工非正常死亡事件

事件	死亡时间	死亡原因	公司反应及相应调整措施
1	2006 年 5 月 28 日	胡新宇过度劳累导致病毒性脑炎	1. 新闻发言人澄清舆论，严禁员工接受采访； 2. 任正非在内部会议上公开发表《天道酬勤》长篇讲话，回应媒体质疑； 3. 公司重申加班政策； 4. 贴出"温馨提示"
2	2007 年 7 月 18 日	张锐工作压力大导致自杀	1. 成立专门小组帮助张锐家属妥善处理善后事宜； 2. 拒绝赔偿； 3. 强调华为始终关注员工的心理健康，在公司内部提供多种心理咨询渠道，包括老专家沟通、健康指导中心心理热线以及外部心理医生等； 4. 辩解"压力说"不成立
3	2007 年 8 月 11 日	赵炳死因不明	1. 立刻下令封锁消息，禁止接受任何媒体采访； 2. 保持沉默； 3. 成立工作小组处理善后工作
4	2007 年 12 月 5 日	乔向英猝死	沉默
5	2008 年 2 月 26 日	李栋兵因感情问题自杀	1. 设置"首席员工健康与安全官"； 2. 专门成立健康指导中心，规范员工餐饮、饮水、办公等健康标准和疾病预防工作，提供健康与心理咨询； 3. 发布健康报告； 4. 加大心理测试比重，从源头控制职工心理素质； 5. 重视员工心理健康并为员工开设有关心理健康诊断课程
6	2008 年 3 月 6 日	张立国因工作压力大导致精神分裂	

资料来源：笔者根据相关报道整理而成。

三、案例分析

在准确诊断分析危机原因之后，组织采取主动干预措施，有助于成功化解冲突事件。例如，深圳华为技术有限公司在2006—2008 年发生系列员工非正常死亡事件，引起轩然大波。并且，该公司员工焦虑情况增多，"狼文化"引起颇多非议。在处理危机过程中，该公司始终坚持澄清、辩解，贯彻不信任的约束机制，降低员工的不信任程度，并采取相应措施主动应对危机，展示可信行为，最终成功处理人力资源危机事件并重新获得员工的信任（见表3–1）。在该危机处理过程中，深圳华为技术有限公司始终是非常积极主动地修复关系，员工则是被动地接受相关措施，并且除媒体报道之外其他利益相关者基本没有介入关系修复中。

但是，现实中，即使企业针对员工—组织关系危机问题采取了相关干预方法，也可能由于方法不当导致其可接受度低，甚至引起冲突升级。例如，2010 年 5 月，位于广东省佛山市的本田汽车零部件制造公司罢工事件引起广泛的关注，这次事件主要源于组织与员工间冲突得不到及时有效的解决。长期以来，绝大部分本田汽车零部件制造有限公司的员工对于薪酬和公司管理制度表现出不满。这种不满长期积累并且未得到公司管理层的重视，最终导致本田汽车零部件制造有限公司数百名员工罢工。然而，本田汽车零部件制造有限公司对于罢工事件的处理方式使得"罢工门"不但没有随着双方的调解而渐渐停止，反倒愈演愈烈，最终波及整车生产以及其他上游供应商。此次罢工中，员工始终有秩序、保持冷静、克制地与公司谈判，但本田汽车零部件制造有限公司从最初向员工施压，甚至是谈判中的暴力事件使得员工罢工事件升级。此后，由于舆论压力和来自消费者的压力，本田汽车零部件制造有限公司不得不重视员工诉求，接受当地政府和工会调解，劳工双方达成协议，上调工资并注重管理公平，才使冲突得到解决。由此分析可以看出，本田罢工事件中，本田汽车零部件制造有限公司对于危机事件的组织干预严重滞后且策略失当，才是最终导致事件扩大，造成极大经济损失和公司信誉伤害的主要原因。

与此类似，中国东方航空股份有限公司云南分公司航班集体返航也是由于干预不当引发冲突升级。2008 年 3 月，中国东方航空公司云南分公司从昆明飞往大理、丽江、版纳、思茅、芒市、临沧六地的 14 个航班在飞抵目的地之后，乘客被告知无法降落而返航回到昆明。这使得昆明机场的其他航班被不同程度地延误，数千名旅客被困机场。对于原因，乘客被告知是由于天气。然而，在同一天飞往相同城市的其他航空公司航班均准点抵达。此事经媒体报道后引起广泛的质疑，最终中国东方航空股份有限公司不得不承认此事是人为原因导致的。

在事发前几天，中国东方航空股份有限公司的飞行员宿舍中流传一封公开信，信中指出飞行员"应当警惕"的四大理由，表达了飞行员对于公司薪酬、培训、人员流动政策的强烈不满。这种不满情绪终于在几天后集中爆发，14 个航班的飞行员选择了以集体返航方式来发泄不满。最后，中国东方航空股份有限公司对参与返航的 14 名飞行员作出了不同程度的纪律处分，民航局停止了中国东方航空股份有限公司两条航线的运营权。这个结果无论对组织还是对员工都是不利的。

这次返航事件的本质是员工与组织间冲突的爆发，其原因属于制度层次，即在于员工对组织中的薪酬制度、激励机制和人力资源制度不满。一方面，中国东方航空股份有限公司的飞行员中普遍存在"靠天吃饭"的说法。飞行员的薪酬由工资、飞行小时费、驻外补贴和奖金四部分构成。这些项目中飞行员清楚的往往只有工资，对其他项目的感觉是"领导说了算"。这种不满情绪在飞行员中积累已久。另一方面，薪酬制度的不公平也是引起员工激愤的重要因素。飞行员飞行小时费是按照"承包小时制"计算，有些路线难飞、危险系数高，但核定飞行时间短。这导致冒着高危险、技术要求更高的飞行员反而工资较低，而哪位飞行员可以飞"好路线"完全取决于领导安排。云南地形复杂、气候多变，飞行难度和危险大，但当地飞行员收入却几乎是全公司最低的。此外，不合理的用工制度也是返航事件发生的原因之一。按照惯例，飞行员毕业后需要和中国东方航空股份有限公司签署无期限的用工合同，一旦跳槽将面临高额赔偿。这就使得飞行员无法像其他职业从业者一样有选择的权力，只能被迫接收所在企业的一切制度。

在返航事件发生之前，中国东方航空股份有限公司云南分公司的飞行员曾多次试图与企业进行沟通，但是由于企业沟通机制的缺乏，飞行员们无法采取合理有效的方式来表达自身诉求。许多飞行员表示"无数次"反映问题，但"每次都说会向总部反映，但从来没有下文"。后来，飞行员队伍中曾经有过集体请假、集体罢飞等较为激烈的反映方式，但是都被公司以压制的方式处理。员工中的不满情绪从产生、发展到造成严重影响，整个事态的发展过程，公司没有进行组织干预的意识。在事后进行组织干预中，对外坚称返航是天气原因，最终在民航局工作组介入调查后才正视公司管理制度方面的不足和此次事件的人为原因。这种严重滞后的组织干预，使得员工的不满情绪步步恶化，集中爆发，最终给员工、消费者和企业自身带来严重损害。

这次事件暴露出中国东方航空股份有限公司组织干预能力方面的不足，这种不足主要表现在意识层面和行动力层面。从意识层面来说，企业没有意识到组织干预的重要性，因而没有建立有效的沟通机制，员工诉求难以上达管理层，及时改进和调整。当员工通过集体请假等方式来表达诉求时，公司管理层仍然没有意识到问题的严重性，没有制定相应措施阻止事态的发展。从行动力层面来说，中国东方航空股份有限公司在组织干预手段和技巧方面有所欠缺。当员工通过正常的沟通方式表达诉求时，企业采取推托逃避的手段；当员工采取集体请假等较为激烈的方式时，通过向员工施压，达到暂时平息事端的目的，而忽视了从根本上着手进行组织干预。最后，在返航事件后，该公司对外坚称是天气原因造成返航，而没有积极寻找问题出现的根源并解决问题。这不仅引起公众的质疑和愤怒，对企业公关和声誉造成影响，而且使得参与返航事件的飞行员感到诉求被忽略，不利于事件的根本性解决。

第二节　组织与员工互动的自我修复机制

一、机制简介

员工—组织关系修复并非组织可能采取的单方修复行为，而是员工—组织双向的互动过程。成功的关系修复不仅取决于信任方接受被信任方对修复关系所采取行为的意愿，而且取决于双方为修复关系所采取的行动（Kim、Dirks & Cooper，2009）。任何一方都必须愿意投入时间和精力到修复过程中，并且意识到修复关系带来的利益是值得努力的。甚至关系修复也是被信任方努力修复信任和信任方抵制修复信任的博弈过程，其中信任方抵制力强弱直接影响双方之间信任能否得到修复（Kim、Dirks & Cooper，2009）。在员工—组织关系破坏后，员工会经历两个阶段，即破坏初期的愤怒反应和后期的反思认知（Bies & Tripp，1996），并且积极回应组织的修复行为，对关系修复产生积极或消极影响。因此，员工—组织关系修复实际上是组织和员工双方相互影响的结果，双方必须慢慢地重建已经破坏的信任，需要花费时间和精力（Lewicki & Wiethoff，2000）。

基于关系修复是违背方和被违背方双方共同努力的过程，任和葛雷（2009）从关系双方互动的视角将关系修复过程划分为挑战、提供、接受和感谢阶段（如图 3-3 所示）。违背事件发生以后，被违背方感知到个人相关利益或双方关系规则被违背，通过挑战来引起违背方注意，并表达自己值得尊重的意思。由于文化背景不同，挑战可以是公开的或隐秘的。若违背方没有理会此挑战的含义，则

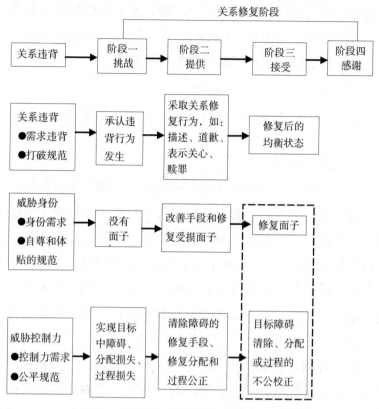

图3-3 关系双方互动自我修复的 R—G 模型

资料来源：Ren，H.，Gray，B.，"Repairing Relationship Conflict：How Violation Types and Culture Influence the Effectiveness of Restoration Rituals"，*The Academy of Management Review*，Vol.34，No.1，2009，pp.105-126。

被违背方将采取消极行为进一步破坏关系；若违背方体会到此挑战的含义，则关系修复进入第二阶段，即违背方实施关系修复行为，如解释、道歉、赔偿。违背方通过提供相关修复行为，承认自身的错误，表示抱歉，并表达愿意重修旧好的意愿。当被违背方接受了对方所提供的修复行为，表明被违背方原谅违背方的错误行为，且双方建立新的关系基础，从而基本实现关系修复目的。最后，被违背方表示感谢，从而狭义关系修复过程得以完成。

二、案例分析

2009 年引起全国关注的通钢群体性事件，是组织与员工双方在关系修复中缺乏能动性，导致信任危机甚至惨案的典型案例。建龙集团入股吉林通钢集团的第一次重组始于 2005 年，终结于 2009 年 3 月，从号称为"阳光改制"的典范到不欢而散。已经退出重组的建龙集团于 2009 年 7 月卷土重来再次入股通钢集团，虽然建龙集团高管与员工实施了面对面的谈话，试图缓和与通钢集团员工的关系冲突，但是建龙集团修复关系响应滞后，修复投入明显不足，并且建龙集团与通钢集团员工在第一次入股重组中不愉快的合作导致二者之间初始关系质量较差，二者之间关系的恶化最终以建龙集团派驻通钢集团的总经理陈国君殒命而告终。

(一) 原因分析

针对此次事件，作出如下分析：

1. 员工与组织间的冲突属于归属层次

通化钢铁集团与建龙集团进行重组，忽视了通化集团数万名员工的切身利益。在重组前夕甚至在工人间流传着重组后原来的员工大半要下岗的传言。员工通过向企业写联名信、向政府请愿等多种途径表达自身的不安和诉求，但由于官僚主义和国企管理的弊端，沟通渠道几乎被堵死。一次次尝试的失败使得员工最终对组织完全失望，处于极度焦躁不安、毫无信任可言的状态。通钢事件中，员工与组织间的冲突是归属层次，即最高层次的冲突反应。员工已经对组织完全不信任，对自身职业安全的担忧已经完全超过可以忍受的限度。

2. 组织干预严重滞后

无论是企业还是政府在这起事件中进行组织干预几乎都是严重滞后的，导致事件最终极端爆发、造成不可挽回的损失。在重组之前，组织没有听取民意，有效沟通，通过组织干预的手段及时消除员工的担忧、不满情绪。事件的发展过程中，组织在重组时只兼顾政府和企业的利益，而没有对组织中的成员作出承诺。任何形式的组织变革中，组织成员都会产生对自身职业安全、职业发展的担忧，如果在这些负面情绪形成的过程中没有进行有效的组织干预，这些情绪不仅会成为组织变革发展的绊脚石，甚至会对整个组织造成不可修复的损伤。当事件极度恶化后，当地政府和通化集团才意识到事件的严重性，被动地作出组织干预。因为此时的组织干预已经严重滞后，只能采取极端、立竿见影的方式，那就是立刻中止重组，安抚员工情绪。这样的结果事实上无论对企业还是员工的利益都是损害。正因为组织干预的严重滞后，使得一件本来可以双赢的事情，最终演变成企业重组中的一个负面案例。

3. 企业重组中组织干预的特殊性

在通钢集团流血事件中，员工与组织间冲突之所以干预滞后、干预困难，除了政府主导和国企管理中存在的弊端外，更重要的是此次冲突的背景特殊。因此，对组织干预的时间、方式、主体提出了更高的要求。企业重组事实上是组织变革的一种形式，在组织变革期间，组织中的成员会对自身利益产生各种不同程度的担忧。领导者应当在此时对组织中的成员作出承诺，建立和加强彼此间信任。只有组织中的成员相信组织是在向好的方向发展，并且这种发展和变革对自身也是有益的，员工才可能成为组织变革的支持者和组织发展的积极力量。

总之，通钢集团此次的重组失败和组织与员工间冲突的爆发，根本原因就在于组织未能对员工的不信任情绪进行干预，积极主动修复，导致员工对组织的彻底失望、怀疑，最终导致组织与员工间关系破裂。为了避免和减少关系再续风险的发生，同时在风险发生后能迅速地保持重组顺利进行，就必须对重组中关系再续的风险进行管理。但是，影响关系再续的因素复杂多样，员工自身的条件以及心理素质也在不断变化，因而关系再续绝非是一蹴而就的事情。因此，避免关系再续风险，需要重组企业强烈的意愿和有效的措施，通过控制和影响关系再续的关键因素，主动与被重组企业的员工建立和谐、积极的关系。

（二）意见建议

针对通钢事件，特提出以下建议：

1. 注重初始关系品质培育

关系品质代表着员工对企业的一种累计性关系信念，是员工通过长时间学习积累而形成的总体态度，在相对较长时期内表现稳定，具有抑制负面态度出现的功能。关系再续是关系管理的后续工程，同样的关系再续措施会随着初始关系品质的高低，呈现不同的关系再续效果。良好的关系品质可以促进重组企业更有效率地与被重组企业员工进行关系再续，既可以节约关系再续成本，又能够提高关系再续效果。因此，在关系断裂之际，重组企业应该采取好聚好散的策略，为破镜重圆提供契机。

2. 评估再次并购人力资源风险

鉴于兼并重组中员工—组织关系修复具有特殊性，加尔平和惠廷顿（Galpin & Whittington，2010）通过对现有收购、并购、重组中组织与员工关系研究的总结，归纳出组织与员工关系修复的"五步干预模型"，如图3-4所示。五步干预模型具体是指：第一，在干预前期充分收集了解多方信息，尤其是企业和员工各自的理念、价值、偏好的状态以及彼此认同的观念；第二，分析并购进行期失误，了解组织与员工融合过程中有哪些不当行为（例如人员调整是否考虑到融合／匹配的问题）；第三，识别关系破裂，了解组织和员工认同和坚持的哪些观念、模式受到伤害，并明确伤害的程度；第四，后期干预及修复，在前期收集信息的基础上，制定相应的干预措施并实施；第五，干预评估，评估组织干预措施实行后，员工

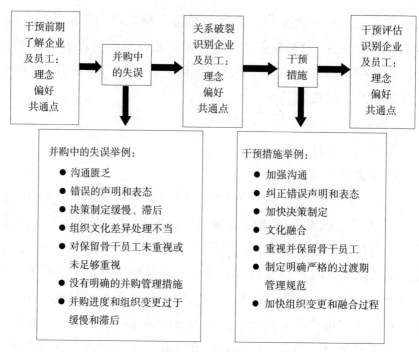

图 3-4　并购重组中组织与员工关系修复

资料来源：Galpin，T.，Whittington，J. L.，"Merger Repair：A Conceptual Framework for Restoring Employer/Employee Relationships"，*Journal of Behavioral and Applied Management*，Vol.12，No.1，2010，pp. 48-68。

与组织的信任关系、坚持的观念和模式恢复到何种程度，总结并反思。这一模型不仅体现组织干预过程中对于组织干预时机的把握，也着重突出识别并购中的失误、冲突原因和风险程度。

鉴于紧密合作关系是资源密集型的，并非所有关系断裂员工都值得企业去再续和维护。对已经断裂的关系进行评估，确定哪些关系有必要也有可能再续，哪些关系没有必要或不可能再续。再次接管被重组对象能不能给企业带来价值、能带来多大的价值，这是企业进行再次并购所关注的根本问题。因此，在评估已断裂的关系风险时，应将再次并购价值作为重要的评估依据，与价值高的对象实现关系再续。员工—组织关系质量是再次并购前人力资源风险评估的另外一个需要考虑的重要因素。关系质量即员工与接管方的信任感以及满意程度，包含信任、满意与承诺维度，体现关系断裂修复的可能性。应从关系价值和关系质量两方面对关系断裂员工进行分析，决定永远终止某些关系，或是在其断裂的过程中进行再续。

3. 提升再续投入价值感知

研究结论表明，员工的感知价值与心理契约呈正相关，心理契约违背将会导致关系的断裂（赵涛和焦燕莉，2008）[①]，从而员工对重组企业投入的感知将影响关系再续。价值感知差异分两种情况：重组企业提供的价值确实低于被重组企业员工的期望，或者员工对重组企业提供的价值认识不足。对于第一种情况，关系再续策略的焦点是提高员工的价值，对于第二种情况，关系再续策略的焦点是沟通，促进员工对重组企业提供的价值认可。并且，同一种情况出现在不同的关系周期阶段中，具体的关系再续措施也是不同的。例如，对于在形成期中出现关系断裂的员工，重组企业因对员工了解相对较少，侧重公共价值的提高；对于在稳定期中关系断裂的员工，重组企业因对员工已相当了解，关注个性化价值的提高。

4. 加大关系再续投入力度

引起关系断裂的原因可能有多种，但引起关系断裂的本质原因是重组企业作为嵌入单位给被重组企业员工提供的价值不能达到员工期望的标准。并且，再续关系与建立初始关系的区别在于，在再续关系时，员工会考虑重组企业返回后的价值。员工不会在感知不到任何利益价值的情况下与重组企业再建立关系，特别是对国有企业的员工而言，更将评估返回后的价值收益。因此，重组企业在与被重组企业员工再续关系时，通常采取的策略是提供比原来更大的

---

① 赵涛、焦燕莉：《员工感知价值与心理契约关系研究》，《统计与决策》2008 年第 11 期，第 186—188 页。

价值。并且，员工既重视个人的经济利益，也强调在心理需求上的满足，从而重组企业在制定关系再续策略时，仅仅提供经济价值回报可能是不够的，还应该为被重组企业的员工提供社会价值。

5. 实施快速响应机制

断裂状态持续的时间越长，关系再续的难度越大。市场环境变化迅速，被重组企业需要不断寻找合作伙伴并调整战略，重组企业若是退出太久，就丧失了重新合作的价值。或者随着双方分离时间越长，来往越来越少，关系也可能呈现淡化趋向。因此，不同的再续时机和方式会形成差异迥然的员工感知价值，产生不同的再续效果。一方面，快速与被重组企业员工建立再续关系意味着比对手更快一步地进入合作和工作状态，取得预期成果，获得竞争先机和优势。如果被重组企业没有新的合作伙伴，重组企业有最大的机会去改变被重组企业员工的想法，则还有挽回机会。但是如果有第三方竞争对手的介入，一般在短时间内很难再续前缘。另一方面，关系再续的响应速度代表重组企业对被重组企业的重视程度。任何延误都会使被重组企业另谋高就的决心更强，原重组企业再次控股挽回的可能性更小。

6. 引入可信的第三方

在关系再续中，可信第三方作为中间力量，不但会公平地处理双方利益关系，还会站在局外人的角度为关系再续的进展提供行之有效但被双方忽略的建议，对于引导双方达到双赢局面具有较大作用。可信第三方可以是政府，或者战略合作伙伴等。例如，通钢事件中，建龙股份和通钢员工积怨已深，双方很难就再次重组达成一致。此时，需要对关系再续管理战略进行相应调整。如果引入一个能被双方都接受的第三方合作伙伴来参与重组，可能是最好选择。

第三节　利益相关者积极介入的干预修复机制

一、机制简介

组织被理解为利益相关者政治经济系统的组成部分，从而在员工—组织关系中存在其他利益相关者（Ferrary，2009）。企业与员工之间的冲突，除了会对组织与员工本身带来不利影响外，也会对外部利益相关者造成一定程度的影响。因此，在组织与员工间冲突的组织干预中，将利益相关者作为考虑的要素是尤其必要和有意义的。

当员工—组织关系破坏超越自我修复功能的范畴，关系修复必须由其他利益相关者干预帮助。在危机背景下，行为与利益相关者模型更符合的管理者比行为与股东模型更符合的管理者，将得到更成功的危机管理结果（如提前发现预警信号，快速修复等），将展现更多主动的适应性危机管理行为（Alpaslan、Green & Mitroff，2009）。从而，在员工—组织关系修复过程中，利益相关者的介入影响企业应对关系违背事件的能力感知和事件的外部可视性，相应地决定企业修复关系的难度。并且，利益相关者不仅与企业组织互动，而且为了介入企业的管理活动，与员工之间也会互动。随着企业、员工和外部利益相关者的能动主义增强，三者形成三角关系系统（其中雇主与员工关系、雇主与外部利益相关者关系、员工和外部利益相关者关系分别构成三角关系的三条边）。在员工—组织关系修复系统中，主体对另一主体的态度，常常受第三方对该主体态度的影响。因此，组织的利益相关者，作为第三方积极参与组织干预，对修复组织与员工关系具有积极意义。

一方面，媒体报道导致的公众关注常常给企业修复破坏后的员工—组织关系带来多重影响。媒体的介入并不是结束，而是为了吸引公众的注意。原本只是由于员工对某一事件处理的不满而引发的小规模冲突，正是由于有了媒体的参与，不仅使得事件的规模增大、破坏的烈度增强，而且事件的社会影响力也增大了。另一方面，第三方由于其身份的特殊性，不能像企业一样进行直接的组织干预，而是通过其与企业的关系，间接影响企业的行为从而达到组织干预的效果。因此，媒体的公开曝光以及其他利益相关者的介入将会影响企业对关系修复的投入决策及员工再续关系的意愿。

综合关系修复的层次性和情景性，按照刺激—认知—情感的序列模式，将组织对恶化关系的修复决策分为两阶段（即关系修复意愿和关系修复投入），构建利益相关者介入的关系修复干预系统模型，如图3-5所示，揭示组织修复关系的决策过程和员工对组织修复关系投入的心理反应机制。其中，关系修复意愿的影响因素包括关系破坏原因（如企业不能兑现承诺、操作失误、不道德的行为等）、员工特征（如员工掌握资源多少、初始关系强度等）和组织

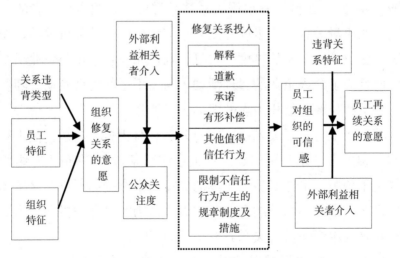

图3-5 利益相关者介入的关系干预修复模型

资料来源：笔者编制。

特征（如高层管理导向、组织文化、组织声誉等）；关系修复投入取决于关系修复意愿、可信的利益相关者介入（包括政府部门、工会组织、战略合作伙伴、行业协会等）和公众关注度。组织对关系修复的投入（如解释、道歉、承诺、有形补偿、消除不信任的因素等）影响员工对组织的可信感；员工对组织的可信感进一步影响员工再续关系的意愿，违背初始关系特征和可信的外部利益相关者介入对员工再续关系意愿具有调节作用。

二、案例分析

2008 年深圳龙华富士康科技集团系列员工自杀危机事件，经媒体报道后在社会上一时引起轩然大波。学术界、媒体及社会力量对此进行了广泛而深入的调查。在一份署名为"富士康事件网友调查团"的卧底调查报告中，列出了深圳龙华富士康科技集团对待员工的"七宗罪"——工会形同虚设、保安监督员工动辄打骂、霸王条款制约员工、领导与员工间等级森严、管理方式粗暴、没有合理沟通机制、长期超时加班。这些问题暴露出该集团在管理方式和企业文化方面存在的问题。然而，深圳龙华富士康科技集团没有针对员工对企业管理方式和文化的不满进行了解，未对这些在员工中普遍存在的抵触情绪作出及时有效的组织干预，最终导致这次员工与组织间冲突的集中爆发。后期，由于社会舆论、政府和企业的直接利益相关的合作伙伴的参与，深圳龙华富士康科技集团员工的工作生活质量得到较大的改善。例如，2012 年 2 月，该集团宣布给基层员工再次加薪，并承诺降低加班时数。为了更加系统了解这次事件的全貌，笔者制作了事件梳理表（如表 3–2 所示），主要以内容分析法搜集网络报道样本，以 2008 年 1 月至 6 月作为分析时间范围。

表3-2 深圳富士康科技集团处理员工跳楼事件的应对措施

时间	危机事件	富士康集团应对措施	政府介入	合作伙伴	公众关注度
2008 年 1 月 23 日	马向前跳楼自杀	承诺调查事实、解释			媒体广泛关注,死者大姐发帖,群起响应
2008 年 3 月 11 日	李姓员工自杀	认错、及时通报			
2008 年 3 月 17 日	田玉自杀未遂	18 万元赔偿款,支付医疗费用			
2008 年 3 月 29 日	员工跳楼自杀				
2008 年 4 月 6 日	饶乐琴自杀未遂				
2008 年 4 月 7 日	宁姓员工跳楼自杀		深圳总工会调查后,发布"跳楼原因主要是员工个人年龄特征和心理原因"结论		
2008 年 5 月 6 日	卢新跳楼自杀	1.邀请樊富珉等心理专家到公司; 2.事先预防			
2008 年 5 月 11 日	祝姓员工跳楼自杀				
2008 年 5 月 14 日	梁超跳楼自杀	每个月询问是否要加班改成每周询问			
2008 年 5 月 21 日	南钢跳楼自杀	高薪招聘心理医生、心理咨询师和人资辅导员	深圳成立专案组进驻调查,排除工作压力和劳动强度为自杀原因		

时间	危机事件	富士康集团应对措施	政府介入	合作伙伴	公众关注度
2008 年 5 月 25 日	李海跳楼自杀	1. 富士康老板郭台铭向家属鞠躬致歉； 2. 首度大规模对媒体记者开放； 3. 富士康承诺增加通报系统，成立一个"相亲相爱小组"； 4. 解释跳楼事件与员工个性和情绪管理有关，工厂管理并无问题，并呼吁媒体多正面报道； 5. 收回要求员工签订的所谓"不自杀承诺书"，降低抚恤金； 6. 主动配合政府彻查事件； 7. 宣布为所有员工加薪30%以上； 8. 成立庞大的心理咨询团队进驻富士康； 9. 邀请外部专家成立企业监察团； 10. 加装防自杀防护措施等	深圳市公安部门、劳动部门、工会及宝安区政府多渠道、多层次调查，并未发现员工坠楼事件与企业管理、劳动权益等有直接关系		香港大专生监察无良企业行动及职工盟 30 多名代表抗议
2008 年 5 月 26 日	男性员工跳楼自杀	1. 总裁郭台铭会见海内外 200 多名媒体记者，并主动带记者参观社区、厂区、车间、宿舍楼、员工关爱中心； 2. 对公众深深三鞠躬致歉	1. 深圳市政府紧急召开新闻发布会； 2. 深圳市委书记王荣亲自主持召开市委专题会议，亲自研究处理问题； 3. 国台办表痛惜	苹果等合作客户宣布对富士康员工自杀展开独立调查	台湾联工盟展开声讨富士康的行动；内地网民在网上发起抵制行动
2008 年 5 月 27 日	割腕的男职工		中央部委表态将组织联合专家组入驻富士康企业展开实地调研		

资料来源：笔者根据相关报道整理而成。

由于中国大陆门户和新闻网站众多，考虑搜集信息的全面性和权威性，图3-6选择了百度、谷歌、雅虎、搜狗、有道和必应六家具有代表性和影响力的搜索引擎，呈现14起连跳自杀事件的报道/转载数量以表示媒体关注度。

关系修复情景会影响组织响应策略，同样地，组织响应策略使用不当会影响下一阶段的修复情景，使情况趋于复杂。深圳龙华富士康科技集团"十四连跳"事件经媒体报道后，事件的重大性引起

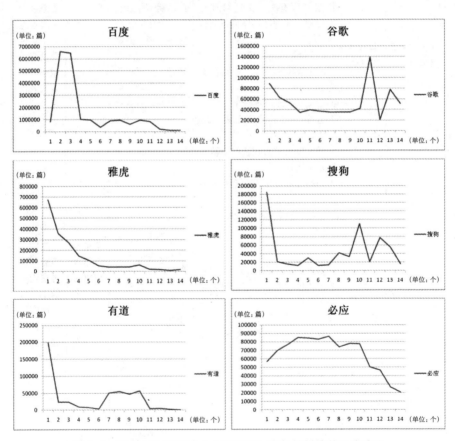

图3-6 富士康公司员工"十四连跳"事件的媒体关注度演变

说明：X轴表示14连跳自杀的次序，Y轴表示事件报道后跟随的转载数量等。
资料来源：笔者编制。

直接利益相关者的高度重视，这些直接利益相关者迅速采取调查与处理措施。随着深圳市政府部门的专案调查、香港大专生监察无良企业行动及职工盟代表抗议、台湾联工盟声讨和网民抵制倡议及苹果等合作伙伴的密切关注，富士康集团被迫加大修复投入，例如公开道歉、承诺、调整管理措施、加薪等（如表 3–2 所示）。

以组织干预的角度作为切入点，对富士康公司跳楼门事件作出以下分析：

（一）员工与组织间的冲突属于价值层次

深圳龙华富士康科技集团员工与组织间的冲突属于价值层次，即员工对企业的管理方式和企业文化的不满。在跳楼事件发生之前，深圳龙华富士康科技集团多年来一直被许多外出打工的年轻人作为第一选择。因为相比于其他的劳动密集型企业大多存在非法用工的情况，员工在深圳龙华富士康科技集团可以得到更多保障——深圳龙华富士康科技集团一直坚持与员工签订正规劳动合同、为员工购买"五险一金"并且能够按时、足量地发工资。这些优点足以吸引大批的务工人员，可见员工对于企业的薪酬、绩效制度还是基本满意的。然而，深圳龙华富士康科技集团作为劳动密集型企业，存在大量的重复劳动，严格的管理以提高生产效率是企业利益最大化的必然要求。为了最大限度地利用员工的时间，员工要住在企业所在的工业城（配备超市、医院等）中，几乎与外界完全隔离。此外，长时间的加班、军事化管理使得员工作为人的诉求不能得到满足。例如，在深圳龙华富士康科技集团的员工宿舍中，为了避免小团体的形成，公司故意安排互不相识的员工住在一起，导致绝大部分员工一起住了几年都不知道室友的名字。再加上公司上下级之间等级森严，带有歧视色彩，员工的诉求无法被倾听。这种封闭、压抑和沟通渠道的封堵最终导致了员工中普遍的不满情绪，使得冲突最终爆发。

（二）组织干预手段不当

在跳楼事件发生之前，深圳龙华富士康科技集团几乎没有提供给员工任何娱乐时间。前面几起跳楼事件之后，深圳龙华富士康科技集团在干预手段方面的不当，间接上也使得后面的跳楼事件继续发生。这些不当的手段包括：在员工心理辅导方面，开设心理咨询室，设立"有奖举报"，要求员工举报周围情绪异常的工友；另一方面，加高员工宿舍的围栏，阻止员工跳楼。这些手段治标不治本，不能从根本上改善和消除令员工不满的因素，因而最终没有达到理想效果是可想而知的。此外，深圳龙华富士康科技集团在组织干预中采取的不适当公关手段，反而对事件起到消极作用。事件发生之后，面对社会舆论的压力，深圳龙华富士康科技集团没有正确地面对，积极处理，也没有给公众合理、信服的解释，导致一段时间各种报道、揣测满天飞，严重影响了公司员工的情绪，使得消极、绝望的情绪在员工间互相传播、夸大，某种程度上甚至加快了事件的恶化升级。

在深圳龙华富士康科技集团员工跳楼门事件中，欣喜地看到组织的外部力量参与到组织干预中的积极作用。这些外部积极力量中，首先起作用的是社会舆论。也正是因为社会舆论的压力，使得政府相关机构对此事予以重视，加强了对类似深圳龙华富士康科技集团一类企业中员工的工作生活质量状况进行更加细致和全面的监管。此外，企业的合作伙伴，包括供应商、委托商对深圳龙华富士康科技集团施加的压力使得事件取得了阶段性的进展。以深圳龙华富士康科技集团最大的委托商苹果公司为例，苹果公司因为深圳龙华富士康科技集团员工跳楼事件，在世界范围内受到了消费者的批评和抵制，在美国国内甚至一度面临消费者游行示威的压力，媒体也对此予以高度关注。面临这些压力，苹果公司不得不作出应对，采取的一系列措施包括，向深圳龙华富士康科技集团施压，要求提高员工的工作生活质量和满意度，提高员工的待遇水平和保障员工健康安全等。由于苹果公司是深圳龙华富士康科技集团最大的客户，对于该集团有着举足轻重的影响力，因此苹果公司的介入，对于深圳龙华富士康科技集团员工跳楼事件的突破性进展和解决具有重要的积极意义，这种影响是别的组织无法达到的。由此可见，外部利益相关者以积极态度介入到企业修复员工—组织关系中，能够加速关系修复进程。

第四节　外部利益相关者嵌入员工—组织关系修复的手段

一、外部利益相关者的类型

对于员工与组织之间关系的修复，大多数情况下的干预主体是企业自身。随着全社会对于组织干预重要性认知程度的提高，越来越多的外部利益相关者成为员工与组织间关系修复的干预主体，在众多员工—组织关系危机中，善于利用组织外部力量也成为组织干预的一项有力手段。当外部利益相关者积极参与组织干预时，多方合力往往能够达到事半功倍的效果。具体来说，在员工—组织关系修复中涉及的外部利益相关者主要有：

（一）工会组织

工会组织是由劳动者组成的特殊组织，是劳动者利益的代表。工会组织的存在，是以劳动者的代表身份，就劳动关系中的矛盾和劳动问题与雇主进行交涉，诸如劳动工资、劳动工时、劳动待遇等。工会力量一方面使员工可以采用合法、合理的途径表达自身诉求，促使组织不断完善薪酬制度、管理措施等；另一方面，工会的谈判能力能够使组织重视员工的需求，进行积极有效的组织干预，并且从工会的帮助中找到更加符合员工需求的组织干预手段。

（二）政府机关

消解劳资矛盾，协调劳资纠纷，政府责无旁贷。政府机关在组织干预的过程当中具有其他任何机构所不具备的优势：一是政府拥有一定的行政权力，能够对许多组织干预的措施手段提供政策法规方面的支持和保护；二是政府机关作为权力部门，拥有较大的公信力和信誉度，因而政府部门一旦参与到员工—组织关系修复中，能够及时有效地获得员工的信任，更快平息事端。

（三）合作伙伴

作为企业直接的利益相关者，合作伙伴不仅具有参与企业与员工冲突化解的强烈意愿，也能够对企业组织干预的措施、力度施加影响。例如，制造业企业中，员工与组织间冲突得不到适当的组织干预将直接影响产品的质量和销量，该企业的上下游合作伙伴如供应商和代理商都会受到直接的利益损害，这就使得这些合作伙伴愿意为该企业对员工与企业间冲突的组织干预提供必要的支持和帮助，甚至提出强制的要求。

（四）公益性民间组织

作为政府组织与企业组织之外的第三部门组织，公益性民间组织包括协会、社团、基金会、慈善信托、非营利公司或其他法人。公益性民间组织不以营利为目的，原动力来自志愿精神。因为公益性民间组织的特殊性质，使得它在参与组织干预的过程中具有独特的优势，即作为非营利、非权利驱动的第三方组织的客观、公正的立场，既能够获得企业的信任，也能够得到员工的支持，为组织干预措施和策略的施行减轻阻力。

（五）媒体

作为社会舆论的引导者，媒体毫无疑问在组织干预过程中拥有举足轻重的地位。但是，媒体介入员工—组织关系修复中是一把双刃剑。一方面，媒体能够引导舆论监督，督促企业重视员工的诉求，使企业无法对员工的意见视而不见或听而不闻；另一方面，媒体作为独立的经济组织，有自身利益的诉求，而这种利益有可能导致媒体迎合市场上其传播受众的需求，对舆论的引导有失公允，也可能受媒体监管部门的干预，不能自由、独立地对事件进行报道，最终导致夸张、隐藏甚至曲解冲突真相，对组织干预的顺利进行产生负面影响。

二、外部利益相关者的干预手段

组织的利益相关者，作为第三方积极参与组织干预，对解决组织与员工间冲突具有积极意义。第三方由于其身份的特殊性，不能像企业一样进行直接干预，而是通过其与企业的关系，间接影响企业的行为从而达到组织干预的效果。因此，外部第三方实施干预的措施和手段有别于组织本身采取的干预措施。组织的利益相关者进行组织干预的方式主要有如下三种：

（一）调停与和解

调停与和解是第三方参与组织干预的重要手段之一。企业的利益相关者作为第三方，能够促进发生冲突的组织与员工加强磋商，达成一个双方都可接受的协议。第三方组织之所以能够采取这样的干预手段主要原因是其地位和性质的特殊性。第三方在产生冲突的企业和员工间扮演客观公正的"信使"角色，同时其自身具有一定的信息资源、对企业的事务有一定的话语权和影响力，因此能够督促企业与员工协商，并且有能力向其中一方施压以达成和解。例如，在本田汽车零部件制造有限公司的罢工事件中，本田中国分公司的数千名员工由于对公司的管理方式和薪酬体系不满，举行了罢工。由于员工与公司对薪酬问题的谈判未能达成一致，罢工持续数周，造成本田公司遭受极大的损失。此后，双方在当地工会组织的调停下最终达成协议，公司恢复正常运营。

（二）咨询与建议

咨询与建议是指第三方通过提供帮助、支持和冲突处理建议等方式为主的一种组织干预手段。这种组织干预手段与调停、和解最大的区别在于：当产生冲突的组织与员工无法达到和解时，第三方通过向其中一方提供有利条件作为补充而非施压，最终促使双方达成一致。咨询与建议在一定程度上可以理解为第三方利用自身的专业特长、知识和相关领域的力量，为解决冲突提供行动和情感上的援助。例如，在深圳龙华富士康科技集团员工跳楼事件中，苹果公司作为深圳龙华富士康科技集团最大的客户，在世界范围内面对强大的压力，最终为深圳富士康科技集团提供了更多有利润的订单，对缓解深圳富士康科技集团与员工间的冲突起到积极作用；深圳市民政局先后抽派 425 名一线社工和社工督导，进驻深圳龙华富士康科技集团，以"为企业营造和谐愉快工作、生活环境"为目的，向员工提供社工服务。

（三）行政命令与仲裁

行政命令与仲裁是一种立竿见影的组织干预措施，由具有法定权力的第三方机构实施，例如政府和相关的行业监管部门。行政命令与仲裁仅仅作为组织干预的补充手段，一般在其他手段失效或组织与员工间冲突危机威胁社会整体利益时才会启用。例如，在中国东方航空股份公司云南分公司飞行员集体返航事件中，民航局作为监管部门，对事件进行了全面调查，给公众做出了合理可靠的解释，并且调停了飞行员与组织间的冲突，对中国东方航空股份公司进行行政处罚以避免类似事件的再次发生。

综上所述，即使企业拥有非常完善的人力资源管理系统，员工—组织关系破坏也在所难免。关系修复是企业对员工—组织关系造成破坏后的一种补救，虽属亡羊补牢之举，却是不得不做的意义重大的事情，关乎企业的生存和发展。随着企业、员工和外部利益相关者的能动性增强，在员工—组织关系修复中，干预的主体越来越多元化，干预的方式和手段越来越多样化，干预过程越来越机制化。

第四章　社会契约视角下人力
资源管理理念创新

　　在中国传统文化情景下，员工—组织关系在断裂前往往没有明显变化，是突发性的，从而难以预防，因此需要通过实施人力资源管理创新来培育高质量的员工—组织关系。长期以来，管理实践中的人力资源管理因为官僚主义、不愿变革和不能为企业增值而被广受批判（Wolfe、Wright & Smart，2006）[①]。尤其是，中国企业正面临许多人力资源管理领域的挑战，从职业群体的不断变化，如新生代员工主动性明显增强，表现出不同于父辈的利益诉求点，到需要应对不断出现的新法规及利益相关者积极介入企业管理实践带来的复杂性。从而，面对企业内外部环境的日益复杂化，人力资源管理创新成为中国企业转型过程中的新课题之一。人力资源管理系统由人力资源理念、人力资源政策、人力资源计划、人力资源实践和人力资源氛围构成，其中人力资源理念包括关于驱动员工绩效与分配组织资源和奖励的价值观、信仰和标准，人力资源政策是指管理人力资源的组织目标，人力资源计划则是指组织内使用的一套正式的

[①]　Wolfe，Richard，Wright，Patrick M.，Smart，Dennis L.，"Radical HRM Innovation and Competitive Advantage：The Money-ball Story"，*Human Resource Management*，Vol.45，No.1，2006，pp. 111-145.

人力资源管理活动（Arthur & Boyles，2007）①。这为本书提供了一个很有价值的人力资源管理创新分析框架。在管理创新中，人力资源管理理念创新尤其重要，并以公司行为准则为前提和基石。

第一节　社会契约视角下公司行为准则内容与来源

人力资源管理理念主要是组织管理观念和价值观念的转变，因此人力资源管理理念的前提和基础是组织理念。组织理念就是企业成员共同的价值观念和行为规范。公司行为准则发源于美国，并在过去几十年里扩散到全球绝大多数国家，如加拿大、英国和德国采用行为准则的公司占比均超过50%（Schwartz，2001）②。其中，加拿大企业重视管理、员工和工作场所的问题，将公司行为准则用于指导组织内的伦理行为；英国企业将公司行为准则作为与内外部利益相关者沟通的工具；德国企业则主要将公司行为准则运用于处理公司治理问题（如董事会成员结构）（Bondy、Matten & Moon，2004）③。尤其是随着全球化的加速推进，跨国公司在开展商业活动时经常面临的国际伦理难题，更是为公司行为准则提供了重要的用武之地。从而，越来越多的跨国公司开发自己的公司行为准则，其中全球最大的200家跨国公司中52.5%均拥有公司行为准

---

① Arthur，J. B.，Boyles，T.，"Validating the Human Resource System Structure：A Levels-Based Strategic HRM Approach"，*Human Resource Management Review*，Vol.17，No.1，2007，pp. 77-92.

② Schwartz，Mark S.，"The Nature of the Relationship between Corporate Codes of Ethics and Behavior"，*Journal of Business Ethics*，Vol.32，No.3，2001，pp. 247-262.

③ Bondy，Krista，Matten，Dirk，Moon，Jeremy，"The Adoption of Voluntary Codes of Conduct in MNCs：A Three-Country Comparative Study"，*Business and Society Review*，Vol.109，No.4，2004，pp. 449-477.

则（Kaptein，2004）[①]。在中国，万科集团的"阳光照亮体制"和华为集团的"基本法"都是公司行为准则的成功典范。然而，进入21世纪以来，随着中国经济社会发展进入转型期，公司丑闻事件不断被曝光，如葛兰素史克中国公司行贿事件、上海福喜公司过期肉事件、昆山中荣金属制品有限公司粉尘爆炸事故等，继三鹿奶粉事件、富士康员工连续跳楼自杀事件之后再次敲响国内商业伦理问题的警钟。公司行为准则作为企业权衡自利本能和坚守道德底线、调和利润目标和社会责任的重要管理工具，是继政府监管、工会组织与集体谈判、非政府组织运动发起的途径之后，经济全球化背景下提高组织伦理行为和承担企业社会责任的重要途径，甚至被认为能够弥补现有法律和监管漏洞，填补薄弱监管体制和法律体系造成的空白（Sama，2006）。

一、公司行为准则的内涵界定和内容拓展

（一）公司行为准则的内涵

无论是在实务领域还是在学术领域，公司行为准则均非新的术语。然而，尽管早在1924年赫尔曼斯（Heermance）就出版了《伦理准则：指导手册》一书，提及公司行为准则的相关内容，但是公司行为准则的内涵一直混淆不清。尤其是与公司行为准则相关的多种叫法更模糊了公司行为准则的内涵，这些称谓包括伦理准则、行为规范、商业原则、公司信条、公司理念、价值观声明，其实这些概念的侧重点有所区别（如表4-1所示），不能混为一谈。斯蒂文斯（Stevens，1994）较早提出公司行为准则的完整概念，认为公司行为准则是公司为塑造员工行为和期望员工行为发生改变而采

---

① Kaptein，Muel，"Business Codes of Multinational Firms：What do They Say？"*Journal of Business Ethics*，Vol.50，No.1，2004，pp. 13-31.

表 4–1 公司行为准则相近概念的内涵对比

概念	内涵	文献来源
伦理准则	具体陈述公司的伦理政策，旨在指导员工和管理者的伦理决策，规范组织中的伦理行为	克雷西和穆尔（Cressey & Moore, 1983）
行为规范	期望员工在商业经营活动中代表公司履责行权时所应遵循的基本标准，比较全面、周密、细致	怀特和蒙哥马利（White & Montgomery, 1980）
商业原则	涉及广泛的经济事务处理和经济交换有效运行的最基本准则，随时间和空间不同而有所差异	森（Sen, 1997）
公司信条	阐明企业对利益相关者的伦理责任，通常是概述公司伦理表态的陈述	墨菲（Murphy, 1989）
公司理念	通常表达公司的价值观、愿景、使命，促使员工一起协作以实现共同目标	莱德福等（Ledford 等, 1995）
价值观声明	通常来源于公司使命，以简洁的语言表达公司对待产品质量、顾客满意和员工管理等方面的态度，意在阐明公司的指导原则	墨菲（Murphy, 1995）

资料来源：笔者编制。

用的书面文件。随后，施瓦茨（Schwartz，2001）将公司行为准则拓展为，包含用于指导员工或公司行为的伦理标准的书面的、清晰的、正式的文件，并进一步指出公司行为准则的定义包含：第一，被运用的伦理标准也被称为价值体系、指南、伦理原则、规范、信念或者基本规则，其为员工理解什么行为是伦理上可接受的或不恰当的提供指导；第二，准则运用的对象包括员工行为和组织行为；第三，文件本身是书面的、清晰的和正式的。卡波坦（Kaptein，2004）则认为，公司行为准则阐明了公司追求的目标、赞成的规范和价值观以及承担责任的行为。后来，卡波坦和施瓦茨（2007）更加系统地概括了公司行为准则的本质内涵，将其界定为清晰的和正式的文件，包括由公司开发并针对公司设立的一系列规范，以指导管理者和员工在对待彼此、公司、外部利益相关者和整个社会时面临诸多问题上应该展现的现在和将来的行为。具体来说，公司行为准则首先是清晰的正式文件。其中，公司行为准则作为组织的正式文件，意味着它适用于管理者和所有员工，并且由拥有公司最高决策权的董事会正式批准通过。尽管非正式规范在员工中得到广泛传播并且深入人心，但是由于没有形成书面文件，故不能称其为公司行为准则，否则可能会使公司行为准则的概念外延至企业伦理文化和组织氛围层面。其次，公司行为准则是由公司开发并针对公司设立的，作为企业自我管控的管理工具（Schwartz，2001），是一种微观层面的准则，与由职业、行业和国家层面的中观准则及国际、全球层面的宏观准则共同构成"准则大厦"（Kaptein & Wempe，1998）。同时，公司行为准则按照一致原则规定与公司相关的诸多行为条款，因而如果仅就公司内部某一方面适用的准则只能称其为次级准则。并且，公司行为准则作为商业运营的一系列行为规范，适用对象是参与商业运营的相关人员，至少涵盖公司的管理者和员工，只针对一个部门和一类利益相关者的准则也不能被称为公司行为准则。例如，员工行为准则是企业期望员工在日常工作活动中应遵循的基本原则，不能等同于公司行为准则。最后，公司行为准则的行为规范涉及不同的目标和标准。其中，内部目标包括管理者和员工应该如何对待彼此和公司利益，外部目标包括他们在对待利益相关者和整个社会时应该如何表现；行为规范的标准则从通用标准延伸至特定标准，如从通用的使命声明、信条、信念、原则、价值观和责任拓展到特定的指南、程序、标准和规则（Kaptein & Schwartz，2007）。

（二）公司行为准则的内容

1924年以来，公司行为准则的内容经历了不断的演变和拓展，尤其是20世纪八九十年代，在公司行为准则的采用呈现爆发式增长的背景下，公司行为准则内容的深度和广度更为丰富。目前，对于公司行为准则的内容，主要从规范性和描述性两个视角加以分析。其中，规范性视角从特定性和遵从性两个维度分析公司行为准则应该包含什么内容，什么样的公司行为准则才是高质量的。从特定性来说，高质量的公司行为准则内容需要具备明晰性、完备性和强制性三个特征。其中，明晰性要求公司行为准则的用语易懂、精确、详细、坦直；完备性要求公司行为准则尽可能覆盖全部行为；强制性则要求公司行为准则具体描述公司期望的行为、违反准则的行为以及违反所受的惩罚（Raiborn & Payne，1990）。在完备性方面，公司行为准则应该响应股东和其他利益相关者的利益（Silver，2005）。针对这些利益相关群体，公司行为准则内容应该涵盖六种普遍的伦理价值观，即诚信、尊重、责任、公平、关怀、公民意识（Schwartz，2005）。公司行为准则内容质量的另一个方面是遵从性，包括违规后果、伦理绩效评估、伦理审计、鼓励举报、伦理委员会、员工伦理培训等遵守公司行为准则内容的执行程序和工具（Wood 等，2004）。

　　描述性视角则重在分析公司行为准则实际包含的内容。20 世纪八九十年代，公司行为准则的内容主要以公司自我防护为导向，旨在防止组织发生违法违规行为。其中，利益冲突、遵纪守法、保密信息泄露是尤为重要的主题，而环境、质量或者生产安全则很少强调。如今，公司行为准则在沿承传统的员工保护和公司保护相关主题的同时，不断增加对社会保护的关注。尤其是多数全球跨国公司的行为准则包含了生产和服务质量、遵守法规和保护环境的企业责任等相关内容（Kaptein，2004）。例如，国际商用机器公司（International Business Machines Corporation，IBM）的行为准则包括"必须尊重个人"、"必须尽可能给予顾客最好服务"及"必须追求优异的工作表现"，其中"必须尊重个人"强调管理者必须尊重员工，员工必须尊重顾客和竞争对手。然而，尽管大多数企业公司行为准则的内容由聚焦员工保护和公司保护到增加对社会保护的关注，但是整体而言仍主要是面向公司内部，企业社会责任仅是公司行为准则的次要部分，尚且难以响应众多利益相关者的各自利益，也没有详尽覆盖公司的相关行为。例如，较少有跨国公司在行为准则中加入童工问题的条款，并且大多数公司认为诸如最小受雇年龄的规定受特定国情影响，更倾向使用模糊的或内部的监管程序（Kolk & Van Tulder，2002）。总之，现实中的公司行为准则内容与理想的高质量公司行为准则之间存在较大的差距，一定程度上会影响公司行为准则伦理指示作用的发挥。

不同地区、国家的企业在公司行为准则的实际内容上具有一定的联系与区别。其中，美国、加拿大和澳大利亚的公司行为准则之间存在相似之处，主要面向公司内部，带有公司保护性质，只能提供较低水平的道德指引（Lefebvre & Singh，1996；Farrell & Cobbin，1996；Singh 等，2005）。不过，即使美国的公司行为准则影响了澳大利亚公司的行为准则，二者之间也有一些差异。澳大利亚的公司行为准则较少依赖内部和外部的监察（Wood，2000），在诸如伦理培训、伦理委员会等公司行为准则实施实践上有所差异（Farrell & Cobbin，1996）。全球各地区企业的公司行为准则的关注点也存在较大差异，其中欧洲企业的公司行为准则关注环境，而诚信是美国企业公司行为准则的重要主题，美国公司较之欧洲和亚洲等地区企业的公司行为准则较少涉及公正（Kaptein & Schwartz，2007）。公司行为准则的相似，可以从霍夫斯汀德的文化维度来加以解释，反映这些国家拥有相似的文化传统和历史背景（Singh 等，2005），差异性则可能是由于国家文化传统、管理风格和商业文化的不同而引起的（Singh 等，2005；Wood，2000）。另外，全球大型的跨国公司报告显示，公司行为准则涉及管理利益相关者的最广泛伦理原则是透明性，团队合作、责任感和创新是常被提及的公司核心价值观，52%的公司行为准则对监管履行准则条款做出规定（Kaptein & Schwartz，2007）。但是，在遵从性方面，尽管大多数公司实施的行为准则对监管履行准则条款做出了规定，然而具体实施程序和执行工具的细节仍有不足，尤其在控制和强制执行方面（Emmelhainz & Adams，1999）。例如，虽然与通用的准则相比，运动产品行业的公司行为准则实质上大体相似，更具有行业专用性，如在产品合格标准上规定更严格，但是在具体落实遵守内容上公司行为准则的伦理指示作用不强，更多只是在进行橱窗粉饰（Van Tulder & Kolk，2001）。

（三）公司行为准则的管控对象

根据卡波坦和施瓦茨（2007）对公司行为准则的内涵界定，公司行为准则的管控对象重点在公司内的管理者和员工。然而，在全球供应链的背景下，公司行为准则的管控对象从公司内部管理者和员工向供应商、承包商扩展。尤其是在政府监管体系和法律制度薄弱的发展中国家，跨国公司迫于工会、非政府组织和顾客的压力，采用公司行为准则促使供应商、承包商遵守生产中的劳动标准、改善工作场所的条件、提升劳动者的权利。自1990年以来，世界各国的民间劳工组织、学生和媒体纷纷发起"反血汗工厂"运动，促使品牌商开展生产守则运动，纷纷发布公司生产守则，并要求直属生产工厂和所有代工厂必须遵守。然而，现实中公司行为准则对供应商工厂的管控效果并不理想（Hoang & Jones，2012）。原因可能在于，供应链的功能更像是网络而不是先入为主假想的委托代理下的层级结构，因而跨国公司控制承包供应商的程度设想有误并且可能被高估。尤其是在这种关系而不是竞争的政治经济网络下，容易滋生多个利益主体，如工厂工人、承包商雇主、中介供应商，为了共同利益违反公司行为准则并且欺骗审计人员。在最早和最广泛采用公司行为准则来管控供应商和承包商运作的玩具行业中，恩格斯·赞丹和希尔曼（Egels-Zandén & Hyllman，2007）通过访谈瑞典玩具零售商在中国9家供应商的员工也表明，全部供应商都存在违反零售商制定的公司行为准则标准的现象。不可否认，跨国公司的行为准则可以改善承包商工厂中劳动者的结果性标准，如工作时间、职业健康和安全等（Frenkel，2001；Barrientos & Smith，2007；Egels-Zandén，2014）。但是，公司行为准则对诸如劳动者自由集会和集体谈判等过程性权利的影响是微乎其微的（Frenkel，2001；Barrientos & Smith，2007）。主要原因可能在于，公司行为准则对增加承包商工会组织的自由度无任何影响作用（Wang，2005）。

二、社会契约视角下公司行为准则的来源

组织被理解为利益相关者政治经济系统的组成部分，随着积极主义的崛起，利益相关者对公司行为准则的制定产生越来越大的影响。因此，公司行为准则应该放在利益相关者网络之中来加以考虑。根据综合社会契约理论，道德义务以两个层面的共识为基础：所有理性缔约者就理论上的"宏观社会"契约达成的共识（即超规范）和局部社区的成员就真实的"微观社会"契约达成的共识（即一贯规范）。其中，宏观上达成的超规范，奠定人类生存必需的基本法则，产生企业理所当然必须遵守的职责，构成公司行为准则内容的重要来源之一；局部缔约者达成的微观社会契约（即一般规范），则允许在超规范基础上结合当地社区特定的道德规范引申出一定的道德自由空间（Donaldson & Dunfee，1994）。因此，从社会契约理论视角看，组织情景下的行为准则实质是公司为响应商业伦理和社会责任而达成的微观社会契约，不是独立存在的规范。合理的宏观社会契约和微观心理契约共同划定公司行为的道德自由空间，公司行为准则既要基于超规范予以制定，也要考虑具体社区情景留予的道德自由空间。

公司行为准则作为"准则大厦"中的一个层级，对外与中观和宏观准则相关，向内又延伸出次级准则。组织和亚组织层面的行为准则包括公司行为准则、公司伦理准则、环境和可持续政策、社会责任政策、职能运作准则、职能部门伦理准则、某个社会责任问题的准则；中宏观层面的行为准则包括全球通用准则、政府间组织准则、非政府组织准则、地区准则、行业协会准则、国家准则（Preuss，2010）。这些具有层次性的行为准则形成的倒金字塔准则图谱（如图 4-1 所示），体现不同层面行为准则之间的逻辑递进关系。

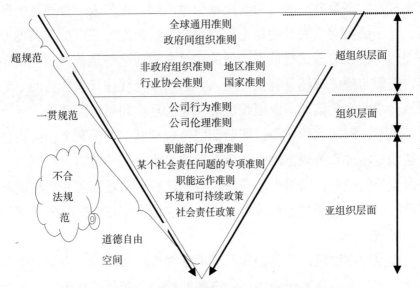

图 4-1　社会契约视角下的倒金字塔准则图谱

资料来源：笔者编制。

在倒金字塔图谱中，位于顶层区域的超规范适用于所有的商业情景，为所有的文化和组织认可，至少包括基本人权和对人类尊严尽责两方面的内容。通常而言，超组织层面的全球通用准则和政府间组织准则明确表达超规范所代表的价值观，如《联合国全球契约》（UN Global Compact）和《世界劳工组织章程》（ILO Conventions）对保护基本人权和捍卫人类尊严所做出的规定，及经济合作与发展组织（Organization for Economic Co-operation and Development，OECD）制定的《跨国公司行为准则》明确了跨国企业担负的社会和法律责任，维护和遵守国际公认的生态和社会标准。超规范向内延伸，形成更为具体的一贯规范。虽然一贯规范比超规范表达的价值观更具有文化特殊性，但是一贯规范与超规范、其他合法规范以及其他经济文化中的规范均是一致的。特定地区、国家、行业或非政府组织所持的规范可以视为一贯规范。就组织层面而言，大多数公司的行为准则或伦理准则可以列入一贯规范的范畴。处于倒金字塔底端的是道德自由空间，出现一些至少与其他经济文化中存在的合法规范不一致的规范，即使这些规范与超规范相容，它们与超规范还是有稍许出入。这些规范往往代表独特的、为当地共享的文化信仰。亚组织层面制定的环境和可持续政策、社会责任政策、职能运作准则、职能部门伦理准则、关于某个社会责任问题的专项准则等规范常常就落在道德自由空间的范畴。在倒金字塔区域外的规范，则属于不合法规范，这些价值观或实践超越道德容忍的限度，与超规范相冲突，自然落在倒金字塔图谱外的"不相容"区域。

根据准则图谱，若将公司行为准则视作一份微观社会契约，那么这份契约本质具备面向内外协商的属性，从而公司行为准则的达成需要与内外部众多利益相关者协商。当然，协商的实际操作可以基于利益相关者一致默认遵守的超规范，结合企业自身文化特性留有的道德自由空间处理具体商业伦理问题。尤其对于跨国公司而言，如果母公司行为准则与东道国的规范压力存在冲突，跨国公司需要协商的利益相关者更多，处理的利益相关者问题更复杂。那么，公司行为准则如何坚守超规范，如何裁量道德自由空间，就需要公司运用智慧进行管理创新才能协调平衡。借鉴超规范和道德自由空间的理念，为了能使行为准则在跨国公司开展全球化经营时发挥积极影响力，公司行为准则应该整合全球性原则和本土化规则，即公司应该既尊重当地行业、地区、国家所持的规范和价值观，又秉承协商一致达成的全球性原则（Sama，2006）。但是，进入全球化市场，公司自身内部的微观社会契约与外部环境的规范压力之间存在张力。在内外部环境影响下，公司制定和实施公司行为准则的能力和意愿亦会不同。其中，公司所在行业和国家的外部环境影响公司行为准则制定和实施的能力，以高管团队和企业文化为主的内部特征影响公司制定和实施行为准则的意愿。因而，根据采用公司行为准则伦理做法的差异，可以将公司划分为蔑视的抵制者、放弃者、领头者、模范公民四种类型（Sama，2006），如图4-2所示。

抵制型公司。所在行业和国家的规范反映强烈的、制度化的价值观，但是公司极为蔑视这些价值观，采用流于形式的公司行为准则对抗或敷衍外部的法律法规和行业规范。当然，公司的财务绩效和社会绩效均较差，即使在短期内也难以持续。

放弃型公司。所处的内外部环境较恶劣，因而完全放弃公司行为准则的道德作用，能够取得良好的财务绩效。但是，社会绩效较差，与抵制型公司相似，即使在短期内也难以持续。

领头型公司。虽然处在恶劣的外部环境中，但是企业坚持严格执行公司行为准则，堪称所在行业和国家的领头羊，但是较差的财务绩效和良好的社会绩效并存，在长期内难以持续。

模范公民型公司。所处的内外部环境状态较为优越，由于公司行为准则良好契合社会控制的主要形式——规范压力，因而自发的公司行为准则运行良好，赢得良好的财务绩效和社会绩效，且可在

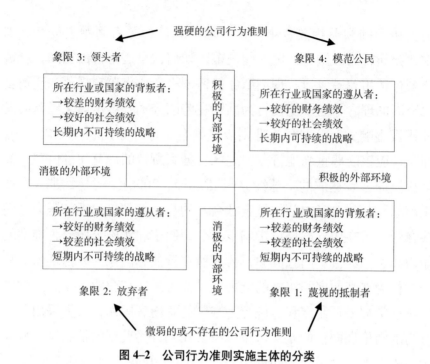

图4-2 公司行为准则实施主体的分类

资料来源：Sama，L M.，"Interactive Effects of External Environmental Conditions and Internal Firm Characteristics on MNEs' Choice of Strategy in the Development of a Code of Conduct"，*Business Ethics Quarterly*，Vol.16，No.2，pp. 137-165。

长期内持续发展。

　　总体来说，超规范的存在，意味着公司不能如放弃者那样"入乡随俗"，完全依据所在国家和行业的规范处理伦理问题而忽视超规范的作用。相应地，道德自由空间的存在则意味着公司需要在努力理解具体文化情景留予的自行处理伦理问题的空间后再做出行动，而不是像蔑视的抵制者和领头者一样仍然自行其是，完全不理会所在国家和行业的道德情景。因此，公司采用行为准则处理伦理问题的成败，关键在于在坚持超规范和遵守道德自由空间原则之间如何把握平衡。

第二节　公司行为准则的实施成效及转化过程

企业广泛采用公司行为准则作为自我管控的工具，旨在促进组织中的诚信和道德行为、提升企业社会责任感、改善组织氛围和企业文化、遵从政府法律法规和监管、维持企业良好公众形象、提高企业声誉（Fleege & Adrian，2004）。公司行为准则强调企业自律，但是现实中部分公司基于短期逐利，导致公司行为准则作用有限，甚至流于形式。"束之高阁"的公司行为准则更多只是给予道德行为口头上的支持（Lindsay、Lindsay & Irvine，1996），通过橱窗粉饰试图合理化组织的道德声誉，但是实质上并没有真诚意愿来改善组织内部的道德行为。自公司行为准则概念被提出以来，西方学者对公司行为准则的有效性开展了多方面的实证研究，并取得较为丰硕的研究成果。

一、公司行为准则的实施成效

在卡波坦和施瓦茨（2007）研究成果的基础上，聚焦公司行为准则的相关实证研究，初步检索科学网（Web of Science）、学术期刊集成全文数据库（Academic Search Premier）、爱思唯尔数据库（Elsevier）、爱墨瑞得数据库（Emerald）、期刊存储数据库（Journal Storage，简写 JSTOR）、赛捷数据库（SAGE Journals Online）、博硕士论文数据库（ProQuest Dissertations and Theses）和约翰威立全文电子期刊数据库（Wiley Online Library）等英文数据库收录的期刊中以伦理准则、行为准则、商业原则、公司信条、企业理念、价值观声明为主题或关键词，时间范围从 2008 年到 2014 年，涉及商业、伦理、管理学等领域的英文文献。经过反复阅读与整理检索到的英文文献，剔除与主题无关文献、非学术研究性文献和非实证研究文献，将最终文献补充到卡波坦和施瓦茨（2007）的分析资料中。基于89项公司行为准则实施成效实证研究的分析，发现：其中36%验证了公司行为准则实施有成效，17%显示出弱的正相关关系，31%表明没有显著关系，15%呈现混合结果，有1项研究发现负相关关系（见表4-2）。总的来说，公司行为准则实施成效实证研究的结论莫衷一是、互相矛盾。

表4-2 公司行为准则实施成效的实证研究

关系	实证研究
显著正相关	Adams 等（2001）；Barnet 等（1993）；Beneish & Chatov（1993）；Bowman（1981）；Cassell 等（1997）；Chonko 等（2003）；Embse 等（2004）；Ferrell & Skinner（1988）；Finegan & Theriault（1997）；Hegarty & Sims（1979）；Kaptein& Wempe（1998）；McCabe 等（1996）；Nakano（1997）；Nakano（1999）；Peterson（2002）；Pierce & Henry（1996；2000）；Rich 等（1990）；Sajhau（1998）；Sims & Keon（1999）；Singhapakdi & Vitell（1990）；Stevens（1999）；Touche Ross（1988）；Trevinõ 等（1998）；Valentine & Barnett（2004）；Valentine & Fleischman（2002）；Weaver & Ferrell（1977）；Weaver 等（1999a）；Mckinney 等（2010）；McKinney & Moore（2008）；Valentine & Fleischman（2008）；Ki 等（2012）
弱正相关	Badaracco & Webb（1995）；Beets & Killough（1990）；Bruce（1994）；Dubinsky 等（1992）；Mathews（1987）；Murphy 等（1992）；Peppas（2003）；Schwartz（2001）；Stevens 等（2005）；Stohs & Brannick（1999）；Valentine & Barnett（2002）；Weaver（1995）；Weeks & Nantel（1992）；Petersen & Krings（2009）；Svensson 等（2009）
无显著关系	Akaah & Riordan（1989）；Allen & Davis（1993）；Ashkanasy 等（2000）；Brief 等（1996）；Cabral-Cardoso（2004）；Callan（1992）；Chonko & Hunt（1985）；Clark & Leonard（1998）；Cowton & Thompson（2000）；Diller（1999）；Farrell 等（2002）；Ford 等（1982）；Harker（2000）；Healy & Isles（2002）；Hume 等（1999）；Hunt 等（1984）；Kohut & Corriher（1994）；Marnburg（2000）；Mathews（1987）；McKendall 等（2002）；Montoya & Richard（1994）；Ryan（1994）；Sims & Brinkmann（2003）；Snell & Herndon（2000）；Stevens（2004）；Trevinõ 等（1999）；Bondy 等（2008）；Mijatovic & Stokic（2010）

关系	实证研究
混合结果	Adam & Rachman-Moore（2004）；Brenner & Molander（1977）；Higgs-Kleyn & Kapelianis（1999）；Kitson（1996）；Laczniak & Inderrieden（1987）；Mathews（1987）；Mitchell 等（1996）；Peppas（2003）；Rodríguez-Garavito（2005）；Singh（2006）；Somers（2001）；Erwin（2011）；Kaptein（2011）
负相关	Ethics Resource Center（1994）

资料来源：笔者编制。

具体来说，公司行为准则对组织中员工和管理者伦理态度与行为影响的研究，部分学者通过实证研究发现显著的正相关关系，表明公司行为准则的存在对个人道德决策有影响，且有助于减少公司中的违规行为（Adams 等，2001；Mckinney & Moore，2008；Mijatovic & Stokic，2010；Valentine & Fleischman，2008；Ki、Choi & Lee，2012）。这可能与公司行为准则能够改善组织伦理氛围有关（Peterson，2002），在影响管理者和员工行为之前，公司行为准则先行影响管理者和员工的个体特征以及组织内部环境。一些研究者则发现这种正相关关系是微弱的（Schwartz，2001；Petersen & Krings，2009；Svensson 等，2009），经过良好沟通的公司行为准则仅是影响员工和管理者伦理行为的潜在因素。然而，部分学者通过实证研究显示，不论是在积极促进员工伦理行为还是制止不道德行为方面，公司行为准则与组织中的伦理行为之间均不存在显著关系(Farrell 等，2002)。公司准则行为对组织中伦理行为的影响不显著，可能是由于公司行为准则没有真正发挥自我管控或塑造伦理文化的作用，或者影响组织中行为的道德文化来自外部共同享有的环境。另一些实证研究则显示公司行为准则对员工、管理者伦理态度和行为带来混合的影响（Adam & Rachman-Moore，2004；Somers，2001；Kaptein，2011）。更有甚者，研究发现公司行为准则对组织中的伦理行为具有消极影响（Ethics Resource Center，1994）。

对整个社会的影响而言，部分学者发现，公司行为准则更多被用来管理传统的商业问题，如内部利益冲突、贿赂和腐败等（Bondy、Matten & Moon，2008），并没有对企业社会责任产生很大的影响（Mijatovic & Stokic，2010；Bondy、Matten & Moon，2008）。欧文（Erwin，2011）的研究表明，尽管高质量公司行为准则与较高企业社会责任绩效之间的因果关系不明确，但是二者之间确实相关。尤其是，较低质量的公司行为准则并不导致较差的社会责任绩效。

公司行为准则实施成效的研究结果相互冲突，究其原因，可能在于：公司行为准则的转化过程尚未明确，转化过程对行为准则实施成效的影响不明晰；作用于公司行为准则转化过程和实施成效的影响因素未全面纳入研究，例如公司行为准则开发过程和准则内容会影响准则的实施成效，因此只比较公司是否有行为准则可能会影响研究结果的准确性；关键术语定义的多元化；所用研究方法和实证数据存在缺陷；缺乏理论基础的支撑。

二、公司行为准则的转化过程

公司行为准则一经采用，便要历经长期循环的制定、实施和维护过程，但是由于缺乏配套的完整开发过程或者确保行为准则实施的体系，公司行为准则经常沦为"一纸空文"（Montoya & Richard，1994）①。尽管许多公司已经投入大量时间和精力来修改公司行为准则的内容条款，但是仍陷于实施和维护准则的困境中难以自拔（Nijhof 等，2003）。因此，实施成效关键在于公司行为准则转化的

---

① Montoya, I. D., Richard, A. J., "A Comparative Study of Codes of Ethics in Health Care Facilities and Energy Companies", *Journal of Business Ethics*, Vol.13, No.9, 1994, pp.713-717.

过程（包括制定、实施与维护），而不是公司行为准则本身。

公司行为准则转化的完整过程包括准则制定阶段、内化阶段、障碍甄别并移除阶段、价值观践行阶段、监管阶段、社会责任沟通阶段（Nijhof 等，2003）。卡波坦和施瓦茨（2007）从开发制定、实施执行和管理维护三个阶段，打开公司行为准则及其结果效应之间的"黑匣子"，厘清公司行为准则实施成效的转化过程，如图 4–3 所示。其中，利益相关者参与公司行为准则开发是至关重要的。尤其是公司行为准则开发应该基于所有层级员工的讨论协商，覆盖相关潜在的问题，与内部核心价值观协调一致（Snell & Herndon，2004）。然而，奥德怀尔和麦顿（O'Dwyer & Madden，2006）通过对爱尔兰前 1000 强公司的问卷调查，统计发现：将近一半公司的行为准则由人事部门撰写或者总部提供。实际上，这一过程应该允许员工的参与，即使并不一定能使员工对行为准则"买账"或者产生归属感，但是有助于制定具有现实性的相关准则文件。

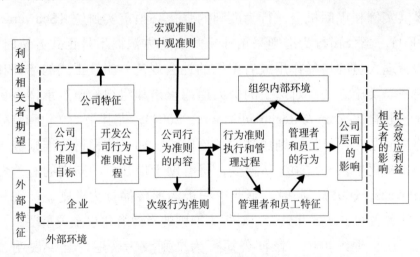

图 4–3　公司行为准则转化过程模型

资料来源：Kaptein, M., Schwartz, M. S., "The Effectiveness of Business Codes：A Critical Examination of Existing Studies and the Development of an Integrated Research Model", *Journal of Business Ethics*，Vol.77，No.2，2007，pp.111-127。

公司行为准则的存在并不能解释所观察到的不道德行为，其还与公司行为准则沟通的过程和质量、准则内容和通过管理将行为准则嵌入组织的程度紧密相关，重要程度从高到低依次是：通过管理将准则嵌入组织的程度、沟通质量、行为准则的内容、行为准则的存在（Kaptein，2011）。然而，在实施过程中，公司行为准则的沟通和强化严重滞后于准则的采用。伍德和卡拉汉（Wood & Callaghan，2003）基于对澳大利亚前 500 强公司的研究显示，对于公司是否实施行为准则的调查，回答基本是否定的，尤其对员工的培训教育和支持严重不够。尽管大多数公司会在入职培训时向新员工介绍公司行为准则，但是绝大多数公司没有指导新员工行为准则的正式方法，因而公司行为准则后续发挥的作用值得怀疑（O'Dwyer & Madden，2006）。在公司行为准则实施过程中，高管们应该大力支持行为准则，并与员工签订遵守准则的相关协议。准则签订程序重在增强员工承诺，培训最好由管理者开展并且为员工提供实例和提问机会，行为准则的强化必须落实到位（Schwartz，2004）。当公司行为准则采用非正式实施方法而不是正式方法时，如管理人员的榜样作用或者组织的社会规范，相较正式的培训和课程等实施方式，对员工的个人道德承诺和组织价值观承诺有更强的影响（Adam & Rachman-Moore，2004）。尤其是，文化和有效的沟通是公司行为准则成功的关键因素。如果公司行为准则嵌入企业文化中，并被领导所接受，将有助于提升行为准则的有效性（Stevens，2008）。同时，企业中积极沟通传播行为准则，员工和管理者之间主动展开讨论，对行为准则的有效转化也至关重要。

在管理维护中，修订公司行为准则较为普遍，至少说明公司行为准则引入后继续受到重视而不至于被忽略为日常琐事（O'Dwyer & Madden，2006）。尽管大多数企业设立正式纪律程序惩戒违规行为，但是由于设置正式渠道报告违规行为的企业不到三分之一，强制执行的力度大打折扣。因而，公司必须强化达标活动落实行为准则，强制执行做到一致公平，并且解决员工对潜在惩罚的担忧，提供正式的匿名热线（Schwartz，2004）。

三、公司行为准则实施的影响因素

公司行为准则通过导控员工和管理者行为，对公司、利益相关者和社会产生影响。这种导控强度由公司行为准则的开发过程、内容以及执行管理过程决定（Kaptein & Schwartz，2007）。不过，在这一转化过程中，公司内外部多重因素共同作用，影响公司行为准则的实施成效。

首先，公司行为准则的实施取决于公司采用行为准则的目标，因为这可能影响公司行为准则构建和执行的方式以及公司多大程度上认可行为准则实施有成效。例如，采用公司行为准则来沟通现行规则的企业与传播核心价值观的企业在目标上就存在差异（Paine，1994）。考虑到公司行为准则的目标，公司行为准则至少应该对管理者和员工的行为产生三种类型的影响，即公司行为准则微观、中观和宏观三个层面的实施效应，分别为公司采用行为准则的目标与对公司影响的趋同程度、利益相关者的期望和这些期望实现程度的趋同程度、微观和中观的行为准则与对社会影响的趋同程度（Kaptein & Schwartz，2007）。其次，公司特征是需要考虑的影响因素。例如，公司规模、是否为大型集团的子公司会对公司采用行为准则产生影响（Graafland、Van de Ven & Stoffele，2003），董事会成员持有公司股票会对采用公司行为准则带来一些限制，独立董事的增加则有利于改善这种状况（Rodriguez-Dominguez、Gallego-Alvarez & Garcia-Sanchez，2009）。再次，公司行为准则作为"准则大厦"中的一级，与公司内外部可能存在的次级行为准则和外部行为准则紧密相关。从公司行为准则延伸的次级行为准则通过扩展对管理者和员工行为的组织期望，可能影响公司行为准则实施的成效，甚或有些问题不在公司行为准则中规定而是在次级行为准则中具体处理。同时，个人特征和内部环境特征也是需要考虑的因素。例如，当公司行为准则与个人价值观冲突时，员工更不可能遵守公司行为准则。大量研究发现，员工的个人特征，如性别、年龄、国籍、受教育程度和宗教信仰，对员工的伦理决策能力有影响（O'Fallon & Butterfield，2005），进而公司行为准则作用于员工时对其伦理态度和行为的影响也大相径庭。在内部环境特征上，内部环境中存在的强制执行机制会影响公司行为准则作用的发挥，因为只有当内部存在附加惩罚机制时，公司行为准则才能够发挥作用。

另一方面，公司行为准则的实施必然要与外部环境、外部的商业准则以及利益相关者的期望相联系。在外部环境方面，企业的社会价值观受企业所在产业性质的影响，例如工业比金融和服务业更加重视内部监管和惩罚机制，因而更可能有效实施公司行为准则（Lugli、Kocollari & Nigrisoli，2009）。科尔克等（Kolk等，1999）通过对比公司行为准则与社会利益相关团体、商业支持团体和国际组织的准则，提出公司行为准则的有效性与其他外部准则是相互联系的。进一步地，公司行为准则的实施成效必然受外部的商业准则和利益相关者期望的影响。这些期望可能指导公司行为并且决定公司行为准则有效性的具体含义。财务高管受到来自市场利益相关者的压力时，更倾向将公司行为准则纳入公司战略决策中加以考量（Stevens等，2005）。其中，工会和非政府组织由于自身内部结构和驱动目标的差异，二者之间存在张力，进而影响公司行为准则在工作场所中改善劳工权利的成效（Braun & Gearhart，2004）；国际协定是提升劳工权利的重要途径，而这与促进公司行为准则的采用之间存在负面的互动作用。因而，在某种程度上，当前关注的公司行为准则对提升劳工权利是适得其反的 (Egels-Zandén & Hyllman, 2007)。

第三节 不同主导逻辑下人力资源管理理念的演变

人力资源管理的逻辑起点是为了解决该领域问题而采取的各项人力资源管理措施背后的基本动因。人力资源管理政策的形成过程包括人力资源管理理念、政策方案提出、政策选择、政策执行，也构成人力资源管理创新范畴。因此，逻辑起点（即人力资源管理理念）是人力资源管理创新必须关注的重要问题。逻辑起点选择的正确与否，直接决定人力资源管理实践的内在严密性。尤其是人力资源管理理念的创新占据相当重要的位置，往往带来人力资源管理系统的重大突破。理念起源于两个前提——事实前提和价值前提，其中事实前提表示对世界描述性的看法，价值前提则是对某些目标和行为的愿望性看法 (Shani、Divyapriya & Logeshwari，2011)。组织管理背景下理念由一系列集成的假设和信念构成。创建组织的那些人（所有者）、管理组织的那些人（管理者，尤其是关键决策者）的假设与信念成为定义组织远景的基础，这些假设和信念有时可能是决策者意向的外化，有时可能是决策者意向的内化 (Shani、Divyapriya & Logeshwari，2011)。具体到人力资源管理领域来说，人力资源理念围绕管理者对人的信念和假设，涉及人的本质、需要、价值观和工作方法。这些信念和假设决定应该怎样对待人。纵观中西方人力资源管理理论，关于人力资源管理逻辑的观点主要有企业主导逻辑论、员工主导逻辑论和利益相关者主导逻辑论，即以企业为中心、以员工为中心和以利益相关者为中心的三种人力资源管理理念，体现了人力资源管理领域的重大创新突破。

一、企业主导逻辑人力资源管理理念

根据企业资源观，企业可以被视为独有并难以模仿的资源和能力的集合体，从而如果企业拥有与众不同的关键资源，就有可能赚取超额收益。鉴于人力资源是企业的核心资源之一，企业的资源观会进一步影响人力资源管理领域。对待人有三种方法：商品法、机器法和人性化方法。其中，在商品法中，人被当作商品一样能够以某个价格进行买卖，正如旧奴隶制度；在机器法中，人被视为机器的零部件，能够像其他部件一样被装备。这两种方法是以"经济人"人性假设为前提，形成以企业为中心的人力资源管理理念。岗位职责的完成或组织目标的实现是以企业为中心人力资源管理创新的逻辑出发点和归宿点。因此，以企业为中心的人力资源管理政策往往只体现企业单方面的意图，系统地对人力资源各种部署和活动进行计划和管理，强调让员工遵循企业规章制度并完成工作任务，具体体现为控制型人力资源管理。

在支持企业战略上，以企业为中心的人力资源管理能够被动或主动为战略价值做出贡献。运营被动响应式人力资源管理关注实施人力资源的基本活动，包括管理福利、维持基于市场的薪酬水平、雇佣初级员工、提供基本技能培训；运营主动响应式人力资源管理关注人力资源基本活动的设计和传递的改善，包括人力资源流程再造、运用全面质量管理（Total Quality Management，TQM）原理到人力资源管理，营造工作场所中的积极道德氛围。战略被动响应式人力资源管理关注企业战略的实施，也就是说，在既定企业战略下，人力资源管理如何才能帮助和支持战略的成功实施，包括与企业战略要求相一致的技术知识的识别和开发、技巧性技能、企业文化，及促进组织变革和把人力资源重组为服务中心；战略主动响应式人力资源管理关注创造未来战略方案，包括塑造创新文化、识别并购机会、创造持续追踪和比对产品市场的内部能力

(Brockbank，1999)。

二、员工主导逻辑人力资源管理理念

"企业至上"逻辑受到愈益强烈的挑战，于是在人力资源管理中开始引入员工主导逻辑分析方法和理论。员工在企业中角色和地位的变化促使企业重新审视企业与员工的关系，重新认知和界定企业和员工的各自角色，并相应调整人力资源管理以适应这种变化。具体来说，雇主和雇员的界线越来越模糊，员工从人力资源管理政策的被动接受者转变为人力资源管理政策的共同制定者。随着人力资本的重要地位凸显，人被视为有生理需求的社会人，即对待人的人性化方法。因此，人力资源理念应该更加具体地考虑人的这些天赋。

人作为资源被管理，那么我们作为人意味着什么？在人性化方法中，人力资源理念基于以下信念：人是组织中最重要的资产；因为人拥有创造能力，这些创造力仅部分得到利用，从而在某种程度上人能够被开发；如果人形成组织归属感，那么他们就会对组织中的工作产生承诺；如果组织关心人并满足他们的需要，则他们可能形成归属感；如果人有机会充分发掘潜力并发挥这些潜力，则人就会做出最大贡献（Shani、Divyapriya & Logeshwari，2011）。从而，人性化方法是以"社会人"、"自我实现人"的人性假设为前提的，所隐含的理念是员工导向，形成以员工为中心的人力资源管理。满足员工需求是以员工为中心人力资源管理的出发点，塑造健康、激励的工作环境（例如开放、激情、信任、互惠和合作），挖掘员工潜力。因此，以员工为中心的人力资源管理，侧重于强化员工和组织间的情感承诺，具体形式体现为承诺型人力资源管理。

三、利益相关者主导逻辑人力资源管理理念

组织被理解为利益相关者政治经济系统的组成部分，从而在员工—组织关系中存在其他利益相关者。尤其是全球化、工作性质的变化和使利益相关者满意都对人力资源管理系统的有效性产生越来越大的影响。甚至有观点认为组织环境可以主导人力资源管理的制定。因此，人力资源管理应该放在利益相关者网络中来加以考虑。同时，员工与雇主间的关系应该建立在社会契约之上，双方认可各自的权利和义务。然而，由于工作性质的变化、雇主偏好对员工不利的柔性就业、公共政策和制度体制变得不再保护员工权益，雇主的自愿行为并不能确保员工的权益，需要公共政策通过促进雇主与雇员形成伙伴关系以确保雇佣关系中的员工公平（Buren & Greenwood，2007）。久而久之，员工几乎没有任何权利，企业给予的一切是由政府法律法规确保的，并非由雇主基于伦理视角来考虑如何处理。因此，现代经济环境的竞争需要创造人力资源专业人

表4-3　不同主导逻辑的人力资源管理理念比较

	以企业为中心	以员工为中心	以利益相关者为中心
理论基础	资源观 人性假设	人性假设 需求层次论	社会契约论
管理模式	控制型人力资源管理	承诺型人力资源管理	社会负责型人力资源管理 绿色人力资源管理
管理起点	工作岗位 组织战略	员工需求	社会伦理
管理实践创新具体形式	绩效工资 高绩效工作系统 最佳人力资源管理实践 人力资源外包 电子人力资源管理系统	员工持股计划 指导人计划 内部营销 家庭响应型人力资源政策	平衡计分卡 棱柱绩效模型 带薪公益假 雇主品牌 体面劳动

资料来源：笔者编制。

员对他们组织应负的隐性伦理责任。企业人力资源管理要合乎伦理的要求，发挥伦理的作用。

社会契约理论认为道德义务以两个层面的共识为基础，即所有的理性缔约者就"宏观社会"契约达成的共识和局部社区的成员就"微观社会"契约达成的共识（Donaldson & Dunfee，1994）。其中，现存社会契约构成企业内伦理规范的重要来源，这些现实的社会契约产生理所当然的职责，遵守行为明示或默示地同意社会契约条款和充分利用社会契约的工具价值观。由于企业面对的对象是多方面，企业的社会契约也是多元化的，主要包括内部社会契约与外部社会契约。其中，企业内部社会契约是企业对内部员工及管理者的责任和保证，包括企业对员工的人身安全保证、自由保证和尊严保证等。但是，社会契约理论主要受到两种批判：本身严格的宏观导向和忽视契约形成过程。心理契约方法为社会契约对日常人际交互的影响提供了实用的观点。因此，合理的社会契约和心理契约共同划定管理者周密考虑人力资源管理的道德自由空间，限定程度取决于组织资源的慷慨程度。

如果人力资源专业人员接受伦理管家（即对许多利益相关者负责和最大化长期组织财富创造的治理模式），他们将更注意自己对组织的伦理职责和更有效地帮助组织创造更多的财富、实现可观的组织绩效，建立使员工更满意的工作环境（Caldwell、Truong & Linh 等，2011）。因此，伦理法则是以利益相关者为中心的人力资源管理及其创新的逻辑起点，形成社会责任型人力资源管理，甚至绿色人力资源管理，实现企业内部员工的心态和谐、人态和谐和生态和谐。社会责任型人力资源管理和绿色人力资源管理代表一种全新的管理理念，必将引领人力资源管理的未来发展。

综上所述，随着人力资源管理领域的不断创新，人力资源管理的核心理念在不断变化，经历从以企业为中心的管理向以员工为中心的管理，再到以利益相关者为中心的管理演变，体现了微观契约主导逻辑到宏观契约主导逻辑的发展思路。不同主导逻辑的人力资源管理理念对员工的态度和行为产生不同的影响，其中以企业为中心的人力资源管理对员工的组织承诺没有显著的影响；以利益相关者为中心的人力资源管理（包括劳动法律合规型人力资源管理和社会责任型人力资源管理）对情感承诺、持续承诺和规范承诺有显著的积极影响；以员工为中心的人力资源管理对情感承诺和规范承诺有积极影响，但对持续承诺没有任何影响（Shen & Zhu，2011）。这也侧面说明了从以企业为中心、以员工为中心到以利益相关者为中心的人力资源管理理念的演变不是扬弃而是继承，即后续理念是以前阶段理念为基础，每个向后阶段涌现出新的理念都是把前一个阶段的理念作为默认条件，为促进人力资源管理实践创新提供前提。

第五章　员工—组织关系视角的
人力资源管理实践创新

　　人力资源管理创新带来的不仅仅是理念的更新，更是切实可操作的管理工具和管理方法，即人力资源管理实践。人力资源管理理念和期望的员工贡献是影响组织选择人力资源实践类型的工具性因素。其中，人力资源管理理念决定公司内人力资源管理实践的具体选择，期望的员工贡献决定哪套人力资源实践是可行的（Lepak、Marrone & Takeuchi，2004）。为了更好地阐明人力资源管理实践对员工成长，进而对企业战略的贡献，引入人力资源计分卡、员工计分卡和平衡计分卡，以其内在联系来体现人力资源管理实践、员工成长和企业战略的驱动。其中，卡普兰和诺顿（Kaplan & Norton，1992）提出的平衡计分卡从公司财务、客户、内部流程与管理以及员工学习和成长四个维度来阐述企业总体价值的战略管理工具；人力资源计分卡是由贝克、休斯里德和乌里奇（Becket、Huselid & Ulrich，2003）在平衡计分卡的基础上提出的，重点阐述人力资源专业人员和人力资源管理系统对成功的执行组织战略所发挥的作用；员工计分卡则从员工成功、员工行为、员工胜任力及员工的心态和文化加以评价，关注员工成功和员工价值管理。人力资源管理实践通过促进员工计分卡中员工心态和文化的提升，使得员工的行为得到正确的引导，员工努力工作带来其绩效的提升，使整体员工的胜任力提高，并最终促进员工成长和成功。员工学习与成长进一步和客户满意、内部流程与管理共同驱动企业战略目标的实现（如图 5-1 所示）。例如，宝洁公司倡导"主人翁精神"的核心价值观，给予员工高度的信任与自由度，让员工自行安排工作内容与优先顺序，并赋予员工自主权与决策空间，充分发挥员工的潜力来支持公司的持续发展。尤其是当前，中国企业正面临许多人力资源管理领域的挑战，从职业群体的不断变化，如新生代员工成为就业的主力军，到不断出现的新法规及利益相关者积极介入企业管理实践带来的复杂性。从而，如何从人力资源管理实践创新来塑造员工的积极心态成为中国企业转型过程中的一个新课题。

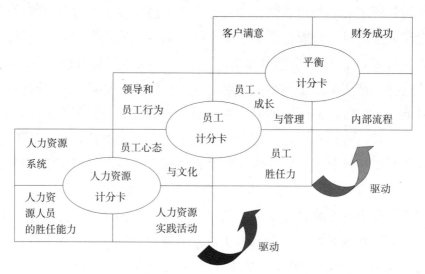

图 5-1 人力资源管理实践、员工心态与员工成长的驱动模型

资料来源：笔者编制。

第一节 不同理念下人力资源管理实践的创新

人力资源管理实践创新包括原始创新、集成创新、嫁接创新三种方式。其中，原始创新是指在人力资源管理领域前所未有的管理工具、方法的重大发明；集成创新是指将现有的人力资源管理实践进行重组和搭配而形成新的人力资源管理实践，实现新的功能和作用；嫁接创新是将其他管理领域（如营销领域）的重要思想、实践，嫁接到人力资源管理领域，从而产生新的人力资源管理实践。在三种不同的人力资源管理理念下，均存在原始创新、集成创新和嫁接创新来丰富人力资源管理实践的具体形式（如表 5-1 所示）。人力资源管理创新是一项高投入、高风险的活动，不论是原始创新还是集成创新、嫁接创新都各有利弊，尤其是影响企业人力资源管理的内外部因素繁多且交错复杂。因此，企业需要根据内外部的环境审慎选择人力资源管理实践创新方式，甚至可以多种创新方式结合使用。

表5-1　不同理念下人力资源管理实践创新方法及实例

	以企业为中心的人力资源管理	以员工为中心的人力资源管理	以利益相关者为中心的人力资源管理
原始创新	绩效工资	员工持股计划 指导人计划	平衡计分卡 棱柱绩效模型
嫁接创新	人力资源外包 电子人力资源管理系统	内部营销	带薪公益假 雇主品牌
集成创新	高绩效工作系统 最佳人力资源管理实践	家庭响应型人力资源政策	体面劳动

资料来源：笔者编制。

一、企业主导逻辑型人力资源管理的实践创新

自从科学管理被提出，以企业为中心的管理理念随即被采纳，人力资源管理实践形式也随之不断丰富，例如绩效工资、人力资源外包、电子人力资源管理系统、高绩效工作系统和最佳人力资源管理实践。这些人力资源管理实践形式中，有些与差异化战略紧密相关，有些和组织能力紧密相关。当然，这些实践形式均是

通过嫁接创新、集成创新和原始创新逐渐发展起来的，仍被企业广泛运用。

首先，嫁接不同领域的管理模式可以在人力资源管理力度和管理风格上实现新的突破。例如，随着企业逐渐将信息技术嫁接到人力资源管理领域，已经进入自我服务和基于网络的电子人力资源管理时代。电子人力资源管理被视为覆盖人力资源管理和信息技术的涵盖性术语，把人力资源工作本质变成信息中介者并扮演决策支持角色（Kossek、Dass & DeMarr，1994），旨在改善人力资源管理效率和实现成本降低，有助于人力资源管理职能价值和战略价值的提升。同时，人力资源外包作为企业人力资源管理实践中的一个新领域，也是将外包思想从生产领域嫁接到人力资源管理领域，并结合人力资源特征而系统开发的实践形式，旨在提高人力资源管理效率。

其次，基于管理理论进行原始创新也是人力资源管理实践突破的途径。例如，从计件工资、佣金制演变而来的绩效工资属于一种前所未有的人力资源管理实践创新。绩效工资依据的理论基础是资源观的能力论，将绩效与薪酬联系，体现多劳多得的公平原则，激发员工发挥潜力积极完成业绩，成为推进企业战略目标实现的有效工具。

最后，通过集成创新系统化人力资源管理实践，突破单个人力资源管理实践的功能。以企业为中心的人力资源管理强调系列人力资源管理实践的连贯性，以及内外部两方面的匹配，也就是人力资源管理与组织发展状态的外部匹配、人力资源管理模块之间互补和支持的内部匹配。例如，最佳人力资源管理实践、高绩效工作系统就是人力资源管理实践系统化的成果。埃德加和吉蕾（Edgar & Geare，2005）认为并非所有的人力资源管理实践对员工的绩效都是同等有效的，所以组织需要识别和实施那些最有效的实践。例如，培训问题在高成长企业是最重要的，在低成长企业是最不重要的；招聘问题在非成长企业是最重要的，在低成长企业是不重要的（Rutherford、Buller & McMullen，2003）[①]。实施人力资源管理和体验人力资源管理是两件不同的事情。吉布（Gibb，2001）从员工视角评价人力资源管理状态，基于 73 家公司 2632 名员工的调查结果表明，他们所在组织中人力资源管理强势领域包括培训开发、奖励和个人激励水平，薄弱之处在于员工等级管理、招聘保留、沟通和组织整体的道德水平。总之，最佳实践作为系列具体人力资源管理实践形式的集成，包含塑造服务导向的文化、建立非常强的资本库、激励员工和提供员工贡献机会等（Hughes，2002）[②]。虽然最佳人力资源管理实践得到较大关注，来自美国和英国的研究成果得出一致结论认为，某一特定的人力资源管理实践组合可以增加企业利润，且与企业、行业和国家背景无关（Kuvaas & Dysvik，2010）。但是，马青顿和格鲁古利斯（Marchington & Grugulis，2000）对具有"最佳"特征的这些人力资源管理实践提出质疑，认为如果进行更系统地分析，这些实践方式未必对员工是有利的。同时，最佳人力资源管理实践，无论是在某些具体实践的内涵、各种实践之间相互的一致性还是某个版本的最佳实践具有普遍可适用性的论断上都存在问题。后来，高绩效工作系统识别出一套最佳人力资源管理实践，涉及工作安全、新员工选拔招聘、自主管理团队和分散决策、绩效工资体系、员工培训、缩小管理层级、分享财务和业绩信息

---

① Rutherford, Matthew W., Buller, Paul F., McMullen, Patrick R., "Human Resource Management Problems over the Life Cycle of Small to Medium-Sized Firms", *Human Resource Management*, Vol.42, No.4, 2003, pp. 321-335.

② Hughes, Julia M. Christensen, "HRM and Universalism: Is there One Best Way?" *International Journal of Contemporary Hospitality Management*, Vol.14, No.5, 2002, pp. 221-228.

等 16 项有效人力资源管理实践。该系统是人力资源管理实践方面的系统集成创新结果，意味着对组织所面对的环境挑战能够更敏捷响应。

二、员工主导逻辑型人力资源管理的实践创新

以员工为中心的人力资源管理认识到人力资本的重要性。尽管人力资源管理一直强调人是组织中最重要的资产，但是管理实践中却一直陷入未能正名的尴尬境地。例如，硬性人力资源管理和软性人力资源管理分别基于管理和人性控制策略两种相反的观点，公司经常宣称采用软性人力资源管理，然而员工经历的现实却是更关注类似硬性人力资源管理的策略控制。出现此种尴尬的主要原因在于：人力资源管理实践创新不足，难以支撑以员工为中心人力资源管理理念的落实。经过理论界和实务界人士对人力资源管理的原始创新、嫁接创新和集成创新，以员工为中心的人力资源管理实践形式涌现出员工持股计划、指导人计划、员工参与计划、内部营销和家庭响应型人力资源政策（如弹性工作安排、弹性福利、员工援助计划和托儿服务）等。

首先，员工持股计划、指导人计划等人力资源管理实践形式是基于人力资本理论经过原始创新而开发出来的。这些支持性人力资源管理实践通过为员工提供参与决策的权利、享有公平的奖励和成长机会等，以促进员工组织支持感的发展。其中，员工持股计划是人力资本产权价值的实现形式，使员工享有剩余索取权的利益分享和拥有经营决策权的参与管理，同时满足了员工的精神需求和物质需求。由传统师徒制延伸发展的指导人计划是基于知识管理理论而设计的人力资源管理实践形式。该计划实施基于人际互动的人才开发策略，促进隐性知识的共享和转移，对指导人和被指导人双方的职业效能均产生积极影响。

其次，来自营销领域的思想和技术能够为以员工为中心的人力资源管理提供新的方法，即实现人力资源管理实践的嫁接创新。人力资源管理实践形式的功能是员工对管理服务需求的本质所在。鉴于员工在人力资源管理中的中心地位，贝利（Berry）在 1981 年最早提出内部营销概念，用以吸引外部顾客的营销理念、工具迁移到人力资源管理领域，把员工视作内部顾客。该实践将工作看作产品，运用营销观点审视内部员工的管理问题，运用营销调研技术分析员工需求，为不同员工提供不同的人力资源服务。

最后，家庭响应型人力资源政策是将现有的人力资源管理实践形式进行系统集成。作为人力资源管理创新的一种趋势，实践形式的集成是企业实现人力资源管理创新的一种有效途径。家庭友好型人力资源管理政策更适合伙伴关系或互惠组织，涉及员工援助计划、育婴假、弹性福利计划、弹性工作制和托儿服务等，会对员工的组织依赖产生影响。家庭响应型政策尤其是对急需这些福利的个体员工有积极的影响，享受家庭响应型政策的员工明显表现出更高的组织承诺和很低的离职倾向。

三、利益相关者主导逻辑人力资源管理的实践创新

人力资源管理的现有方法并没有把伦理标准作为中心依据，难以支撑以利益相关者为中心人力资源管理的实施。不同公司有不同的文化和信仰体系，从而意味着不同的公司及文化在微观社会契约上存在差异。企业不能宣称自己设定的伦理标准必定是普适性的，必须对不同企业的做法保持宽容。因此，企业在实施以利益相关者为中心的人力资源管理时也存在实践形式创新的空间。具体来说，以利益相关者为中心的人力资源管理实践形式或工具包括平衡计分卡、绩效棱柱模型、带薪公益假、雇主品牌和体面劳动等。这些实践形式或工具是经过原始创新、嫁接创新和集成创新而不断涌现的，

并逐渐被企业界人士所接受。

首先，平衡计分卡、绩效棱柱模型等人力资源管理工具是从利益相关者视角，基于社会契约理论进行原始创新而形成的。人力资源专业人员应嵌入公司社会责任中，将公司社会责任界定为以伦理或负责的方式对待利益相关者。把利益相关者观点融入人力资源管理系统能够增强组织绩效和承诺，相应地，利用利益相关者分析来研究组织中的绩效、责任和权益问题，能识别对社会负责的人力资源管理实践。具体来说，平衡计分卡源自卡普兰和诺顿（1992）的"组织绩效衡量方法"，借以寻求财务与非财务衡量、短期与长期目标、落后与领先指标，以及外部与内部绩效的平衡，满足了股东、员工和客户三个关键利益相关者的目标要求。但是，基于平衡计分卡的绩效管理系统只强调企业人力资源管理对利益相关者所负的责任，并没有考虑利益相关者的贡献责任。而安迪·尼利（Andy Neely）与安达信咨询公司（2000）联合开发的绩效棱柱模型关注所有重要利益相关者的需求，引入利益相关者的满意、利益相关者的贡献、组织战略、业务流程和组织能力五个关键要素，强调组织与利益相关者之间的互惠关系。与以企业为中心的人力资源管理实践相比，绩效棱柱模型的最大突破在于，绩效计量的起点应是为利益相关者创造价值，而非公司战略。

其次，体面劳动是在以利益相关者为中心人力资源管理领域下集成创新的具体结果形式。现实中，企业人力资源管理必然要承担更多的伦理责任，面临更多的道德难题。综合社会契约理论特别缺乏超规范（即超越一切文化差异的人类共同道德规范）的道德解释，虽然适合劳工标准（全球劳动权超规范）的分析，但只适合普遍权力的分析。在这方面，市场驱动型决策能够识别劳动权的边界，至少确保市场结果与维持劳动权的匹配，以弥补综合社会契约理论的不足之处。由国际劳工组织在1999年提出并试图在全球推行的体面劳动，包括劳动者的权利得到保护、有足够的收入、充分的社会保护和足够的工作岗位等，涉及面比较广。在中国，从以胡锦涛同志为总书记的中央领导集体提出"让广大劳动者实现体面劳动"到以习近平同志为总书记的新一届中央领导集体提出"让农民成为体面的职业"，落实体面劳动战略，迫切需要我国企业在人力资源管理实践方面加大集成创新。芬威克和贝雷马（Fenwick & Bierema，2008）以 8 家宣称明确承诺公司社会责任的北美大型公司的人力资源开发经理为调查对象进行研究，结果表明：这些公司的社会责任嵌入倾向关注员工学习和晋升、员工发展所有权、员工安全和尊重。

最后，带薪公益假、雇主品牌等人力资源管理实践则是通过嫁接创新的方式加以开发的。公司社区参与可能对人力资源管理结果（例如员工激励、道德、承诺、招聘和保留、开发与团队工作）有积极的影响，但是现有的人力资源管理实践并没有在公民社区参与的决策和实施中扮演重要的角色。将社会学领域的公益活动引入人力资源管理领域，建立带薪公益假制度，有助于鼓励员工与利益相关者之间建立紧密联系。例如，腾讯公司为了鼓励员工体验公益项目、当志愿者、用行动帮助他人，实施员工公益假计划，率先开启企业公益假期的先河。雇主品牌则是将营销领域的品牌管理实践嫁接到人力资源管理领域，直接针对雇员或者潜在雇员，通过各种方式表明企业是最值得期望和尊重的雇主，以迎合目标人才的独特需求。

第二节　员工人力资本、社会资本和心理资本协同开发实践

由人力资本、社会资本和心理资本组成的人力资源被看成是企

业成功的关键，尤其是心理资本逐渐成为人力资源管理领域的风向标。人力资本、社会资本和心理资本之间可能不是简单的直线关系，有时可能是曲线关系，也有可能是阶段性变化的关系。一方面，个体的人力资本形成与运用，源自于个体自身拥有的知识储备、对环境的认知以及应用知识的意愿三个维度的影响。根据周小虎和陈传明（2004）、斯诺登（Snowden，2002）等人的研究，社会资本通过结构因素、关系因素和认知因素三个维度影响知识共享和创造过程，而知识的分享与移转等非正式交流则是人力资本积累的重要方式。另一方面，根据林（Lin，2001）、廖和韦尔茨（Liao & Welsch，2003）、李燕萍（2008）等的研究，社会网络或社会资源是否能够转化为社会资本，进一步促进人力资本的提升，与员工是否愿意动用其所拥有的社会网络或社会资源有着至关重要的关系，即员工的积极心理状态决定其态度和行为。因此，人力资本、社会资本和心理资本的协同开发是非常必要的。

一、个体层面人力资本和社会资本的互动关系

作为知识资本重要组成部分的人力资本和社会资本受到人们的极大关注。人力资本的积累过程也是社会资本的积累过程。格莱泽等（Glaeser 等，2000）通过考察个体社会资本的形成，发现投资于人力资本的人会同时投资于社会资本。柯江林等（2010）通过对 221 个组织员工的实证研究进一步发现，人力资本与社会资本之间具有正相关关系。如表 5–2 所示，不同类型资本的可转移性、可控性、可替代性、熵态属性和协同性存在差异（Tymon & Stumpf，2003）。高协同性说明人力资本和社会资本在提升过程中能够发挥协调与互相增强的效应，而高熵态属性说明人力资本和社会资本在积累与实现过程中存在不确定性的表现特征。

表 5-2　不同类型资本的相关特性

特性	物质资本	财务资本	人力资本	市场资本	智力资本	知识资本	社会资本
可转移性	高	高	中	中	中	高	低
可控性	高	高	中	低	中	高	低
可替代性	低	高	中	中	中	中	低
熵态属性	中	中	高	中	低	低	高
协同性	低	高	高	低	中	中	高

资料来源：Tymon, W. G., Stumpf, S. A., "Social Capital in the Success of Knowledge Workers", *Career Development International*, Vol.8, No.1, 2003, pp. 12-20。

（一）社会资本对人力资本形成的协同效应

社会资本能够在许多方面增强人力资本价值。科勒曼（Coleman, 1988）最先较为详细地论述了社会资本对人力资本的作用，并提出人力资本与社会资本的互补关系中有二者的交互作用。蒂奇曼等（Teachman 等, 1997）在讨论社会资本、人力资本和财务资本对人力资本的代际影响时，提出社会资本也能生产代际之间的人力资本。但是，科勒曼和蒂奇曼等主要论述的是家庭拥有的社会资本对下一代人力资本的作用，并没有涉及个体所拥有社会资本和人力资本之间的作用关系。社会资本有助于个体人力资本获得准确、可靠的信息，沟通人情及获得"公共资源"的支持。在人力资本存量相似的情况下，社会资本拥有量较多的人在人力资本提升的速度和质量上都占优势。虽然信息通信技术为获取知识提供了很多的机会，但是隐性知识的传递仍然需要经过沟通才能达成。个人通过建立社会关系来获得通向所需资源（如信息、知识）的途径，从而促进人力资本的提升。亚历克索普洛斯和蒙克斯（Alexopoulos & Monks, 2004）提出社会资本促进知识共享的作用机制主要体现在以下方面：建立员工共享知识的语言和愿景，培育和激励员工共享知识的信任，通过重新配置已有网络关系或产生新的网络关系来提供识别、沟通和交换知识的机会。具体来说，个体所获得信息的数量与社会网络的广度和交往频率存在非常大的关联，信息的质量与网络的深度密切相关。艾伦（Allen，1977）发现，研究与开发项目过程中产生创意所需的信息大约40%来源于科学家所属公司外部的私人联系。克罗斯和卡明（Cross & Cuming，2004）以101名工程师和125名咨询师为调研对象也发现，跨组织边界、地理边界和层级边界的关系更容易帮助员工掌握异质的信息和观点。当然，社会资本对人力资本的贡献不仅是方便接触到更宽广源头的信息，而且提高了信息的质量、相关性和及时性。史帕罗等（Sparrowe等，2001）以38个任务团队中的190名员工为研究对象发现，员工在信息网中的中心性越高则越有可能积累与工作问题相关的知识。

（二）人力资本对社会资本积累的促进效应

个体人力资本存量促进社会资本的积累，体现在个人的修养和道德品质是构建社会资本的基础，而且人力资本能建立以开拓契机为形式的社会资本。社会经济背景、教育背景、社会阅历等因素将影响人的社会资本。在社会资本的形成过程中，个体受教育的年限和程度与社会资本之间存在紧密联系。拥有较高人力资本的员工更有可能扩大自己的网络范围或联系到有更高地位的网络成员，从而丰富自己拥有的社会资本。加贝和利恩德斯（Gabbay & Leenders，2003）进一步认为个人所拥有的信息和知识与所处社会网络的地位正相关，并通过影响他人而增加社会资本。人力资本促进社会资本积累的原因可能是，接受教育多意味着未来拥有更高的起点。例如，较高水平的教育背景可以加快个人的发展，跨越组织层级直接达到一个较高的管理或者政治职位，有利于形成外部的非正式社会资本。并且，社会资本除了结构来源及关系来源外，还存在能力来源。较高水平的教育背景提高了员工识别并抓住社会资本的能力。

（三）社会资本和人力资本的互动效应

在当前的社会资本研究中，研究者关注的焦点大多集中在社会资本和人力资本之间的相互正面影响，而社会资本的负面影响却往往被主流研究所忽略。在肯定社会资本会对人力资本形成有积极作用的同时，也有学者注意到社会资本可能带来的负面作用（Portes & Sensenbrenner，1993），即存在功能性锁定和认知性锁定。并且，博克斯曼等（Boxman 等，1991）、戈尔丁和卡茨（Goldin & Katz，1998）的研究虽然证实人力资本可以产生社会资本，但结果并不明显。鉴于知识员工个体的人力资本和社会资本并不是静止、停滞的，而是动态、变化的，因此人力资本与社会资本的关系可能不是简单的直线关系，而是随着时间和空间发生动态变化，有时是曲线关系，有时是阶段性变化或阈限的关系。

亚历克索普洛斯和蒙克斯（2004）提出，社会资本与员工共享知识的能力、激励和机会（Ability-Motivation-Opportunity，A-M-O）是相互促进的，社会资本能被视为员工共享人力资本A-M-O 的起因和结果。从而，人力资本和社会资本相互之间既可以是前因变量也可以是结果变量。因此，人力资本与社会资本的互动，是研究作用机理的一个重要视角。目前，对人力资本和社会资本之间互动的研究还处于探索阶段，描述了"社会资本—人力资本—社会资本"的发展轨迹，并没有揭示二者之间的相互作用机制。

根据项保华和刘丽珍（2007）等的研究，社会资本为个体人力资本之间的信息和情感交流提供必需的场域（知识共享），促进个体人力资本的提升和催化；人力资本能够提高个体拓展、动用社会资源的能力，这种关联效应导致良性循环。人力资本通过沟通机制来提升社会资本，社会资本通过学习机制来提升人力资本（张红芳和吴威，2009)①。因此，人力资本和社会资本的互动作用机制如图5-2所示。一方面，个体拥有知识是人力资本的累积，而知识的分享与移转则是社会资本的创造，从而员工的知识共享倾向能够导致高水平的社会资本。

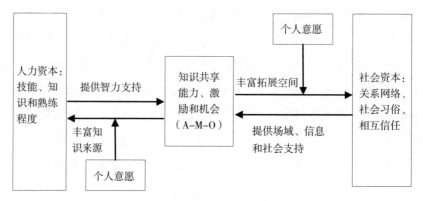

图5-2　人力资本和社会资本的互动关系

资料来源：笔者编制。

另一方面，社会资本的认知、关系和结构特征可能对员工共享知识的能力、激励和机会产生综合影响。人力资本是一个人的能力，而社会资本则是这种能力能否发挥出来的决定因素。孙红萍和刘向阳（2007）通过定量研究发现：网络成员的关系质量能够帮助成员增加其知识共享的意向；关系强度则意味着网络成员能够拥有更多的机会接触其他成员的知识，但是并没有显示出对知识共享的直接作用。其主要原因在于，社会网络或社会资源是否能够转化为社会资本，进一步促进人力资本的提升，与员工是否愿意动用（主观努力）有着至关重要的关系。同样，人力资本能否提升社会资本也受到个体是否愿意投入能力和技能的影响。伍和费尔德曼（Ng

---

① 张红芳、吴威：《心理资本、人力资本与社会资本的协同作用》，《经济管理》2009年第7期，第155—161页。

& Feldman，2010）以 375 名管理人员为研究对象，发现员工感知的组织嵌入程度越深，越不愿意开展社会资本开发行为，社会资本开发行为的减少随之导致人力资本开发行为的下降。

二、个体社会资本和心理资本的互动关系

心理资本是由美国内布拉斯加州大学（University of Nebraska）教授、盖洛普（Gallup）公司首席科学家弗雷德·卢桑斯（Fred Luthans）将积极心理学延展到人力资源管理与组织行为学领域所提出的。不同的学者从特质取向和状态取向两种视角研究心理资本，其中特质取向把心理资本当成人格特质来研究，状态取向强调心理资本是一种积极的心理状态，以自我效能感作为代表状态。个体心理资本和社会资本是相互伴生且相互促进的。例如，主动性员工通过开发社会网络来得到绩效收益。卡梅利（Carmeli，2007）基于对以色列 33 个组织中的 137 名成员的调查，发现社会资本通过心理安全来直接或间接影响学习行为。为了揭示个体社会资本和心理资本的关联机理，需要引入群体心理资本作为中间作用媒介，如图 5-3 所示。

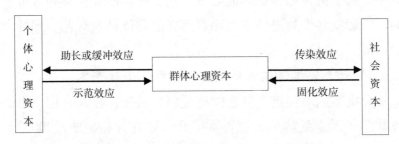

图 5-3　个体心理资本与社会资本的互动模型

资料来源：张红芳、吴威：《心理资本、人力资本与社会资本的协同作用》，《经济管理》2009 年第 7 期，第 155—161 页。

(一) 个体心理资本通过示范效应影响群体心理资本

人总是处于各种各样的社会关系中，成员在进行某种活动时会不自觉地将自己与其他成员进行比较，从而不断调整自己的行为，被称为示范效应。个体的心理资本具有渗透性和扩散性，总是会通过不同程度的示范效应影响到周围其他人，促使群体心理资本的形成。具体来说，具有较高水平心理资本的员工，在心理上对其他成员具有榜样示范效应，在群体中形成一种无形的约束力。这种无形的约束力会潜移默化地增强组织成员间彼此的认同感、信任感和合作精神，促使群体心理资本水平不断提升。

(二) 群体心理资本通过传染效应强化社会资本

群体心理资本的形成会使相互联系的个体之间产生信任与合作，通过传染效应，不断扩散，逐步强化个体之间的相互依赖和期望，形成群体之间的心理契约。其中，传染效应指组织中某个或某些成员的心理资本影响其他成员同类心理资本形成的过程，是心理资本在组织成员间的一种扩散现象（张红芳和吴威，2009）。例如，拉尔森和卢森斯（Larson & Luthans，2006）通过对74名制造业员工的调查发现，心理资本与工作满意度、组织承诺之间有积极的重要关系。基于群体心理资本的心理契约能够不断地引导和规范员工行为，长期就转变为群体成员愿意遵守的群体社会规范，即社会资本的形成。

(三) 社会资本通过固化效应提升群体心理资本

社会资本能够促进个体之间相互培养信任、相互合作，再次强化彼此的关系，使群体心理资本提升（张红芳和吴威，2009）。由于依赖于这种心理契约的社会资本强调群体成员间的彼此信任、合作，从而减少破坏性冲突在群体内的发生频率，有利于强化和谐的、健康的群体心理资本的发展。

（四）群体心理资本通过助长或缓冲效应提升个体心理资本

群体中任何一个成员的心理资本不仅受自己自信、希望、乐观和坚韧等的影响，还受到群体内其他因素的影响。群体心理资本则通过助长或缓冲效应来促进个体心理资本的提升。一方面，在效能感高、成员间彼此信任、相互合作的群体中，个体能够感受到友好、和谐、安全的氛围，从而增强个体的归属感和自尊心，使得个体更为自信、更加乐观、充满希望、更具韧性，进而提升了个体的心理资本；另一方面，个体往往面临各种不同的压力与冲突，从而导致个体趋于紧张与焦虑，但是效能感高、成员间彼此信任、相互合作的群体可以通过社会支持和社会交流来缓解压力与冲突给员工心理带来的负面影响（张红芳和吴威，2009），从而维持个体的心理资本水平。

三、人力资本、心理资本和社会资本协同开发的人力资源管理实践

在知识员工的成长过程中，人力资本和社会资本的存在与转化或传递均具有极大的隐蔽性，其创造、传递和积累也极为复杂与缓慢，而此过程和操作必须依赖于人力资源开发。社会资本将对人力资源管理带来影响，从而人力资源管理与开发除了具有人力资本开发功能之外，还延伸出社会资本积累的功能，如图5-4所示。部分学者进一步从人力资源管理实践（稳定雇佣关系、激励工作团队、选拔并奖励合作型员工、设计职位说明书及轮岗等）寻求社会资本培育、拓展的可能途径和空间（Alexopoulos & Monks，2004）。拥有良好的心理资本，如积极的心态、乐观的性格等对于员工获取更多的社会资本有很大促进作用。相反，如果心理资本匮乏，那么即使进行再多的社会资本积累也难以使社会资本得到大幅度的提升。因此，协同开发员工的人力资本、社会资本和心理资本是必要

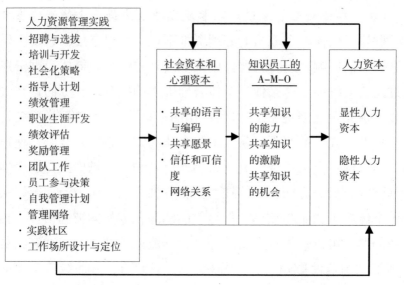

图 5–4　人力资源管理实践与人力资本、社会资本和心理资本

资料来源：Alexopoulos，A.，Monks，K.，"A Social Capital Perspective on the Role of Human Resource Practices in Intra-Organisational Knowledge Sharing"，The 5th International Conference on HRD Research and Practice across Europe，2004。

的。然而，心理资本既具有状态性，可以通过干预措施来开发，又具有特质性，相对比较稳定。从而，心理资本的开发和培养比其他两种资本更具隐蔽性。组织内人力资源开发的途径多种多样，不同的人力资源开发形式对人力资本、社会资本和心理资本的影响存在差异。

（一）指导人计划

指导人计划作为人力资源开发的一种手段，让指导者、指导对象和组织三方都受益。在指导关系中，指导人与被指导人之间的频繁联系和面对面的知识交流对隐性知识的共享有很大帮助，从而揭示了指导人计划的知识技能传授功能。后来，指导人计划的功能从职业发展扩宽到社会心理功能，再到将角色榜样从心理社会功能中剥离出来，提出指导人计划具有职业指导、角色榜样、社会支持功能。尤其是在中国背景下指导关系结构中，社会心理功能中增加了人际支持功能。因此，指导人计划既具备知识技能传授功能，又具有社会资本和心理资本开发功能。例如，深圳电信公司以学分制推进指导人计划，索尼公司的交叉业务指导计划。并且，指导人计划的具体运作模式出现了团队辅导计划，其独特之处在于每个团队成员不仅可以得到指导人及其他成员的帮助，而且也可以成为助人的力量，从而拓展了自身的社会资本和心理资本。

（二）内部创业计划

根据陈健民和丘海雄（1999）、贝克（2002）等的研究，员工可以组织和动员核心小组、建立"行为共同体"、跨越组织的界限、像自由职业者一样思考和行事等来加强社会资本的拓展。内部创业通常是由一个公司内的、具有创业愿望和理想的员工发起，在组织支持下由员工与企业共担风险、共享成果的行为共同体形式之一。例如，上海巨人网络科技有限公司的"赢在巨人"计划，深圳华为科技有限责任公司的"内部创业"计划，上海盛大网络发展有限公司的"20 计划"，日本松下电器公司的"松下创业基金"和富士康科技集团的"万马奔腾"计划。员工可从企业那里获得诸多支持，包括资金支持、管理方面的指导、综合资源的共享、业务资源的利用、品牌形象的借助等。员工的理想和抱负是通过和企业内外部相关人员的互动来实现的，包括顾客、投资者、合伙人和雇员。

（三）实践社区计划

情绪智能开发作为解决问题和增强社会资本和心理资本的方法，被管理人员、咨询师和实务人士所接受。陈健民和丘海雄（1999）、贝克（2002）等提出，可以从自由职业者或组织成员角度分别建立开拓型社会关系网络，获得更多的社会资本。组织成员通过不同渠道获得社会资本，这些渠道不限于组织内部，与家人、朋友、公益组织的交往也能加强个人的社会资本。实践社区不但是实现知识转移和共享的有效途径，而且是拓展社会网络的重要工具。在组织内部实施实践社区，将对某一特定知识领域感兴趣的人联系在一起，共同工作和学习，并共同分享和发展该领域的知识，有助于提升人力资本水平和拓宽社会关系网络，并激活心理资本。员工以自由职业者的身份建立开拓型社会关系网络包括：积极参加某一协会、组织或团体，寻找网上社区，志愿参加慈善活动等。以此类推，组织可以鼓励知识员工加入公益性组织和非营利性机构，参与社区活动，能够加强社会资本、人力资本和心理资本。企业对这类计划的支持可以采取多种形式，例如美国盛美家（Smucker）公司允许员工带薪参加社会志愿活动与公益活动，微软公司的带薪志愿者服务假，美国奥多比公司（Adobe Systems Incorporated）的周五狂欢节。

（四）职位轮换计划

组织内的职业既能够塑造社会资本，也能够被社会资本所塑造。对员工实施职位配置不仅是有效的开发活动，也是延展员工在组织内职业生涯的必要。职位轮换制现已成为企业培养人才的一种有效方式，不但拓展员工的知识结构和工作视野，而且促进不同部门员工更好地协同工作。例如，武钢股份和宝钢股份的全流程工程师培养计划，国际商务机器公司、摩托罗拉公司、西门子公司、爱立信公司和深圳华为科技有限公司的岗位轮换制度。并且，职位轮换制与无边界职业生涯能够建立良性循环，即无边界职业生涯需要人们开发自身的网络，这些网络相应地促进无边界职业生涯，引起更广泛网络的产生。管理人员的国际化工作经历有助于职业资本的开发，尤其是主动申请在全球范围内任职能够使社会关系网络在外部关系方面取得重大突破。

第三节　组织与员工互动视角下
员工工作幸福管理

随着积极心理学的兴起，工作幸福日益成为社会、企业和员工关注的主题。研究发现，幸福的员工在工作、生活中更具创造性；工作更努力，在领导岗位上更为成功；面临困难时能更有效地应对。但是，纵观转型期的管理实践，员工的工作压力尤其是心理压力逐渐增大，亚健康、过劳死、抑郁症等现象屡见不鲜，说明工作幸福感并未随物质生活的丰富而增强。尤其是 20 世纪八九十年代出生的新生代员工逐渐进入职场，因其独特的成长背景和经历，形成与上一代人迥异的价值观和工作行为。与上一代员工相比，其主动追求行为的特性明显增强，例如喜欢主动从开放和自由的工作环境中寻找乐趣及非常重视生活质量和工作环境。从而，新生代员工在工作过程中会采取积极主动的行为以获得信息及调整自己的幸福体验。当然，工作幸福也并非员工个人追求所能完成的，必须以建构在追求效率与效益的组织基础之上。越来越多的企业也意识到员工心理需求变化和主动性增强带来的人力资源管理实践的挑战。因此，随着员工活跃程度的显著提高以及人力资源管理"人本主义"思潮的回归，如何提升员工的工作幸福感，如何缔造幸福型组织，成为构建和谐员工关系的前提。

随着知识员工和新生代员工逐渐成为职业主体以及以人为本管理的呼声高涨，企业能动主义和员工主动性渐成趋势。当然，对员工的工作幸福管理是一个长期动态的过程。员工仅仅被动接受获得工作幸福感已经远远不够，员工的主动行为对于提升工作幸福感日益重要。一方面，企业需要通过设计可行的人力资源管理技术能动改变员工工作不幸福的状态，加强幸福感的体验；另一方面，员工也应该在配合组织的同时，采取积极的主动行为去增强幸福的体验。只有在企业和员工的共同努力之下，从组织能动干预和员工主动行为的互动视角来提升员工工作幸福度，才能促进员工的工作幸福感持续发展。

一、员工和组织双边视角下工作幸福的标准界定

无论是对幸福的感性认识还是理性认同，幸福似乎都是难以量化的抽象概念。工作幸福感是幸福感在工作领域的延伸，相关的提法比较多，例如工作快乐、客观幸福感、主观幸福感及工作满意度、工作生活品质等。工作幸福究竟是什么，自然引起激烈的争辩。许多学者从不同视角对工作幸福的本质进行清晰界定，以便为测量和提升员工在工作中的幸福感提供指导。并且，由于员工和组织管理者的视角不同，双方可能会对工作幸福有不同的理解、不同的描述。

（一）员工视角的工作幸福感

从员工的主观感受来讲，关于工作幸福感的本质界定存在快乐论和实现论，体现不同的研究范式、取向或视角。快乐论者和实现论者的本质差异在于外在决定论和自我决定论，但都把工作幸福感视作一种内在积极体验状态，是主观的。

快乐论者主张工作幸福是由工作中带来的兴奋和快乐组成的心理体验，认为幸福是一种对快乐感受的实现以及痛苦感受的避免。因此，按照快乐论者的观点，工作幸福感就是情感幸福感，包括员工对福利和组织生活的认知和情感体验，例如对于幸福计划或健康检查的具体实施的感知，及员工身体、情感和心理需求（例如压力、焦虑、不安全感、情绪耗竭和抑郁）。从而，主观幸福的快乐论是以情感体验界定的幸福，重视结果，可通过比较积极情感和消极情感何者占优势来判断。

实现论者主张工作幸福并不仅仅停留在快乐层面的体验，有其客观的心理标准，这个客观标准就是个人的潜能发挥和自我实现。按照实现论者的观点，工作幸福感就是心理幸福感，通过发挥自身潜能而达到完美的体验，强调个人价值的实现、从事有意义的活动，包括自治、环境掌控、个人成长、积极人际关系、生活目的和自我认可。从而，工作幸福感是评价者自我对其工作质量的整体评估，更注重过程，幸福甚至仅是活动的副产品。

工作幸福和不幸福并不是完全对立的，更像是一个事物的两面。因此，正如工作满意度的评价，对工作的幸福感和不幸福感并非存在于单一的连续体中。除了处于不幸福感和高幸福感状态之外，还存在处于两者之间的幸福状态。从而，将工作幸福感分为不幸福感、没有不幸福感和幸福感三种状态。从快乐论视角来说，不幸福感表现为负面的情绪或情感、工作不满意感，例如愤怒、受到威胁、痛苦、担惊受怕和气馁等；没有不幸福感是员工对工作的感知和认知中既没有负面的情绪或情感也没有积极的情感体验，属于既不是幸福又不是不幸福的中性状态；幸福感是指员工积极的情感体验，对生活的满意感、体验到快乐和自己的价值感。

并且，员工视角的工作幸福感并非单维度概念，而是内容丰富的多维度变量。总体而言，与主观幸福感相关的评价变量分为个体层面和群体层面。其中，个体层面的工作幸福感比工作满意度更加广泛，包括工作敬业度、工作投入度（体现为热情或沮丧）、工作满意度（体现为愉悦或不愉悦）、气质性情感（积极情感和消极情感）、组织情感承诺及工作压力（体现为焦虑或舒适）和工作状态（体现为疲劳或有活力）；群体层面的工作幸福感包括士气、集体工作满意度、团队情感氛围、群体心境、集体敬业度和集体工作满意度。

（二）组织视角的工作幸福

企业的管理者也会向员工传导他们认为或者可以提供的幸福及幸福的实现，常常通过企业文化以及规章制度来加以明确。例如，汤臣倍健股份有限公司以"尊重每个人，享受每一天"为核心价值观；劲牌有限公司坚持"快乐工作　快乐生活"的人文理念；四川海底捞餐饮股份有限公司倡导双手改变命运的价值观。那么，如何定义企业层面的工作幸福？总体来说，让员工工作得舒心、安心、放心，对未来有信心，是企业层面工作幸福管理的最终目标。具体来说，评价工作幸福的客观标准包括：有意义的工作，工作环境的情感反应，工作中体验的积极情感/负面情感的比率，利用组织资源实现需要的满足程度，工作生活满意度、工作内在幸福和与工作背景无关的幸福等。这些标准最终体现在身体健康、快乐工作、利益被满足、生活有保障、意愿可表达、人格被尊重、价值能实现。组织视角的工作幸福客观论是以外界标准界定的幸福，认为幸福是基于观察者的价值体系和标准，而不是基于行动者的主观判断。在工作幸福的具体标准方面，不同企业的评价体系是有差异的。并且，每一个群体对工作幸福的定义也是不一样的，因为他们的追求不一样，对幸福的评判标准是不同的。

二、员工幸福管理：组织的被动回应和主动嵌入

增加工作幸福感是每一个员工的自发追求，也理应成为各个企业和组织发展的责任。越来越多的企业逐步认识到员工心理资源是获取竞争优势的新源泉，并开始注重幸福型企业的创建，希望通过给员工创造可能幸福的环境，帮助员工导向幸福感和健康。但是，每个企业对幸福都有不同的理解，可能与员工的工作幸福感存在差异。由于员工同企业管理者对幸福标准的认识不尽相同，从而对员工的工作幸福实施管理是一项非常复杂的工作。因此，组织的管理

也应从传统的管理形式过渡到幸福管理。当然，工作幸福与不幸福并不是一个硬币的正反两面。也不是某一个点或一个目的状态，而是始终在一个过程中的连续体。工作幸福的发展方向既包括从负面或病态到正常状态，也包括从正常到正向再到积极正向状态。从而，工作幸福感的提升途径主要包括消除工作不幸福和增强工作幸福以获得或保持较高的工作幸福。具体而言，就是引入组织行为学中幸福管理的方法，使员工从不幸福状态转变到没有不幸福状态再到感到幸福状态，或者直接从不幸福状态转变到幸福状态，从而最终提升员工的工作幸福。当员工处于幸福状态时，并不代表企业无须继续主动管理员工幸福、对他们进行关心或干预。相反，组织层面的主动预防和控制策略是非常重要的，主要原因在于工作幸福感是一个易碎品，提升比较难，保持更加不容易。甚至工作快乐的员工可能会经历短期的热情和成就感丧失。

（一）组织被动回应策略

虽然工作幸福在一段时间内是稳定的，但是员工的工作幸福感被认为受幸福的目标值、幸福相关环境因素，及幸福相关活动和实务的影响，并对治疗干预有反应。从组织层面采用的人力资源管理政策对员工的工作幸福感也能够产生重大影响，并且积极作用大于负面影响。现有人力资源管理实践中，虽然已经有越来越多的员工幸福管理内容，但仍然有很多不足，最突出的体现在员工幸福管理实践表现出明显的被动回应特征。

1. 压力管理计划

与工作有关的压力可能导致伤害和心理疾病，压力管理计划能够缓解员工的工作压力，提高工作绩效。为提高压力管理技巧和员工在工作环境中的幸福感，应注意工作设计中的变量，如控制、不确定性、冲突、任务要求、在工作场所的心理疾病监测、教育、心理健康、工作压力和治疗处于困境的人。琼斯等（Jones 等，1988）

在针对 67 家医院和 12000 名开业医师的调查中发现，通过压力管理计划对医师的职业压力进行组织干预，能够有效降低由于医师失误造成的医疗事故。威特等（Witte 等，2010）在分别研究质与量上的工作不安全感和幸福感关系时，也发现工作不安全感对幸福感有着显著的负向影响。因此，工作再设计可以作为组织对职业压力的组织干预策略。员工的职业倦怠主要有四个方面的原因：高工作时长、角色冲突、工作压力和职责模糊，因而工作再设计主要针对员工存在的这些问题进行调整和改善（Yip & Rowlinson，2009)[1]。

帮助员工学习如何过得更快乐有助于提高工作幸福感。不同类型的压力管理培训对员工的快乐感有积极作用。例如，美国奥多比公司为员工提供"积极心理"训练，通过思维转换等方式提高幸福感知度。技术培训对减少员工的工作压力也有积极影响。压力管理培训能够带来更多的工作乐趣。许多策略能帮助员工主动监控或者管理他们自己的感知，从而加强积极的情绪表现，抑制消极的情绪表现。例如，为员工提供时间管理方案和培训，因为时间管理倾向的时间价值感、时间监控能力和时间效能感与主观幸福感存在显著的正相关。提供领导力培训和培养工作中标志性优势的干预也能有效加强员工的幸福感。

2. 员工帮助计划

实施员工帮助计划是目前组织被动回应员工不幸福的有效组织干预方法之一。传统的员工帮助计划是组织从心理层面为员工提供系统的、长期的援助与福利项目，以解决问题为导向，倾向于舒缓员工压力、解决心理困扰。现在，员工帮助计划正逐渐成为提高员工在组织中的工作幸福感的重要手段之一。众多跨国企业为员工提

---

[1] Yip, B., Rowlinson, S., "Job Redesign as an Intervention Strategy of Burnout: Organizational Perspective", *Journal of Construction Engineering and Management*, Vol.135, No.8, 2009, pp. 737-745.

供员工帮助计划服务，解决企业人力资源管理问题，提高员工幸福感。联想集团的快速发展以及员工幸福指数的显著提高正是联想客户服务部推行员工帮助计划的有效体现；深圳市腾讯计算机系统有限公司宣布将投入 10 亿元助员工买房，成为提升员工幸福感的企业榜样。此外，为员工提供短期心理咨询服务，以解决员工的心理与行为问题。

3. 健康行动计划

支持员工的职业健康服务与工作满意度、积极生活和缺少主观压力症状等幸福指标有关。工作健康促进计划对员工幸福、工作能力和生产效率是非常重要的。实施健康计划组织的员工普遍对组织拥有积极的态度及极高的工作满意度。例如，南苏格兰电力公司开展健康与幸福行动计划，改善员工健康与幸福。家乐福、欧尚等法国主要大型超市集团共同成立的法国商业零售业联合会推出一项行动计划，通过培训柜台负责人和设立员工健康跟踪指数等措施，改善员工工作条件。宝山钢铁股份有限公司宝钢分公司冷轧厂在全厂范围内推行"三个 100% 员工健康行动计划"，即员工 100% 参加体检、100% 休假、100% 参与体育锻炼，受到员工欢迎。在健康行动计划中，单独运用教育和心理方法是无效的。何（Ho，1997）研究发现健康计划实施的组织和没有实施者之间，在工作压力水平、自我报告的缺勤率、对工作环境满意度、同事关系和业绩方面没有差异。因此，健康行动计划应该定位于改善工作的物理环境和心理环境，消除员工的工作不安全感。

4. 改进领导风格

理论研究证实主管行为和员工心理幸福感确实存在关联，并且预测效果远大于工作同事的支持、家庭支持等。改进领导风格、挖掘工作价值、加强内部沟通等能够改进管理方式，实现对员工工作幸福感进行有效的预防干预。凯普瑞斯特和萨蒂哈亚古

（Chaiprasit & Santidhiraku，2011）通过对泰国中小企业员工的调查，发现关系、工作生活品质和领导风格是导致工作幸福的重要因素，甚至能够被用来预测工作幸福。主管的变革型领导风格对员工的工作幸福、承诺和心理资本有积极影响。例如，广东移动东莞公司定期举办由公司管理层和一线员工共同参加的"下午茶"，管理者与员工在轻松愉悦的环境中直接交流。绩效辅导对下属工作幸福感的提升也是有效的，可以帮助员工应对组织变革中的不确定性和挑战，起到积极心理学的应用价值。

5. 增强组织公平

工作幸福感与平等的机会、家庭友好氛围和反骚扰措施等有关。所有的幸福或不幸福几乎都源于比较，从而公平观念能对员工幸福感产生重要影响。员工不仅仅关心薪酬的绝对水平，也关心周围同事报酬收入的相对水平，公平付酬往往成就更高水平的幸福感。因此，幸福提升策略应解决组织公平问题。例如，四川海底捞餐饮股份有限公司不但对员工及其家属表示尊重（如为员工提供高质量的住宅，子女免费教育，部分奖金直接寄给父母），而且实施员工授权（如200万以下的财务权交给各级经理，一线服务员被授予免单权），更是倡导公平竞争（如几乎每位高管都出身服务员，功勋员工的薪资几乎与店长等同）。而岗位职责确定、绩效评定、薪酬设计以及人岗匹配等内部机制和制度建设的不合理或不完善是引起组织不公平的主要因素。例如，富士康科技集团的跳楼事件引起社会广泛关注，也同时让广大管理者意识到工作岗位、薪酬以及绩效考核等基础工作的合理设计与建构的重要性。

这些组织干预方法主要表现为行为层面，较少深入到制度层面，从而并非发自企业内在需要的长期行为。被动回应员工幸福诉求的程度视企业所受到的外在压力而定（包括来自员工的压力），如果外在压力大就更多的实施幸福管理，如果外在压力小则较少的实施。被动回应式员工幸福管理，由于其被动性，会导致其在幸福管理方面零散，甚至出现互相矛盾的现象。例如，一方面实施促进员工幸福的措施，但另一方面又发生着损害员工幸福的行为。

（二）组织主动嵌入策略

积极心理学领域的工作投入、凝聚感、自我效能感、流畅体验和恢复力为组织干预提供了不同于自我觉察督导和压力管理策略的方向。工作幸福管理向人力资源管理活动渗透融合已经成为一个必然趋势。从而，激发工作幸福感，并把幸福感转化为生产力，是很多企业正在尝试的新人力资源战略之一。将员工幸福管理主动嵌入人力资源管理体系中，不仅具有内在的逻辑一致性，同时也能更好地实现企业发展的目标。

1. 工作设计

工作特征和工作相关的心理幸福感之间的相互关系究竟是怎样的？工作特征影响员工的心理幸福感，具体来说，工作需求和工作场所关系支持决定工作幸福感。最佳的定量和定性工作负荷，工作中的控制机会、明确的工作角色、支持性交际互动等工作特性与工作满意度、积极生活和缺少主观压力症状等幸福指标有关。安德森·康诺利等（Anderson-Connolly 等，2002）的研究证实劳动强度的增加会提高压力和不健康的症状。工作设计、直接参与和信息提供等人力资源管理政策与工作幸福感是紧密相关的。工作设计会提高员工的工作满意度。增加员工控制力和选择权的灵活工作方式对员工的工作幸福感有着积极的影响。例如，苏宁集团股份有限公司、四川海底捞餐饮股份有限公司、桔子酒店集团等企业正在通过完善现代管理制度，鼓励员工参与管理，努力让员工成为行业内最具幸福感的人。因为，在工作设计过程中，员工会产生流畅体验，随即激发员工的正向情绪。例如，美国运通公司（American Express）采用弹性工作制为员工提供灵活的工作环境，从而提高工作幸福感。然而，工作场所转化包括劳动强度、自治、团队工作、技能和电脑化，有些特征对员工是有害的，有些特征对员工是有利的（Anderson-Connolly 等，2002）[①]。例如，增加工作控制只与工作满意度有关，并不必然促进员工的工作幸福感。当然，情感耗竭等心理不幸福也可能是产生工作需求的主导因素。

2. 工作情景法

工作环境强烈影响员工的幸福感。导致压力和消极情绪的因素包括对环境缺乏控制、来自同事的干扰、缺乏隐私、噪音、拥挤和环境剥夺（如没有窗户、美的贫乏）。有益健康环境的设计不仅需要消除易诱发压力的负面特征，而且需要增强环境的改善，包括提高个人的控制、与自然的接触、美观的空间及独立休息间等。戈莱威特弛、戈特沙尔克和梅拉尼（Grawitch、Gottschalk & Melanie，2006）提出了健康工作场所的标准：工作与生活的平衡，员工的成长和发展，健康和安全，组织认同和员工参与。相对于硬性的环境改善，软性的工作环境改善更受员工关注，更能提高员工积极性和员工幸福度。强调绩效、以人为本的企业文化和强调组织整合的企业文化，员工的职业压力低，工作满意度更高。例如，谷歌（Google）公司自由畅快的企业文化造就无穷创造力：弹性的工作时间，满足员工的"过分"要求，留给员工20%的私有时间，打造个性化办公空间。

工作信任和工作场所的社会资本等软环境也对幸福有重要影响，尤其是基于支持和信任的管理关系能促进员工工作幸福感。例如，惠普公司（Hewlett-Packard Development Company）鼓励员工主动参与公司管理，员工依靠自己的主动性来识别和解决问题，为

---

① Anderson-Connolly, Richard, Grunberg, Leon, Greenberg, Edward S., et al., "Is Lean Mean?: Workplace Transformation and Employee Well-Being", *Work*, *Employment & Society*, Vol.16, No.3, 2002, pp. 389-413.

企业献计献策。与工作相关的关系支持（来自同事、主管和公司制度）促进员工的幸福，但是并没有缓冲其他紧张的工作条件对员工幸福的负面影响。因此，需要针对个体外部的工作情景进行合理设计与改善，力图通过调控影响工作幸福的有关情景因素，达到改善或至少不阻碍员工的幸福感的目的。

增加工作场所乐趣也能够对员工的工作态度、工作行为产生积极影响。突出或强调工作中的乐趣，尤其是欢笑，能促进员工进一步认识其工作意义，促进员工在工作场所中保持积极态度和轻松的状态。例如，美国西南航空公司的乐趣文化成为员工幸福的重要源泉，汤臣倍健公司主张通过快乐的路径抵达幸福。增加工作场所乐趣的方法包括体育竞赛、宴会、颁奖典礼、创新活动等。例如，特步（中国）有限公司每年固定的三大主题活动以及阳光分享活动、阳光艺术团、阳光文化之旅、员工庆生会等。

3. 心理资本增值服务

心理资本与工作幸福是紧密相关的。通过对个体的心理资本进行干预与调整，可以有效改善心态，进而直接影响到员工个人主观幸福感。埃维、卢森斯和詹森（2009）通过对跨多种行业的在职人士的调查发现，心理资本（包括实际的资源利用率、希望、乐观和应变能力）的增值，是帮助了解员工压力的自觉化解、减少离职倾向和求职行为的关键。心理资本增值服务是将心理资本与员工援助计划结合后应用于企业实践，以提升员工幸福感与组织绩效为导向，增强员工心理资本水平的系统解决方案。例如，深圳机场（集团）有限公司地服蒲公英小组引导广大青年女工都要有蒲公英勇敢无畏的精神，自信、自立、自强地面对事业、家庭，创造属于自己的幸福感。

4. 员工发展计划

重视职业规划和未来发展与工作满意度、积极生活和缺少主观压力症状等幸福指标有关。德国西门子股份公司在全球实施的"综合员工发展计划（Comprehensive Personnel Development，CPD）"，包括 CPD 圆桌会议和对话。劲牌有限公司把企业的发展与员工的幸福紧密联系在一起，把员工幸福指数测评列入企业发展规划之中。

　　寻求增强工作激励和幸福感的干预应该既要改善工作的激励潜力又要改善组织认同。员工对组织的感知会影响他们对工作氛围的感知和对在组织内未来发展的预测，最终会影响他们的工作调适、健康和幸福。组织认同感是员工幸福感的预测因子，高组织认同感的员工表现出更高的幸福感。潘纳塞茨奥和范登伯格（Panaccio & Vandenberghe，2009）认为组织承诺在组织支持感和幸福之间发挥了积极的调节作用。邦德和唐纳森·费拉尔（Bond & Donaldso-Feilder，2004）以英国 290 名员工为研究对象，结果发现：情绪智力并不能明显预测幸福；而心理认同能预测一般的心理健康和客观幸福感，但并不能预测工作满意度。因此，企业应该把每一份工作对企业、社会乃至对人类的价值挖掘出来，并让员工认同，进而产生强烈的职业自豪感，从而获得工作的长期幸福感。

　　即使是同一组织中，同样的组织干预手段，对于不同的员工产生的效果也大不相同。个体层面干预（咨询）能够促进员工的心理幸福感，而组织层面干预（提高员工参与和控制）并不能带来员工的心理幸福感。旨在预防心理痛苦的组织干预在伦理和道德方面是更好的，旨在解决现有心理问题或帮助员工管理艰苦工作条件的个体干预在有效性和效率方面好像是更好的。派克和沙费尔等（Park & Schaffer 等，2004）对一家全国性的大型零售连锁公司的 21 家商店的员工进行调查，在这些员工中成立员工问题解决小组，针对各个员工的问题为他们量身定做一系列的帮助方案，以考察组织干预对于员工的健康、满意度和工作氛围的影响。结果表明，与未实施任何组织干预措施的对照组相比，组织干预能够显著提升员工的健康、满意度及工作氛围的状况。相比之下，那些出于组织动机与组织利益的工作干预，例如固定期限的用工合同或者非自愿的兼职工作，就会产生负面的影响。总之，员工受到组织干预的影响效果与其组织认同和自我认知相关。因此，将不同的问题与适当的组织干预策略相匹配能提高员工工作幸福管理的效果。例如，一般来说，变革型领导对员工的幸福感没有影响，但是在积极创新氛围的调节作用下，变革型领导能够促进员工的幸福。

组织干预的深度也会影响组织对员工工作幸福或不幸福干预的效果，组织干预深度包括组织及其成员的价值观的接受程度、感情投入程度和个人参与的程度。库帕和卡特赖特（Cooper & Cartwright，1997）根据工作场所压力产生的原因，提出一个"三管齐下"的干预模型，该模型将对工作压力的组织干预分为三个层面：第一层面是减少员工工作场所的紧张性刺激，从根本上减少或减轻工作场所压力的产生；第二层面是加强压力管理，帮助员工用适当的方式应对和处理工作场所压力；第三层面是要为员工提供治疗性支持，以解决第一层面和第二层面未能完全解决的问题。另一方面，组织对员工幸福的干预效果还受到组织所处外在环境的影响。尼尔逊（Nelson，1986）对一著名工业区中开展的职业技能帮助和员工工作生活质量干预计划的情况进行调研，结果表明，不处于社交网络或处于社交网络中联系较弱的组织成员，更愿意接受组织干预，组织干预的策略和措施也能够在这些成员中起到更大的积极效用。然而，那些在社交网络中与他人有较强联系，可以"左右逢源"的组织成员，不愿意接受组织干预，而宁愿保持现有状况。因此，在设计和进行组织干预时，应当有效识别被干预对象在社交网络中所处的地位和其社交关系，这样才能够大大提高组织干预的被接纳程度和效果。

三、能动主义视角下员工的幸福主动追求行为

在以往的研究中，研究者往往把员工当作消极适应、被动接受任务和角色的受体。事实上，外部环境因素对主观幸福感的影响较小，幸福的感受主要与幸福的敏感性显著相关。幸福敏感性反映员工在幸福问题上的个体差异性，与某些稳定的人格特质有关系，例如，外向和神经质分别对积极情感和消极情感有较高的内在敏感性。一般来说，容易获得工作幸福感的人群有以下特质：积极主动，自我觉察力高，心态开放，内控型人格。幸福敏感性高的员工并不总是被动地接受环境对其行为的限制，他们总是试图改变现状，采取一系列主动行为来不断调整和改变自己。并且，由于知识员工具有独立的价值观，自我实现意识强，更愿意在幸福塑造中充当主动角色，使得其自身导向的幸福追求行为更加明显于组织导向的被动幸福管理。员工的主动行为就是员工主动采取的能够影响自己或所处环境的预见行为，包括心理调适行为、关系建立行为、主动求助行为和主动搜寻信息。当然，员工的适应性和主动性是两个不同的过程，适应行为强调员工对改变的应对和处理，而主动行为强调员工自发的主动改变。

（一）心理调适行为

解释个人工作幸福变化的关键心理机制包括工作中事件的表扬方式、幽默的重要性、希望的感知及技能与挑战之间的平衡。幸福体验包括获得信息、思考比较信息、做出反应（包括情感、认知和行为反应）的过程。因此，积极自我认知在工作中特别重要，能提供克服负面状态和追求未来目标的动力，并对工作幸福感有积极的影响。

与主观幸福感紧密相关的个性包括：压抑的防御性、信任、情绪稳定性、机遇控制点、控制欲望、顽强、积极情感、内向性集体自尊和紧张。其中，对压抑的认知侧重于个人的思维过程，有助于

了解主观幸福感。情绪智力和心理幸福感（包括自尊、生活满意度、自我认可）积极相关，与抱怨身体不适的症状呈现负相关关系。潜在的机制还发现，积极情感（如乐观的情绪）特别有利于一个人应付并适应高压力的环境。

并且，情绪与人的需要紧密相关，是以需要为中介的。员工的幸福感受到他们心理参照系的重大影响。员工的工作幸福感被认为主要受幸福的目标值、幸福相关环境因素、幸福相关活动和实务的影响。尤其是目标在人的幸福感产生和发展过程中起着参照系的作用，幸福感产生于需要的满足和目标的实现（Lyubomirsky、King & Diener，2005）。目标和价值取向决定人的幸福感，控制信仰能够提高工作幸福感，缺乏明确的目标对组织和个体的幸福都有消极影响。

（二）关系建立行为

快乐可能是追求有意义活动和关系的副产品，从而个体的社会关系会影响主观幸福感。高质量的工作关系与员工工作幸福感有正相关关系。拓展工作和生活中的人际关系，不仅可以减轻心理压力，还有助于寻求到压力释放的倾诉对象。关系建立行为包括个体人际网络建立和领导关系建立。员工与部门同事、上级和指定的导师建立非正式的关系，是其成功实现社会化的重要途径之一。同时，员工需要注意建立非正式的指导关系，从更广的范围获得职业指导和发展。这种主动行为在丰富自身工作场所的同时也加快了组织社会化的进程，自然有助于员工形成良好的心理反应和积极的心理状态。

工作和家庭冲突会降低生活满意度且增加情绪的负面影响。学习和个人发展机会的感知及工作家庭和谐感能够预测情感幸福感，尤其是如果工作家庭和谐感比较低，学习和个人发展机会的感知并不会导致很高的情感幸福感，二者呈现非线性关系（Rego &

Cunha, 2009)①。因此, 员工注意工作和社会角色的平衡, 有利于其生活的满意度和整体生活质量的提高。

(三) 主动求助行为

组织中的求助行为能提高员工的幸福感。求助行为能够通过以下三个途径来缓解工作压力, 从而影响员工的幸福感。首先, 主动的求助行为可以将员工的注意力从实际的压力感转移到问题的解决上, 缓解真实压力带来的影响。其次, 主动寻求帮助可以为员工带来更强的自我效能感和环境控制感, 促进员工对自己压力管理能力的认知, 减弱压力对员工幸福感的负面影响。最后, 不论是工具型或情感型求助, 还是正式或非正式求助, 都可以通过增强社会支持感, 缓解员工的压力。当然, 过多的求助行为可能会大大削弱获助所带来的幸福感, 甚至产生负面作用。

(四) 主动搜寻信息

员工对组织的感受影响他们对工作的态度和自己在组织中的未来发展, 最终影响他们对工作的调整和工作幸福感。员工意识到他们可以有规律地改变工作和组织, 从而使工作能够与自己的偏好、价值、动机和能力等相匹配。使用个人的标志性优势能够提升和谐性热情, 即个体能够自由选择与决定是否从事该活动, 相应带来高水平的幸福感。

主动搜寻信息包括反馈寻求行为和信息寻求行为。员工可以通过收集和获取工作和组织的相关信息, 减少工作不确定性, 并建立对组织的深度认知。员工收集的信息类型可以按照工作任务、组织特征和角色期望来分类, 具体包括: 指导性信息、社会性信息、技术性信息、反馈性信息和与组织期望的行为态度相关的标准化信息

---

① Rego, A., Pina, E., Cunha, M., "Do the Opportunities for Learning and Personal Development Lead to Happiness? It Depends on Work-Family Conciliation", *Journal of Occupational Health Psychology*, Vol.14, No.3, 2009, pp. 334-348.

等。同时，员工需要及时反馈自己的工作状态与进展，并及时获得组织支持。

四、组织与员工互动视角下的工作幸福管理

幸福感是员工个体追求的终极目标和组织制定政策的出发点，从而工作幸福管理包括两个方面的主体，即员工和员工所在的组织。组织既可以被视为一个实体，同时也是员工个体实现幸福的行动情景。组织层面的员工幸福管理主要是从组织、制度及幸福管理体系对组织内的个人工作幸福感提供相应的保障。员工既是一个积极的个体，能够主动行动，甚至改变和构建幸福情景，同时也会接受组织对他的塑造。

幸福不再仅仅是人力资源管理的手段，而是目的，从而主动幸福发展是强化幸福的一个有效策略。因此，双方都需要发挥主动性，采取一定的行为促进工作幸福的主动发展。组织也越来越希望员工能够表现出积极主动的调整行为。但是，从员工个人层面进行的幸福追求活动，其出发点是为员工服务，而不是为组织服务，故它与组织利益可能会产生冲突。组织层面的幸福管理所关注的改变行为都意在为组织解决问题，说到底都是为组织服务，而不是从员工个人出发，服务于员工的健康和幸福感。因此，满足员工不断增长的幸福，需要加大企业经营成本，可能并不能带来相应的回报。尤其是，幸福感与持续的组织承诺可能存在负相关关系。从而，员工幸福感的实现必须兼顾企业的效率和效益，否则就是缘木求鱼。并且，员工的工作生活品质和组织绩效能够通过工作场所的幸福管理同时得到改善。

人力资源管理实践对员工工作幸福感有着明显的影响，能够激发员工的工作幸福感，并把幸福感转化为生产力。克拉克和希尔（Clarke & Hill，2012）通过研究发现，学习与发展、员工建言、员

工参与、工作健康和安全等人力资源管理措施在加强和维持员工幸福方面扮演非常重要的角色。贡萨尔维斯和尼夫斯（Gonçalves & Neves，2012）进一步探讨了人力资源管理实务（培训、沟通、绩效评估、健康改善和参与机会）的感知和工作幸福感之间的关系，结果表明：人力资源管理实务感知和工作中的舒适、激情和情感幸福感之间呈正相关关系；人力资源管理实务感知和压抑、焦虑之间呈负相关关系；尤其是感知的培训和沟通实务能够预测情感幸福感、工作满意度和激情。从而，员工幸福计划的制订和实施逐渐成为人力资源管理部门的重要责任。随着组织中知识型员工和新生代员工越来越多，员工行为越来越复杂和难以预测，使得传统的幸福感管理理念面临严峻的挑战。

对员工的工作幸福管理是一个长期动态的过程。在组织内工作幸福的发展过程中，双方都承担着主动发展工作幸福的责任。只有在企业和员工的共同努力之下，从组织能动干预和员工主动行为的互动视角来提升员工工作幸福度，才能促进员工的工作幸福感持续

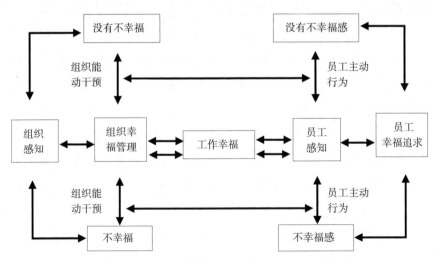

图5-5 组织与员工互动视角下工作幸福提升的双螺旋系统

资料来源：笔者编制。

发展。组织与员工之间的交互作用不但表现在员工与管理者的互动，组织采取的幸福管理策略和员工的主动行为之间也存在交互作用。如图 5-5 所示，工作幸福感不仅存在于员工的主观感知中，也体现在组织的感知中。当员工的不幸福状态或没有不幸福状态反馈到组织中时，组织应通过能动干预方法，如人力资源管理政策和措施，对员工进行幸福管理，以此改善或保持员工工作幸福感。与此同时，员工在工作过程中，对自我有着主观的幸福感知。当感受到自己不幸福或没有不幸福时，员工会采取一些主动行为去寻求机会改变不良状态，实现工作幸福体验。组织的能动干预将反映到员工的认知中并促进员工主动行为的产生或加强，而员工的主动行为同时提醒并刺激组织采取能动干预策略。当双方共同朝提升员工幸福度的方向采取行动时，组织内部将形成一个良性循环，既满足员工对工作幸福感追求的自身需求，又达到企业的工作目标，使工作幸福感长期保持在较高水平。

第六章　关系平衡视角下企业基层
工会组织有效性增强

　　与西方发达国家普遍推行的职业工会不同，具有中国特色的企业工会（即基层工会组织建立在企业中）逐渐成为我国基层工会组织的主体，覆盖国有企业、民营企业和外资企业。根据《中国工会统计年鉴》，截至 2012 年我国基层工会中企业内工会组织占到 76.4%，全国工会化率达到 80.1%；全国基层工会组织领取工会法人资格证书的 146.8 万个，占基层工会总数的 63.3%。但是，长期以来，中国企业内基层工会组织缺乏独立性，导致大部分企业内工会的组织程度以及地位和作用受到制约，陷入流于形式的活动型工会的尴尬境地。活动型工会自然弱化了企业内工会组织的影响力和会员的认可度，难以激发工会会员的自豪感和归属感。20 世纪 80 年代以来，西方发达国家工会组织逐步走向衰落，即使采取了从工会领导开发、激励会员积极参与工会活动到招聘新会员等多种策略，以试图复兴工会，但是成效并不显著。与西方发达国家工会衰落截然不同，中国社会正在呼吁中国企业内工会组织必须强化其有效性。中国实务界人士主要从独立性视角探索如何提高企业内工会组织的有效性，例如深圳市尝试由工会会员直接提名和选举企业内工会主席；国有企业改制中尝试将劳工阶层的股权由企业内工会组织统一行使；北京、南京试点企业内工会主席"职业化"，企业内工会主席工资由上级工会负担。然而，不管是直选企业内工会领导人、企业内工会主席职业化还是企业内工会持股，成效均不显著。从而，增强企业内工会组织的有效性需要打破就工会论工会的传统思维，从更广泛的角度寻求突破口，不断焕发企业内基层工会组织的生机活力。

中国基层工会组织开展的主要活动包括困难职工帮扶、送温暖工程、开展职业培训、组织职工互助保障活动、参与集体合同签订、处理劳动争议及开展劳动竞赛等。这些职能活动均涉及企业的人力资源管理范畴，并且中国特色的企业内工会组织与人力资源管理部门的服务对象存在交叉。因此，中国企业内工会组织和人力资源管理部门是涉及人力资源管理政策与实务实施的两个关键主体，二者关系会影响企业人力资源管理实务的选择。尤其是随着劳动法律法规的完善和人力资本价值的日益凸显，中国企业正积极引入先进的人力资源管理体系，员工维权意识日益增强并逐渐理性化。那么，在企业和员工的能动主义渐成趋势的背景下，中国企业内的基层工会组织该何去何从？增强企业内工会组织的有效性必须从理论上正确认识企业内工会组织、人力资源管理部门在劳资关系治理结构中的角色定位及相互关系，从组织理论视角加强企业内工会组织的自身建设。因此，尝试从企业内工会组织与人力资源管理部门围绕人力资源管理职能的互动关系、企业内工会组织与会员间二元关系，及雇主、企业内工会组织和员工（会员）之间三角关系的多重视角重新思考企业内工会组织的有效性，为建设中国和谐劳动关系提供理论参考依据。

第一节　企业内工会组织与人力资源管理互动关系

虽然工会可能是社会变革的工具，并在社会发展中扮演重要的角色，但是企业内基层工会组织的核心职能仍然是在工作场所中的管理活动。企业内工会组织影响人力资源管理主要通过两种动态过程，即企业内工会与企业管理者双方偏好目标的组合以及彼此追求目标过程中的互动。企业内工会组织与人力资源管理部门（作为企业人力资源政策制定与执行的代表）的互动关系表现为工作场所中工会干预人力资源管理的连续带特征。针对企业内工会对人力资源管理的干预，出现了被动主义和积极主义，分别处于连续带的两极。其中，被动主义认为企业内工会只是为了满足法律的要求或迫于外在压力而设立，往往屈从于企业管理方的控制；积极主义认为企业内工会是独立思考的实体，甚至能够与人力资源管理部门共同制定和实施人力资源管理政策。根据连续带中企业内工会的干预程度，可将企业内工会与人力资源管理部门在人力资源管理领域的关系从三种视角来加以解释：第一，一元主义视角，忽视企业内工会组织的作用；第二，多元主义视角，企业内工会与人力资源管理部门往往伴随敌对的劳资关系；第三，混合主义视角，人力资源管理部门与企业内工会达成伙伴关系（Gill，2009）①。其中，敌对关系强调企业内工会组织对传统工会活动（如维护员工权益等）的狭隘

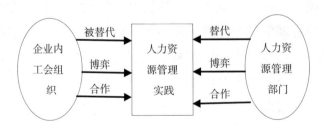

图6-1　企业内工会与人力资源管理的关系

资料来源：笔者编制。

① Gill, Carol, "Union Impact on the Effective Adoption of High Performance Work Practices", *Human Resource Management Review*, Vol.19, No.1, 2009, pp. 39-50.

关注，伙伴关系则强调企业内工会组织在工会活动和参与管理决策之间达到更好平衡（Kwon，2014）①。

一、一元主义视角下的替代关系

工作场所中劳资关系被认为是一元主义而不是多元主义的，即劳资关系是雇佣和被雇佣关系，并不需要其他外在力量的干扰。企业和员工之间的关系由正式关系和非正式关系构成，包括员工和企业之间的契约责任、沟通制度和措施、共同决策、共同解决问题、集体谈判、申诉与处分制度及措施、员工发展与福利。虽然企业内工会组织在这些关系中发挥重要作用，但是对构建和谐劳资关系并非是必要的。并且，企业管理者强力抵制工会，追求组织的无工会化环境。企业管理者抵制工会的主要原因在于：一方面，在从工作专业化向多任务转变的工作重组背景下，集体谈判工资不仅逐渐变得无效甚至妨碍企业把握获利机会，因为它阻碍企业为员工完成任务提供充分的激励，而且抑制企业采用工资激发员工将一系列任务中获取的经验迁移到其他任务中以改善绩效的积极性；另一方面，随着管理层对股东所负责任的增大和绩效薪酬的出现，高层管理者试图通过高绩效工作实践或降低实际工资水平等措施提高劳动生产率。但是，这些措施的实施依赖高层管理者的快速决策，排除来自员工或法律诉讼的挑战。尤其是企业内工会组织对企业内部管理的干预可能会限制决策灵活性和决策自由度，威胁到企业管理层的管理权限和权威。

一元主义假设企业和员工之间存在共同的利益，将员工视为情

---

① Kwon, Soon Sik, "Does Labor-Management Partnership Deprive Union Members of Activism Toward their Unions？：Evidence from Union Members in Korea", *The International Journal of Human Resource Management*, Vol.25, No.11, 2014, pp. 1613-1630.

感人而非经济人，从而企业不再过分强调理性决策，而是更加关注公平、公正。当然，一元主义也承认员工与企业之间存在目标和信念的冲突，但是企业可以通过设计人力资源管理系统解决这些冲突。人力资源管理部门把自身视为实现一元主义的主导部门，通过实施有效积极的人力资源管理实践替代企业内工会组织的作用。比如，体面地对待员工，提供丰厚的薪水、额外的福利和良好的工作环境等，尤其是为员工提供新颖的特别渠道以表达自己的意见，确保员工享有公平的待遇。这些人力资源管理实践影响员工对企业内工会工具性的感知，进而对员工是否加入企业内工会组织的决策产生影响。尤其是为了适应员工受教育程度普遍提高和主动性增强的趋势，企业可能采用员工参与管理或员工代表形式代替工会发挥作用，使传统意义的工会组织不再独领风骚。例如，在过去的二十多年中，英国企业实现了从工会发言和员工代表发言向员工参与和非工会发言形式转变；在美国，非工会代表形式的普及率是工会代表的1.5倍，并更受员工的欢迎（Godard & Frege，2013）①。甚至，一元主义学派认为企业内工会组织的出现意味着人力资源管理的失败。当企业通过实施有效人力资源管理成功实现员工利益和组织利益共赢之后，员工将会感到满意，不再支持或参与工会活动。所以，如果员工渴望在企业内成立工会组织并通过工会来维护自身权益，这说明员工对雇佣企业的人力资源管理不满意。

二、多元主义视角下的博弈关系

组织常常被理解为利益相关者政治经济系统的组成部分，从而在员工—组织关系中存在其他利益相关者。多元主义把劳资关系视

---

① Godard, John, Frege, Carola M., "Labor Unions, Alternative Forms of Representation, and the Exercise of Authority Relations in the American Workplace", *Industrial and Labor Relations Review*, Vol.66, No.1, 2013, pp. 142-168.

作存在竞争性利益的利益相关者之间的一种谈判交易。其中，代表员工集体声音和行动的企业内工会组织是重要利益相关者之一，可以通过集体谈判、申诉程序等提高员工在工作场所中的话语权。一般来说，企业内工会组织基于充分理性和员工利益最大化两大原则干预人力资源管理实践，并与人力资源管理部门在互动过程中存在错综复杂的博弈关系。企业内工会组织对人力资源管理部门的反对或支持（即博弈）取决于工会认为人力资源管理实践创新是威胁它的权力基础和制度安全还是提升它的地位和影响力。

在多元主义视角下，企业内工会组织与人力资源管理部门之间的博弈既有助于人力资源管理实践的改善，又可能制约人力资源管理实践的灵活性。首先，企业内工会组织促进员工建言机制的发展，并增强工作场所的沟通。一方面，工会化的工作场所比非工会企业更有可能采用员工建言机制，尤其在工会化的企业中更有可能使用集体谈判、员工访谈、主管—员工会议、高级管理层—员工大会、申诉和公平招聘流程、咨询和安全委员会、半自治或自治工作团队以及健康安全代表；另一方面，行业或地区内其他企业的工会化也会间接促进非工会化的企业授予员工发言权和强化沟通等。例如，美国最大的非工会化实体——达美航空公司（Delta Air Lines, Inc.）自 1924 年成立以来长期为员工提供建言机会，组建达美人事董事委员会作为董事会与员工沟通的平台，其主要原因就在于达美航空的其他主要对手，像美国联合航空公司（United Airlines）是高度工会化的，来自工会的威胁促使达美航空主动为员工提供畅通的发言渠道（Kaufman，2003）[1]。其次，企业内工会能够促进雇主提供更多的培训活动并且更加公平地分配培训机会。如果企业内工

---

[1]　Kaufman，Bruce E.，"High-Level Employee Involvement at Delta Air Lines"，*Human Resource Management*，Vol.42，No.2，2003，pp.175-190.

会在培训决策中发挥积极主动作用，工会员工更有可能从培训中获益。积极主动的工会不但能够敦促企业增加外部通用培训的次数以改善员工的整体技能，而且支持企业提供通用培训作为给予员工的额外福利。最后，企业内工会组织的存在可能限定企业采用的招聘方式，降低实施绩效评价和可变薪酬计划的可能性，过度规范化晋升程序，从而削弱人力资源管理的灵活性。企业内工会通常把管理者主导的绩效评价体系视作以损害工会目标为代价，为企业管理目标服务的，所以企业内工会组织通常反对或者限制绩效评价结果在人事决策中的运用。当然，如果工会参与到绩效评价过程中并且绩效评价关注点在于发展性目标，尤其是大部分管理职能被涵盖在集体协议中时，工会也会支持绩效评价体系的运用。企业内工会的存在大大减少实施可变薪酬计划的可能性，这对于薪酬管理体系的灵活使用具有负向影响。非工会化企业更倾向于实施绩效薪酬体系，实际上是利用个人主义对抗集体主义薪酬增长的决定，挑战工会环境和集体谈判的集体主义，所以企业内工会必将限制企业实施绩效薪酬。即使在实施绩效工资的工会化企业，集体谈判也可能减弱绩效工资对工资差别的影响，难以拉开工资差距。例如，在工会影响力大的欧洲国家，绩效工资对工资差别的总体影响是微乎其微的。企业内工会的存在也限制企业对招聘方式的选择。由于工会更倾向于坚持内部晋升以及与之相关的内部公布和竞聘，所以工会化企业比非工会化企业较少利用外部招聘渠道。与非工会化企业相比，工会化的工作场所更有可能实施规范和正式化晋升程序。如果所有员工能胜任各自的工作，资历在工会化工厂中将变成晋升的决定性因素，非工会化工厂中能力却依然是决定晋升的重要因素。

当然，人力资源管理部门实施的人力资源管理实践也能够削弱或强化企业内工会组织的影响力。积极的人力资源管理实践对企业内工会有效性的影响存在较大差别。其中，申诉制度、员工参与和沟通对企业内工会组织的有效性产生负向影响，弹性工作制、自主型团队等实践则无显著影响。而企业主动实施的劳资联合委员会、共同咨询委员会与企业内工会存在是积极相关的，并不存在替换关系。但是，部分人力资源管理实践确实会对企业内工会的有效性产生负面影响，如利润共享计划对工会集体团结有不利的影响。此外，当企业采取人力资源管理实践以取代工会组织时，工会可能通过积极回应雇主的工会替代策略避免被削弱。例如，澳大利亚在2005年规定高校组建员工协商委员会代表员工，主要为限制工会和集体谈判在决定工作条件中的作用，并不在于填补发言权代表空白以及改善研究与教学质量和效率的目的（Barnes、Macmillan & Markey，2013）①。相反，工会没有采用传统的罢工和其他集体行动的策略予以回应，而是通过调和员工协商委员会的成员构成和提名工会会员出任选举职位，破坏政府替代工会的意图。后来，工会采取的策略颇有成效，提名的工会会员绝大多数当选为委员会员工代表，为工会了解员工不满、收集信息、影响决策和接触员工提供了崭新平台。

三、混合主义视角下的伙伴关系

在企业内工会与人力资源管理部门之间的长期博弈过程中，人力资源管理部门越来越意识到，与其被动行事，倒不如让企业内工会组织积极地介入人力资源管理的决策和实施；企业内工会组织在经历影响力衰落和工会密度下降之后也意识到工会和人力资源管理部门并非水火不相容。因此，混合主义学派认为企业内工会组织与人力资源管理部门应该建立共赢的合作伙伴关系，重视企业内工会

---

① Barnes, A., Macmillan, C., Markey, R., "Maintaining Union Voice in the Australian University Sector: Union Strategy and Non-Union Forms of Employee Participation", *Journal of Industrial Relations*, Vol.55, No.4, 2013, pp. 565-582.

在代表员工发言权方面独一无二的作用，不再过分关注双方的利益冲突，而是强调双方的共同利益和如何将蛋糕做大。混合主义的核心思想是从以力量为基础的谈判转向追求互惠互利的共同协商，更强调协商制度的广泛运用和员工代表在决策中的提前介入。其中，工会和非工会形式的员工代表委员会因不同目的而设置，员工对工会的承诺、参与工会活动均和员工的生存需求是积极相关的，员工对员工代表委员会的承诺、参与委员会的活动均和员工的社交需求是积极相关的（Kim，2009）①。因此，非工会形式的员工参与（如员工代表委员会）与企业内工会组织更似一种互补关系，有利于员工在工作场所中发出更广泛的声音。

混合主义视角下，企业内工会可以通过独立发言机制克服人力资源管理采用和实施过程中的诸多障碍，将有助于人力资源管理的有效实施。以高绩效工作系统为例，企业内工会组织凭借垄断话语权，首先可以干涉管理方基于自利和短期的投资回报做出决策，引导管理者采纳和实施注重组织长远和整体利益的高绩效工作系统。其次，企业内工会网络的发展在捕获、传播和收集独立建言上具有优势，可以促进高绩效工作系统的实施，减少执行成本和维持费用。最后，工会的发言权保障员工工作的安全性和稳定性，促进稳定的员工队伍参与高绩效工作系统，有助于最大化高绩效工作实践的净效益。当然，人力资源管理部门基于混合主义的理念采用高绩效工作系统与工会达成合作时，这些实践也会有益于企业内工会组织的发展，能使企业内工会组织抛弃传统敌对角色转而接受合作性更强的角色，与人力资源管理部门发展互惠互利的合作伙伴关系。在合作伙伴关系中，企业内工会组织可以增强对管理决策的影

---

① Kim，Dong-One，"Employees' Perspective on Non-Union Representation：A Comparison with Unions"，*Economic and Industrial Democracy*，Vol.30，No.1，2009，pp.120-151.

响力，并且在面临工会成员不断下降的困境下，能够吸引和招募更多新会员。例如，台湾地区实施高绩效工作系统的企业更有可能鼓励工人加入工会和增加工会化比率，这可能与台湾雇主和企业内工会关系亲密友善有关（Chen，2007）[①]。一方面，在台湾地区，企业内工会组织依赖于雇主补贴，往往被称为雇主赞助的工会；另一方面，传统儒家文化和制度环境强化了台湾雇主与企业内工会组织之间的关系。传统儒家文化崇尚权威、家长式统治以及重视人际关系，甚而影响企业内工会组织的观点，即认同和谐的劳资关系。从儒家文化的观点来看，与雇主敌对的集体谈判是不适用的，企业内工会组织的战略选择通常是与雇主合作，关注于如何将蛋糕做大，而不是开展一场零和博弈的游戏。甚至在美国和加拿大，企业内工会组织通过创新工作方式，积极与雇主在人力资源管理实践方面建立合作关系，强化会员对工会的支持程度。

总之，世界各国的企业内工会组织是客观存在的，呈现或强或弱的多元格局，并与雇主形成错综复杂的关系。企业内工会组织与人力资源管理部门之间伙伴关系、博弈关系和替代关系的权变结果是势均力敌的竞争所致，并呈现由合作逐渐替代斗争的趋势。

第二节 二元视角下工会组织与工会会员的关系

作为员工集体讨价还价的组织基础，企业内工会组织经历崛起、衰落和复苏的曲折历程。尤其是全球各国的工会组织曾经或正在经历工会密度、工会组织能力、罢工活动级别、政治有效性

---

① Chen, S. J., "Human Resource Strategy and Unionization: Evidence from Taiwan", *The International Journal of Human Resource Management*, Vol.18, No.6, 2007, pp. 1116-1131.

等方面的衰落。企业内工会衰落的主要原因在于人口因素的变化、工会自身的不作为、国家法律制度的变更、经济全球化、新自由主义的出现和雇主对工会的抵制等（Clawson & Clawson，1999；Waddington & Kerr，2002）[1][2]。其中，工作场所中企业内工会的存在和员工对待工会的态度是与工会化紧密相关的两个重要因素。尤其是企业内工会组织与会员关系比企业内工会提供给会员的经济利益更重要，被视为企业内工会管理的核心问题之一。

企业内工会组织与会员之间的关系包括委托代理关系和组织身份关系。其中，从委托代理视角来看，第二次世界大战之后，工会组织对会员的服务关系经历了三个阶段的演变：依靠专家代表骨干的专业型工会主义、工会官员促进会员自立的参与型工会主义以及将会员视为顾客的管理型工会主义。从组织身份视角来说，工会组织可能采取自身视为独立的个体、会员的伙伴和大集体的成员三类身份导向，工会与会员的关系相应地被归纳为三种类型：第一，经济交换型，具体体现工会工具性，基于对工会代表的收益成本评价与工会维持的算计和功利型关系；第二，社会交换型，具体反映在工会支持感，感知到工会关心和尊重会员，因而基于互惠互利的规范予以回报；第三，心理契约型，体现在支持工会的态度，认同工会的价值观并担负工会的使命（Snape & Redman，2004）[3]。其中，委托代理视角下的服务关系与组织身份视角下的经济交换型和社会交换型关系存在重叠，是建立在工具性交换基础上，以相互满足对

---

① Clawson, Dan, Clawson, Mary Ann, "What Has Happened to the U.S. Labor Movement? Union Decline and Renewal", *Annual Review of Sociology*, Vol.25, 1999, pp. 95-119.

② Waddington, J., Kerr, A., "Unions Fit for Young Workers?" *Industrial Relations Journal*, Vol.33, No.4, 2002, pp. 298-315.

③ Snape, Ed, Redman, Tom, "Exchange or Covenant? The Nature of the Member-Union Relationship", *Industrial Relations*, Vol.43, No.4, 2004, pp. 855-873.

方的需要作为工会组织与会员间关系维持的前提；心理契约型关系则强调工会组织与会员持有共同的理想信念，愿意为追求有价值的目标而付出更多的努力。因此，企业内工会组织与工会会员之间的多重复杂关系可以被归纳为：委托代理视角下的交换关系和组织身份视角下的认同关系（见图6–2）。

图6–2 二元视角下企业内工会与会员的关系

资料来源：笔者编制。

一、委托代理视角下的交换关系

作为平衡雇主和雇员不对称力量的劳动者集体代表，企业内工会组织代表会员与雇主谈判，从而与会员之间存在一种委托代理关系。根据委托代理理论，企业内工会组织与会员是相互独立的行为主体，在一定约束条件下追求各自的利益最大化，归根结底是一种交换关系。因此，企业内工会组织与其会员之间的关系也不可避免地涉及会员对工会组织的投入贡献和工会组织给予会员的回报之间的交换。在工具性交换关系中，会员把企业内工会组织的功能定位为就经济利益与雇主进行斗争，视工会组织为"维护自己权益"的工具。虽然工作不满意和工会工具性感知都是加入企业内工会意愿的预测因素，但是工会工具性是最重要的决定因素。企业内工会组织通过充分发挥经济性、政治性和社会性工具功能提升会员的地位，强化工会效能感，为会员形成支持工会的态度和参与工会活动奠定基础。如果企业内工会组织不能通过工具性获得劳动者的代表身份，则企业内工会组织就失去了存在的基础。并且，会员对工会争取内外部利益有效性的感知和工会对会员的响应性，影响会员参与工会活动的意向。会员是否继续支持工会主要由他们对工会保护工作相关回报（例如工资、福利）期望能力的满意度决定。如果会员认为工会领导高度响应他们的需求和关注点，则表现非常高的工会满意度，工会满意度高的会员更可能为工会组织提出建设性的意见。

当然，会员关注加入工会组织所带来的经济利益，在与工会的互动中倾向于扩大收益，减少代价，从而会员—工会关系容易面临被投机的风险。比如，当雇主提供更加体面的工作时，会员可能会终止跟工会的合作而选择与雇主建立合作伙伴。因此，建立在工具性关系基础上的会员—工会关系比较脆弱，会员较重视当前的经济利益，当某一阶段感受不到来自工会持续的工具性支持时，容易产生离会倾向。

二、组织身份视角下的认同关系

企业内工会是由员工组成的特殊正式组织，员工加入工会具有特殊的工会组织成员身份，从而工会组织与会员的关系是机体与细胞的关系。但是，由于企业内工会作为企业的群众性组织，具有会员结构复杂、会员流动性大的特点，所以，对于企业内工会来说，如何增强会员的工会认同，是其面临的普遍问题。企业内工会作为特殊的群体组织，能够给予会员情感性的支持，使会员感知到工会关心和尊重会员。企业内工会给予员工的情感性支持能够促进会员做出更多面向工会组织的工会公民行为，影响作用强于工会工具性。工会工具性仅能通过工会支持感和支持工会态度的中介作用对工会公民行为产生间接影响。来自企业内工会的支持感能够增强会员对工会组织的认同。会员的工会认同是工会赖以生存、实现工会效能和增强工会力量的重要基础。

根据社会认同理论，认同工会的会员是被工会组织本身所吸引，认同工会组织的目标和价值观，并希望维持工会会员身份，愿意为工会组织的利益作出贡献。工会认同既有理性的契约和责任感，也有非理性的归属和依赖感。尤其是对于那些认为工会影响工作场所公平性的会员来说，工会认同与会员投入是紧密相关的。其中，会员投入被定义为工会会员在工会事务上花费时间的行为，包括工会承诺和工会参与，涵盖会员在工会任职、服务工会委员会、参加工会有关会议、协助督导新会员、参与集体谈判的协议投票和工会选举等。工会承诺强调会员认同并参与工会组织的相对强度，意味着会员渴望继续留在工会中，愿意为工会付出努力，并且认同和坚信工会提出的目标，包括工会忠诚、承担工会责任、愿意为工会工作和坚持工会信念。从而，工会承诺的高低代表会员对工会组织的投入、认同感和忠诚的程度，是会员参与企业内工会活动、权利争取活动的主要决定因素。

第三节　平衡视角下企业工会、
雇主与会员的三角关系

在工会化的企业中，员工加入工会或参与工会活动不仅依靠工会工具性和工会承诺，而且依赖企业内工会与雇主的关系。企业内工会对人力资源管理影响的好坏，劳资关系在其中也起着重要作用。当劳资关系恶劣时工会对企业采用人力资源管理实践具有消极影响，但当劳资关系融洽时工会则具有重要价值（Gill & Meyer, 2013)[1]。由于雇主与员工、工会与会员、雇主与工会之间的关系均会影响企业内工会组织的有效性，所以企业内工会组织的有效性判

---

[1] Gill, C., Meyer, D., "Union Presence, Employee Relations and High Performance Work Practices", *Personnel Review*, Vol.42, No.5, 2013, pp. 508-528.

断，应该放到雇主（人力资源管理部门是雇主实施人力资源管理实践的代表）、工会与员工三角关系的大背景下加以考量。随着劳资关系日趋复杂化，雇主、员工和企业内工会的能动主义增强，三者形成三角劳资关系系统（其中雇主与员工关系、雇主与企业内工会关系、企业内工会和会员关系分别构成三角关系的三条边）。雇主与员工、雇主与企业内工会、企业内工会与会员（即员工）之间在诸多领域存在共同而又不可能完全一致的利益，所以它们的关系均既呈现典型的社会交换特征，即交换性关系或敌对关系（博弈关系和替代关系），统称为消极关系，也显现出情感认同的特征，即承诺关系或伙伴关系，统称为积极关系。并且，在复杂的劳资关系中，主体对另一主体的态度，常常受第三方对该主体态度的影响。从而，劳资关系系统中雇主、企业内工会和员工之间动态关系形成的动机、方式和过程均符合海德提出的态度平衡理论的特征和条件。因此，本书采用平衡理论的思路全面诠释雇主、企业内工会和员工相互关联的三个主体的互动过程及其后续发展。

如图6-3所示，"+"表示积极关系，"-"表示消极关系，列出劳资三角关系的四种平衡结构（a、b、c、d）和四种不平衡结构（e、f、g、h）。其中，如果雇主与员工之间、雇主与企业内工会之间、企业内工会与会员（即员工）之间均是积极关系，则雇主—员工—企业内工会模式中三边关系皆为正号（即图6-3中a结构），劳资关系系统呈现平衡状态，是最稳定的关系。当雇主—员工—企业内工会模式中三边关系皆为正号的理想状态存在时，双重承诺出现的可能性增加，员工同时效忠于雇主和企业内工会。究其原因在于：企业内工会组织的包容性逐渐增加，并且这种渐进式包容被会员接受，从而在融洽的劳资关系氛围下会员主要参与不具攻击性的工会活动来支持企业内工会。并且，随着员工发言权越来越被人力资源管理领域关注，代表形式层出不穷，工会和非工会代表的混合形式能够达到最好的效果。如果雇主—员工—企业内工会模式中雇主与员工之间、雇主与工会之间、工会与员工之间三边关系存在二负一正（即图 6–3 中 *b*、*c*、*d* 结构），劳资关系结构也是平衡的状态。例如，在 *c* 结构中，雇主与员工、工会与雇主之间是消极关系，工会与会员（即员工）之间是积极关系。也就是说，在员工与雇主之间针锋相对的交易关系中，劳资双方各自独立又相互制衡，进而企业内工会作为一个监督者的角色出现。所以，*c* 结构是稳定的状态。除此之外，其他组合处于不平衡结构（即图 6–3 中 *e*、*f*、*g*、*h* 结构），不平衡状态产生紧张及恢复平衡的内在力量，最终导致劳资关系系统发生变化，达到新的平衡状态。

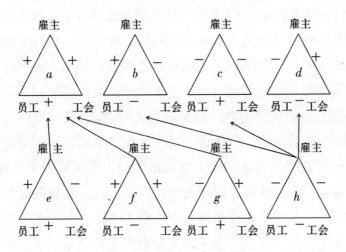

图 6–3　雇主、员工与工会的三角关系结构及其动态平衡

资料来源：笔者编制。

一、以员工为中心的工会与雇主博弈不平衡状态

在图 6–3*e* 状态中，员工对雇主和工会是双组织承诺的积极关系，但是工会与雇主之间却是博弈关系，从而形成不稳定的三角关系结构。工会认同是工人参与罢工活动的重要决定因素，雇主信任是阻止员工参与罢工活动的重要决定因素（Goeddeke & Kammeyer-

Mueller，2010；Born、Akkerman & Torenvlied，2013)①②。但是，雇主能够通过与企业内工会接触来影响员工对他们的感知。具体来说，雇主支持员工加入工会的情景下员工对雇主的信任高，雇主极力劝阻员工不要加入工会的情景下员工对雇主的信任比较低，并且员工对工会有效性的感知与对雇主的信任正相关。因此，雇主与企业内工会的博弈关系会影响员工对企业的承诺和对工会的承诺，从而使三者之间的 e 结构具有相对不稳定特征。

e 状态中工会与雇主在吸引或鼓励工人参加罢工活动上处于博弈状态，非平衡的三角结构内部产生恢复平衡的内在力量，可能经历一个蜕变的过程，朝 a、b、c 三种平衡结构的某个方向发展。其中，最佳路线是向 a 结构转化，即雇主能通过与企业内工会建立积极的关系，确保企业内工会有充分的权力参与公司运营管理来培育员工的高水平信任，出现三者积极互动的良好局面。因为融洽的劳资关系氛围与双组织承诺（即雇主承诺和工会承诺）相关，从而增强雇主与工会的伙伴关系（即互补关系），能够进一步强化员工的雇主承诺与工会承诺。双承诺型员工比雇主承诺型员工更能够强化工会—雇主之间的关系，比工会承诺型员工有更高的工作满意度、晋升满意度、职业认同、团体支持、主管信任、督导效能和更高的士气。因此，从雇主角度来说，利用资源与工会争夺员工的忠诚可能适得其反。从工会角度来说，工会会员更可能从双承诺中获得更大的收益。从而，e 状态向 a 状态转变，能够带来雇主、工会和员

① Goeddeke, Francis Xavier, Kammeyer-Mueller, J. D., "Perceived Support in a Dual Organizational Environment: Union Participation in a University Setting", *Journal of Organizational Behavior*, Vol.31, No.1, 2010, pp. 65-83.

② Born, Marieke J., Akkerman, Agnes, Torenvlied, Ren E., "Trust Your Boss or Listen to the Union? Information, Social Identification, Trust, and Strike Participation", *Mobilization: An International Quarterly*, Vol.18, No.2, 2013, pp. 161-178.

工的共赢。

二、以雇主为中心的会员与工会博弈不平衡状态

在图 6-3f 状态中，员工与雇主、雇主与工会之间是积极关系，但是工会与会员之间却是消极关系。合作的劳资关系氛围与员工对雇主的高承诺和对工会的高忠诚相关；企业中加入工会的员工相信企业和工会存在建设性的积极关系时，他们更愿意投入工作任务和提供高标准的服务质量。从而，f 状态形成不和谐的三角关系结构。

在 f 状态中，由于工会与会员之间的消极关系，雇主与工会的伙伴关系对工资争端解决或工会密度没有明显的影响，伙伴关系并不能显著地提高工会组织的有效性，提高员工对工会的承诺。因此，f 状态的非平衡结构产生恢复平衡的内在力量，可能朝 a、b、d 三种平衡结构发展。其中，最佳路线是向 a 结构转化，即工会与雇员之间建立积极的承诺关系，达到新的合作共赢平衡状态。

三、以工会为中心的雇主与员工博弈不平衡状态

在图 6-3g 状态中，员工与雇主处于针锋相对的消极状态，雇主与工会、工会与会员之间是积极关系，从而形成不稳定的三角关系结构。工作态度是工会活动的重要预测变量，对工作不满意的员工更可能参加工会活动。在劳资关系敌对的氛围中，工会工具性和工会社会化与工会承诺的关系更强，工作满意度对工会承诺产生消极影响。但是，当工会代表开始像管理人员一样，负责对减少会员福利进行决策和远离基层会员时，在不融洽的劳资关系氛围中工会与雇主亲密合作的关系会导致会员对工会不信任等问题。并且，人力资源管理实践的创新可能破坏企业内工会的团结性。例如，高绩效工作系统可能导致工会各阶层的分化，进而削弱工会在下次集体

谈判中开展人力资源管理创新的谈判力量。因此，劳资关系的 g 结构是不稳定状态。

g 状态的不稳定结构产生恢复平衡的内在力量，可能朝 a、c、d 三种平衡结构发展。其中，最佳路线也是向 a 结构转化。合作的劳资关系氛围会产生员工对雇主的承诺，但是敌对的氛围会导致员工对工会的高承诺和对雇主的低承诺。因此，通过实施员工导向的企业战略，传递管理方合作倾向的清晰信号，减弱工会的负面影响并强化积极影响，可达到新的平衡状态。

四、雇主、员工与工会三方博弈不平衡状态

在图 6–3h 状态中，员工与雇主、工会与会员、雇主与工会之间均是消极关系，关系结构中存在相互制约，形成不稳定的三角关系结构。这种结构关系是客观存在的，如 20 世纪六七十年代英国雇主对工会组织运动的反应随着运动组织方式发生变化，雇主根据工会的运动方式采取针锋相对的应对策略，所以双方的交战状态是相互强化的。但是，雇主与工会之间的针锋相对会负面影响员工对管理层团队和工会的态度。此时，h 状态的非平衡结构产生恢复平衡的内在力量，按照平衡理论的"最小努力原则"，可能朝 b、c、d 三种平衡结构发展，即在雇主、员工和工会三者中任何两方之间建立积极关系，使劳资关系从紧张转向缓和。例如，英国公用事业公司（能源公司）的伙伴关系起源于恶劣的劳资关系氛围，主要由管理方来驱动。为了改善劳资关系，改善劳动生产率，该公司管理方实施了直接的工作参与（如问题解决小组）和通过正式伙伴联合委员会的代表参与的伙伴关系。后来，该公司管理方认为，伙伴关系是成功的，改善了劳资关系，促进了工资的快速协商并且提高了决策合规性；工会代表也认为，伙伴关系成功带来的收益包括获得更多的信息、更大的影响力等；员工则认为伙伴关系带来了涉及管

理方和工会代表提到的各方面好处（Johnstone 等，2004）①。

第四节　我国企业基层工会组织有效性增强的途径

　　经过三十多年的改革开放，中国劳资关系呈现多重复杂性。尤其是随着中国进入经济社会全面转型期，劳资矛盾成为不争的事实。最近十年相继发生因劳资矛盾引发的系列劳工事件，也反映中国劳资关系中雇主与员工之间潜隐的冲突正在外显。在劳资冲突多发时期，工会组织已经或将被期待发挥更大作用，尤其是蓝领工人迫切需要强势工会组织提供维权和争取更大利益。虽然从计划经济向市场经济转变过程中，中国企业工会确实改善了员工的利益，并且没有抛弃政府所要求的促进和谐劳动关系的传统角色，但是会员与工会的关系仅是工具性关系，尤其是部分企业中的工会组织形同虚设。此外，由于中国企业工会自创建之初在体制和组织建设上就形成对企业的依附关系，甚至部分工会负责人是行政身份，就是企业内的高管，从而企业内工会组织与管理方长期依赖形成伙伴关系。因此，根据海德的态度平衡理论，中国企业管理方、企业内工会组织和员工之间的三角劳资关系是一种稳定的平衡结构，如图6-3 所示的 d 结构（即图6-4 中的 a 结构）。但是，这种内在稳定的平衡结构与中国建设和谐劳动关系的目标不协调，难以支撑中国梦的实现。尤其是随着员工人力资本的不断提升和维权意识的日益增强，中国政府长期坚持把更多的资源和手段赋予企业内工会组织强化员工权益维护功能，劳资三角关系中内在突破动力和外在压力

---

① Johnstone, Stewart, Wilkinson, Adrian, Ackers, Peter, "Partnership Paradoxes: A Case Study of an Energy Company", *Employee Relations*, Vol.26, No.4, 2004, pp.353-376.

的双重驱动亟待打破现有的平衡关系状态。

　　根据雇主、员工与企业内工会的三角关系结构及其动态平衡（见图6–3），打破现有的劳资三角关系平衡结构（图6–4中的 a 结构）存在两条路径：改善雇主与员工之间的关系和企业内工会寻求与会员建立伙伴关系，对应着工会复兴的强调环境决定的结构主义和强调工会自身决定的干预主义。这与英国职工大会（Trades Union Congress）倡议的两种鲜明的工会复兴方法，即建立雇主—员工伙伴关系和工会通过组织化重塑会员关系（Badigannavar & Kelly，2011）[①]，是基本吻合的。通过这两条途径，劳资关系系统由一种形态转变为另一种形态（见图6–4中的 b 状态、c 状态）。

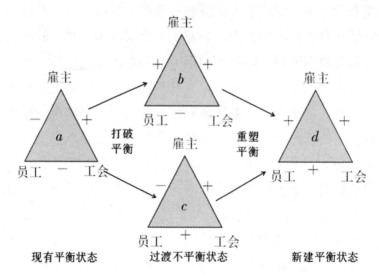

图6–4　面向和谐劳动关系的中国劳资三角关系突破路径

资料来源：笔者编制。

　　当然，图6–4中的 b 结构与 c 结构都是不稳定的状态，系统

---

① Badigannavar, Vidu, Kelly, John, "Partnership and Organizing: An Empirical Assessment of Two Contrasting Approaches to Union Revitalization in the UK", *Economic and Industrial Democracy*, Vol.32, No.1, 2011, pp. 5-27.

内部存在继续恢复平衡的力量，必将向新的再平衡结构转化（即图 6–4 中的 d 结构）。在打破旧平衡造就新平衡的过程中，劳资关系原有平衡被打破产生新的平衡时存在的转折点，对于中国企业内工会组织来说就是增强其有效性的机遇期。具体来说，工会密度高的我国企业可以通过与员工构建伙伴关系，形成和谐的劳资三角关系。例如，企业可以把工会委员会和自治生产小组一起纳入管理决策中。自治生产小组决定与工作绩效相关的所有事务，并对生产结果集体负责，增强员工尊严，增进员工团结。但是，企业内工会与管理方、员工的合作关系并不能带来利益共享，相反企业内工会可能承担沦为管理者附庸合伙人的高风险。如果企业内工会失去员工的信任，则其缺乏法律保障的充分参与权利，意味着合作关系的达成主要依靠雇主方面，造成劳资三角关系的不平等和不稳定的潜在危机。企业内工会基层组织化与员工申诉率低、更高的员工工会满意度、员工更加投入工会活动和工会会员获利紧密相关，能够维持企业管理方、企业工会和员工间的长期稳定关系。因此，尝试利用组织模型重建会员关系，重视企业工会组织战略（如集体认同的培育和工会领导的开发等），才是我国企业基层工会组织有效性增强的优先选择路径。

第七章　转型经济下我国企业人力资源管理转型升级建议

　　有效的人力资源管理系统必须结合特定情景和发展阶段而设计与实施。当前，中国正处在经济社会全面转型的关键时期，人力资源管理环境出现以下新变化：自从 2008 年新劳动法实施以来，人力资源管理的外部环境（如法律、劳动力市场）已经发生很大变化；职业人士工作压力大，职业病不断涌现，从而员工的健康、工作—家庭平衡和工作幸福逐渐成为人力资源管理的重要内容；员工维权意识增强和手段理性化，劳资冲突事件时有爆发；工会组织期待发挥更大作用，增强影响力。人力资源管理的自主性越来越多地受到组织所处环境的限制，如国家层面的法律政策、组织层面的股东和供应商及人力资源管理层面的工会限制等。因此，需要在人力资源管理上进行新一轮的创新。

第一节　员工—组织关系破裂前预警与破裂后修复策略

一、关系破裂前预警信号

员工与组织之间良好关系的建立需经历长期的精心培育，不过其破裂却只需较短时间，并且破坏效应影响严重。从员工—组织关系出现问题到关系破裂过程中，员工必然表现出一系列的反应行为。员工对关系问题的反应行为是识别员工—组织关系破坏的主要依据，能够被用来预警员工关系破裂。因为员工的反应行为表明员工—组织关系已经出现问题，而且不同的反应行为代表关系问题的严重程度和员工对关系修复的意愿差异。心理契约违背和组织犬儒主义都可作为员工与组织的社会交换破坏的不同反应类型，其中心理契约违背对员工的行为有直接的影响，包括绩效下降和缺勤，组织犬儒主义对工作满意度、承诺和情绪耗竭有直接影响。进而，心理契约违背导致行为反应，组织犬儒主义导致情感反应（Johnson & Q'Leary-Kelly，2003）[①]。

（一）员工反应行为

关系出现问题之后，员工的反应行为包括忠诚行为、抱怨和任凭关系恶化三种代表类型。其中，忠诚行为具体体现在员工保持沉默，一如既往，相信企业会采取合适的措施改善局面；抱怨是旨在改变当前不利局势的建设性行为，双方协商解决存在的关系问题；任凭关系恶化则表现为对员工—组织之间出现破坏的关系漠不关心，不作任何努力维护关系，放任关系恶化，例如减少工作投入、工作不积极。上述三种员工反应行为与员工—组织间关系破裂有不同的关联。当员工采取忠诚行为和抱怨作为对关系破坏问题的反应时，员工—组织关系很少可能会发生破裂；当员工准备接受关系破裂时，会任凭出现问题的关系恶化。鉴于忠诚行为是员工对关系破坏问题的第一反应，如果能够准确地识别员工的这种反应行为，则能将员工—组织关系破裂扼杀在摇篮之中，但是员工完全保持沉

---

① Johnson, J. L., Q'Leary Kelly, A. M., "The Effects of Psychological Contract Breach and Organizational Cynicism: Not All Social Exchange Violations are Created Equal", *Journal of Organizational Behavior*, Vol.24, No.5, 2003, pp. 627-647.

默，工作积极性也没有降低，没有任何先期征兆，从而这种行为反应的识别是非常困难的。从这个意义上来说，监测抱怨对员工—组织关系破裂的识别尤为关键。员工通过抱怨方式既明确告知双方之间的关系出现问题，而且表明愿意与企业共同解决问题的态度。但是，如果企业管理层没有妥善处理员工抱怨，关系破坏问题得不到解决，紧接着就是员工的消极反应行为，即任凭关系恶化。员工经过多次抱怨后突然表现安静，表明可能进入消极状态，此时破坏的员工—组织关系将难以被修复。因此，需要设计员工信息反馈系统，监测员工的抱怨，并妥善处理员工的抱怨。

（二）工作偏差行为

除了监测员工的反应行为之外，识别员工的工作偏差行为也越来越重要。员工—组织关系的破坏导致工作偏差行为的产生概率大幅度提升。长期以来，员工偏差行为被认为是自发的、故意的，并且违反重要的组织规范，给组织以及组织成员的利益带来负面影响的行为（Robinson & Bennett，1995）[①]。工作行为与非工作行为可以按照时间、地点或行为目的等标准加以区分，从而在不同的组织、不同的时空，工作偏差行为的界定标准会有所不同，并没有所谓"绝对偏差"的观点。因此，工作偏差行为的外延是不断发展的，维度和种类也会随着环境的变化而不断丰富。

1. 表现内容日益多元化

工作偏差行为从最初的攻击行为开始，发展到攻击、敌对、偷盗、破坏、缺勤等行为，进而不断发展到更加系统的内容，包括生产型偏差行为、财产型偏差行为、政治型偏差行为和攻击型偏差行为。但是，在不同的时期、不同的企业，不同对象所表现的偏差行

---

① Robinson, Sandra L., "Trust and Breach of the Psychological Contract", *Administrative Science Quarterly*, Vol.41, No.4, 1996, pp. 574-599.

为具体内容存在差异,并且日益丰富化。尤其是知识工作的不断涌现,出现了一些与知识工作本身相关的偏差行为形式。在知识共享和知识利用方面,工作偏差行为表现为恣意储存和垄断知识,抵制组织提倡的知识共享,或者故意阻碍他人获取知识,甚至破坏组织共享系统和工具。① 在知识创造方面,工作偏差行为则表现为学术造假和抄袭等学术不端行为,影响了组织声誉和创新能力。并且,知识员工的工作越来越离不开网络和信息技术,工作偏差行为也出现了一些与新技术有关的具体形式。在工作时间上网浏览与工作无关的网站,获取与工作无关的资讯活动,从事虚拟世界的沟通活动,如上网聊天、撰写博客、收发私人邮件等,甚至在上班时间玩游戏。

2. 表现方式日趋隐蔽化

工作偏差行为在表现形式上,依据偏差行为的频率和公开程度可以分为:偶发—私下型、偶发—公开型、惯例—私下型及惯例—公开型 (Harris & Ogbonna,2002)。知识工作往往没有固定的流程和步骤,呈现很大的随意性和主观支配性,工作成果常常以思想、创意、技术发明、管理创新的形式出现。并且,许多知识创新和科研成果的形成需要团队协同合作,以及信息技术和先进的通信手段,从而工作偏差行为更趋便捷化和隐蔽化。② 工作偏差行为的隐蔽化,主要表现为此类行为隐蔽性强,无表象特征。尤其是那些每天利用互联网和计算机作为工作工具的知识员工,工作正常行为和偏差行为的界限难以清晰划分。例如,上班时间炒股、沉迷网游、无序上传下载占用带宽资源等非常规上网行为,员工上网操作完成

---

① 赵书松、喻冬平:《绩效考核导致的员工反生产行为及其控制》,《中国人力资源开发》2009 年第 11 期,第 36—38 页。

② 张建卫、刘玉新:《企业反生产行为:概念与结构解析》,《心理科学进展》2009 年第 5 期,第 1059—1066 页。

后，关闭窗口便无据可查。

3. 参与主体日趋群体化

根据勒温的群体动力理论，个体行为受群体环境的影响。一方面，任何偏差行为都会在组织内部迅速蔓延和传播，直接影响整个组织的工作氛围；另一方面，如果群体的"游戏规则"本身就是反生产力的，或者群体一直在挑战组织的正式规则，那么更多的个体将在群体压力之下表现出工作偏差行为（陈春花和刘祯，2010）。[①]因此，工作偏差行为由零散的个人行为转变为群体行为，呈现群体化趋势。工作偏离行为者可以被划分为"鹰"、"驴"、"秃鹫"和"狼"四种类型（Mars，1974），其中狼类偏离行为者体现了参与主体群体化的特征。例如，中国东航股份有限公司从个别飞行员不满公司管理和待遇提出分手而被巨额索赔的事件，发展到云南分公司一天之内从昆明飞往大理、丽江、西双版纳、芒市、思茅和临沧六地的 18 个航班因人为因素集体返航。

4. 危害程度日趋严重化

按照危害程度和危害方式，偏差行为可以分为四类：直接—轻微型、间接—轻微型、直接—严重型、间接—严重型（Harris & Ogbonna，2002）。一般来说，迟到早退、有意拖延工作时间、偷窃贪污、散布谣言、性骚扰、语言谩骂等偏差行为是零散的、个别的，给组织直接带来的损害相对较小。随着环境的不确定性增强，市场竞争非常激烈，工作偏差行为的弊端日益突出，带来的损害也在逐渐增大。当员工通过腾讯 QQ（全名 QICQ）、微信等网络聊天工具相互沟通的时候，有意识或者无意识地透露与企业机密相关的信息，可能给企业带来巨大的损失。散布谣言、用沉默来对付同事、

---

① 陈春花、刘祯：《反生产力工作行为研究述评》，《管理学报》2010 年第 6 期，第 825—833 页。

上班做自己的私事等，虽然直接破坏力不大，但其造成的间接损失无法估量。[①] 并且，单一偏差行为衍生出一连串互为因果的偏差行为，甚至引来灾难性的后果。例如，1992—1994 年期间，巴林银行新加坡分行总经理里森（Nick Lesson）从事日本大阪及新加坡交易所之间的日经指数期货套期对冲和债券买卖活动，最终导致巴林银行破产。造成巴林银行灾难性厄运的原因是，里森身兼巴林银行新加坡分行的交易员和结算员，便利地伪造了存款和其他文件，把期货交易带来的损失瞒天过海，最终造成不可收拾的局面。

二、关系破坏后修复策略实施注意事项

由于员工—组织关系破坏是比较常见的社会现象，因此如何修复关系，重新建立并维持和谐关系，是组织和员工无法回避的问题。对于中国企业管理活动和员工—组织关系修复，提出以下建议：

（一）包含道歉的修复策略对关系修复至关重要

中国的传统文化教育自古以来对于礼节以及个人的品德和自尊等方面都比较重视，再加之儒家文化的影响，中国人对于声誉即日常生活中人们的"面子"比较重视。因此，关系破坏发生后，员工比较愿意接受道歉，以及包含道歉的修复策略而不是否认以及赔偿。这是因为道歉表达的是被信任方承认自己信任违背行为的过错，愿意为自己的行为负责任，由此感到后悔并希望得到信任方的原谅。这种修复策略对于员工来说满足了其自尊心以及声誉的需求，在日常生活中人们一般认为做错事之后能够道歉的人比较可信，因此道歉能够很好地修复破裂的关系。信任方不能接受信任违

---

① 皮永华、宝贡敏：《西方组织报复行为理论研究述评》，《外国经济与管理》2006 年第 28 卷第 3 期，第 40—44 页。

背方对信任违背行为的否认，这是因为否认行为在信任方看来不仅是推脱责任的行为而且更是一个更关乎道德和良知的问题，做错事不敢承认不知悔改的企业，是极其不可信的。基于对信任违背方个人品质不好的判断，即使信任违背方做出承诺，信任方也不愿意与之再续信任关系。

中国的传统文化和西方的传统文化有着明显的差异。对于中国人来讲，常常存在所谓的"法不外乎人情"，法律和道德并列作为人们的日常行为规范和约束；而西方人对于事物的判断则会更加客观，在判断过程中很少加入个人感情因素，更强调实事求是。否认修复策略在国外的相关研究中，对于正直型信任违背行为，比道歉等修复策略有更好的修复效果，但是在国内的相关研究中，结果却是背道而驰，否认策略并不比道歉有更好的修复效果。根据中国人的思维模式，出现信任违背后再予以否认，会被信任方甚至是第三方判定为道德品质有问题，因而更不愿意接受信任修复。因此，在中国传统文化背景下，无论何种类型的关系破坏，道歉总是比否认或者赔偿有更好的修复效果。

（二）及时采取修复策略

对于中国国内企业，诚实是危机公关的前提，只有诚心才能取信于民，转危为安。安抚员工的情绪，提升员工对企业的积极预期，有利于减少关系修复的难度，增加员工对企业信任的恢复和积极预期。强硬的态度只能导致员工对抗情绪强度的升级，越是隐瞒真相越会引起更大的怀疑，只有做到坦诚面对，将企业的利益和员工的利益放在首位，才可能获得员工的理解。因此，中国国内企业在关系修复过程中，要做的第一件事情就是诚恳道歉，主动对危机事件负责，不以任何理由推脱责任。第二，保持诚意，及时采取减少损失的措施，补偿受害者，及时安抚员工情绪，防止员工对企业的消极预期和抵触情绪的产生。修复策略采取的及时性对于关系修复的难度有不可忽视的影响，因为随着事态的发展，员工的情绪会越来越复杂。所以及时的修复策略可以以较低的成本在员工情绪未发生质变时修复员工—组织关系。

第二节　破裂后员工—组织关系修复动态监测

员工—组织关系的内涵日益拓展，从雇佣和被雇佣关系延伸到以合同契约与心理契约为双重纽带的合作伙伴关系。其中，合同契约关系是相对稳定的，心理契约关系则是不断变动的。心理契约违背可能带来员工与组织之间深层次关系的破坏。鉴于关系修复的对象是受到破坏或即将破裂的关系，因此从时间角度分析，关系修复是在关系违背事件发生以后，某一方或两方为恢复初始关系水平而采取的修复行为。修复效果得到科学合理的评估，可为更大范围的员工—组织关系修复提供参考。

一、破坏后员工—组织关系修复内容域辨析

修复员工—组织关系问题是组织管理领域研究者和实践者关注的焦点，但是现有关系修复文献多是研究信任修复这一特定内涵，甚至有的学者将关系修复与信任修复差异模糊化，作为同一概念进行研究。其实，信任修复只是员工—组织关系破坏的冰山一角，远未能揭开员工与组织之间复杂关系违背的全部面纱。关系是多维变量，既包含理性交换的成分，也包括情感认同的成分，可以从认知强度、情感强度与行为倾向强度加以测量。从而，关系违背由认知、情感和行为因素构成，涉及态度或行为的变化。具体来说，关系违背发生不但造成双方原有认知的破坏，而且可能导致负面情绪产生和情感伤害，甚至造成双方交易行为消极化。

德克斯等（2009）将信任、负面情绪、消极交换行为作为关系

修复域的三个独立因素来构建关系修复的概念基础，即信任修复、负面情绪缓解和积极交换行为恢复，如图7-1所示。首先，信任水平在关系违背事件发生后显著下降。被违背方因为信任水平的下降而降低对违背方的预期，尽量规避与违背方有关的风险，处理关系变得尤为谨慎。同时，低水平的信任也会促使被违背方对违背方行为的消极归因，阻碍关系修复行为的开展。其次，负面情绪是关系违背事件发生后，被违背方因受打击而产生的负面心理反应，如失望、沮丧、生气、害怕。虽然负面情绪只是关系违背事件对关系水平产生的短期影响，但会造成被违背方对另一方的不良偏见，甚至产生中断关系的意愿。最后，消极交换是被违背方对另一方所表示

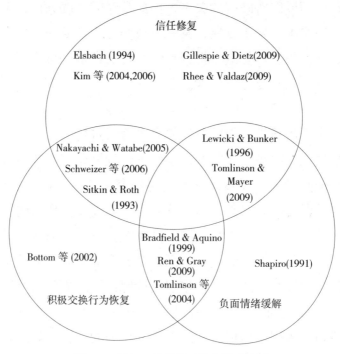

图7-1　员工—组织关系修复的内容域

资料来源：Dirks, Kurt T., Lewicki, Roy J., Zaheer, Akbar, "Repairing Relationships within and between Organizations：Building a Conceptual Foundation", *Academy of Management Review*，Vol.34，No.1，2009，pp.68-84。

出的友好行为（如合作）的怀疑，甚至产生报复、惩罚等负面行为。从而，消极交换不仅阻碍违背方积极修复行为的有效性，也会引发被违背方的破坏行为。因此，员工—组织关系修复属于关系修复的范畴，包括员工—组织间信任修复、负面情绪缓解和积极交换行为恢复，具有一定的层次性。

二、破坏后员工—组织关系修复状态监控

员工—组织关系的过程性意味着关系的培育需要时间，关系能量在时间序列上是连续存在的。德克斯等（2009）从关系本身变化的视角将关系修复划分为关系违背前状态、关系破裂状态、关系修复中状态和关系修复后状态。其中，关系违背前状态涉及转折事件前双方的信任水平、好感程度及积极交换，这些因素会影响关系破裂事件发生和关系修复的难易程度；关系破裂是某方或双方的某些行为阻碍对方身份需求、控制力需求的满足，破坏关系建立的规则基础，损害对方的利益等；关系修复是某方或双方发现关系破裂的产生，积极采取行动修复破损关系；关系修复后状态则是修复后双方关系的新状态，如果关系修复效果较高，修复后关系水平不仅可以达到恢复之前的水平，还有可能超过以前水平。因此，以关系破坏的发生为分界点，将员工—组织关系划分为初始关系和再续关系，其中初始关系意指员工与企业双方最初相遇或相互作用的阶段所产生的关系，再续关系是员工与企业双方在由于某些原因而导致关系违背后重新建立的关系。组织与员工之间的关系是持续动态发展的过程，每一阶段的关系是以前一阶段为基础建立的。处于初始关系的双方缺乏相互作用的历史，掌握的信息是不对称的，从而初始关系的建立相对比较容易。但是，在关系修复过程中，被违背方拥有对方不可信的经历及相关认知，给再续关系蒙上阴影。尤其是员工对组织的不可信形象一旦形成就是难以改变的，不像产品或服

务出现质量问题之后还有补救的回旋时间和空间。从而，危机之后的关系修复，更是异常艰难的系统工程。由于破坏引起员工或组织对关系认知的重新评估，所以，违背方需要重新解释过去和未来的行为，而且受害方对另一方展示的信任信号非常敏感，更加关注消极信息而不是积极信息。

关系修复试图将员工—组织关系恢复到它的历史发展轨迹，从而发展轨迹中的任一状态均可能是恢复的理想出发点。金、菲林和库帕等（2004）认为信任修复与信任重建相似，当信任方对失信者的信任水平从信任违背后的低点有所上升时，即表现出信任修复现象。但是，修复关系并不只是去维护关系，也不是修理关系或者重建关系；修复意味着把关系重新恢复到一种状态中去，而这种状态很可能在过去从未存在。因此，员工—组织关系修复不是补偿性的修复，而是创新性的再生修复。关系修复不但意味着修复前后的情绪和行为之间存在重大的变化，而且能够加强信任，使信任变得更加坚固和稳定。当然，这里存在关系修复"悖论"的问题，即与没有发生任何关系破坏的企业相比，组织努力修复员工见证的关系违背，可能增强员工对组织是更积极的感知。或许主要原因在于，员工经历高水平的再次接触，对企业文化和价值观念有更深刻的理解和认同，从而员工对组织的忠诚度更高，关系更深。

总体来说，员工—组织关系违背后，员工对关系修复的反应可能存在以下四种选择：第一，拒绝接受任何重建关系的行为、条件；第二，接受宽恕，但指出修复的不合理之处；第三，接受宽恕，并指出修复的合理之处；第四，接受宽恕，并表明不需要进一步的修复投入。从而，员工—组织关系修复的结果状态主要包括成功修复、双方对峙、不值得信任的判断得到证实和规避修复。

当然，实施员工—组织关系修复是一个长期的过程，需要及时掌握修复中关系的水平与发展态势，密切监控可能出现的波动。根据关系修复内容域，将修复后的信任水平、积极情绪和积极交换行为作为结果导向的监测指标。其中，积极情绪和信任水平是同步指标，帮助了解当前的修复状况；积极交换行为（如组织公民行为）是滞后指标，帮助确定修复关系持续好转的时间。定期实施员工对组织的信任调查和组织公民行为评估，并纳入人力资源管理部门职责范围，可以及时掌控和了解关系修复的趋势，及时发现修复中员工—组织关系发展倾向性问题，提前预知可能发生的风险，从而变事后调控为事先调控，化被动为主动。

第三节　组织人力资源危机干预能力的培育

进入 21 世纪以来，不断出现的劳资纠纷，员工使用新社交媒体导致企业面临泄密、声誉损害等危机频频爆发，这些危机背后隐含着人力资源危机要素，已成为组织管理中的重大挑战。由员工—组织关系破坏引起的人力资源危机不但会降低组织效率和组织吸引力，给企业品牌带来负面的声誉影响，也会影响组织内部员工的工作情绪，造成人际关系紧张、员工离职率高、工作效率下降等。如果企业不能及时处理人力资源危机，可能进一步引发更大范围的危机，如产品质量危机、财务危机、并购危机等。尤其是随着新生代员工逐渐成长成为职业群体的中坚力量，职业价值观朝着多元化的方向发展，员工与组织间产生冲突的可能性越来越大，涉及的范围越来越广，为企业人力资源危机的爆发埋下了隐患。甚至以微博、微信、QQ 群为代表的新传播媒体手段被广为接受，危机的传播方式更为丰富、传播速度更快，便捷的网络传播环境为集结、扩散、煽动公众对企业声誉的负面情绪提供了最好的平台。因此，由员工—组织关系破坏引起人力资源危机的爆发对企业造成的冲击和威胁不容忽视。组织危机是关系障碍，而危机管理是修复障碍的重要手段。从而，企业面对危机中的各种挑战，迫切需要提高危机干预能力。

一、提高人力资源危机准备度

危机准备度是企业通过自主识别和积极准备，尽可能地避免可预见的内在或潜在危机的发生程度。如果没有充分的危机恢复计划，50%的企业遭受危机后将不复存在。佩多内（Pedone，1997）[①]则进一步提供了一个特别悲观的观察结果，没有危机恢复计划的企业90%在两年内将面临失败的灾难。可见，提前做好危机恢复计划，提高企业的人力资源危机准备度，是提高组织主动干预能力的一个重要方面。尽管失败的经验不一定与组织危机准备度显著相关，但是从失败中学习仍然是对现在和将来危机预防的重要手段。此外，在危机爆发前有效识别危机征兆，通过组织干预加以消灭和控制也极为重要。在人力资源危机的组织干预过程中，规范有序、职责明确的管理体系是提高企业人力资源危机准备度的重要保障条件。例如，荣事达集团的"零缺陷"管理体系，海尔集团实施的日事日毕，日清日高的"OEC管理法"（Overall Every Control and Clear），无锡小天鹅股份有限公司的"末日管理法"、西格玛管理等，都起到了一定的危机防范功能。

二、将危机管理主动嵌入人力资源管理系统

能否有效地应对人力资源危机事件关系一个组织的生存，因此将危机管理主动嵌入到人力资源管理中显得尤为必要。拥有一支专业人力资源危机管理团队，将危机管理列为日常人力资源管理的职

---

① Pedone，R.，"Disaster Recovery—Are You Prepared for Business Disruption"，*Long Island Business News*，1997，pp. 23-24.

能之一，使得危机发生时人力资源部门能够及时有效地进行组织干预，以此提升组织的干预能力。有效的危机管理取决于企业与危机管理团队的良好沟通。危机管理团队成员应具备良好的沟通能力，能向企业不同部门传达组织思想，得到他们的充分理解和配合，同时也能充分了解团队成员对潜在危机的观点和设想，重新思考现有危机管理计划基本假设的正确性。例如，家乐福集团在危机管理方面形成了一套完善的制度化体系，拥有专门的危机管理团队，在危机发生后能够有一个制度化的处理流程，把核心员工流失的损失降到最低。研究表明，小企业对危机的关心来自于经历危机事件而不是来自于危机管理团队，有的即使经历了危机也没有形成自己的危机管理团队（Spillan ＆Hough，2003）。从而，人力资源危机管理团队的建设应引起更多企业的重视。尤其是随着企业人本主义管理思想的回归和员工主动性的增强，员工从被动接受者转变为主动参与者，员工—组织关系系统的自我修复功能越来越强。当员工—组织关系系统受到外界干扰破坏时，只要不太严重，一般都可通过危机管理使员工—组织关系得到修复，维持其稳定与平衡。因此，应通过危机管理团队激发组织与员工双方在关系修复系统中的积极性和能动性，提高关系系统的自我修复能力。

三、建立自己的人力资源管理品牌

组织声誉是能够促使企业产生积极的经营业绩，并创造可持续竞争优势的重要因素。人力资源危机的组织干预中，企业过去的管理印象会留在员工的记忆中，影响危机传播中员工的知觉严重性和危机责任归因。建立良好的企业人力资源品牌有助于形成组织声誉，提高组织干预的能力，在企业面临危机时无论是对内还是对外都具有一定的积极影响。例如，宝洁公司的人力资源管理就形成了自己独特的品牌，让宝洁一度成为世界最受欢迎的企业之一，这种品牌效应形成的组织声誉也使得宝洁公司始终保持竞争优势。

四、从人力资源危机中加强组织学习

现如今，人力资源危机对组织和个人的影响比以往任何时候更强烈。尽管越来越多的人认同危机事件的影响，但大多数组织都没有做好危机准备工作。危机的频繁发生需要组织和员工针对危机情景进行有效的人力资源开发，建立组织学习的危机管理，可能会加强组织在应对危机时的能力和韧性（Wang，2008）。通过组织学习，对企业处理人力资源危机获得的经验进行深刻的反思和总结，并不断进行改进，有助于找出最适合企业危机处理的组织干预手段。另外，提炼危机管理人员的经验并进行学习和传播也是非常重要的，可以把个人的知识转变成团队和组织共享的知识，提高组织应对危机的干预能力。例如，联想集团之所以能取得成功，其中不可忽视的一点是，联想集团具有极富特色的组织学习实践，善于总结反思自己的成败得失，使得联想集团能顺应环境的变化，及时调整组织结构、管理方式，从而健康成长。

五、提高企业整合和利用外部积极力量的能力

员工—组织关系系统不仅具有两元关系，而且存在着与第三方的关系，相互联系构成一个关系网络。与外部利益相关者关系的培育和危机响应策略一样都是成功修复关系的重要组成部分。当工会、政府、非政府组织、合作伙伴和媒体等外部组织积极参与到企业人力资源危机的组织干预中时，企业将获得极大的帮助。对于人力资源危机中的劳资纠纷问题，工会能够代表员工与雇主方进行交涉，维护员工的利益。并且，与组织有积极关系的外部利益相关者不管其危机响应策略如何，很少可能因危机而责备组织。因此，企业把员工—组织关系修复与利益相关者管理相结合，是一条可行的

思路。事实上，企业利用和整合外部积极力量和资源，使之为组织干预的共同目标服务，正是组织干预能力提高的途径之一。因此，违背事件发生前后企业需要主动与外部利益相关者建立积极的关系，强化健康、畅顺的沟通渠道，从而增强利益相关者对组织的认同、信任和承诺。

第四节　伦理回归背景下的人力资源管理实践伦理化

当前，中国经济活动的伦理回归首先影响的就是人力资源管理。虽然中国工会密度比较大，但是还存在大量没有成立工会的民营企业。研究表明：没有工会的企业是人力资源管理重要创新出现的地方。民营企业的人力资源管理专业人员需要重新提炼他们的角色和职业认同，以支持雇主与雇员利益之间更好的平衡。尤其对于中国一直固守在常规人事和行政管理事务中的人力资源管理者而言，将伦理融入人力资源管理系统中，是人力资源管理能否在员工能动主义和利益相关者积极主义的背景下支持企业获得竞争优势的关键。并且，企业管理层日益意识到人力资源管理的重要性，人力资源部门正面临成为管理团队中重要成员的契机，这些都要求人力资源部门实质上的再定位，相应地涉及新角色、新能力、新关系和新运营方式的革新。

一、开发和实施公司行为准则

特有的行为准则作为企业权衡自利本能和坚守道德底线、调和利润目标和社会责任的重要管理工具，是人力资源管理实施的基本前提，具有导向作用。当前，全球众多企业采用公司行为准则作为承担社会责任和处理商业伦理问题的管理工具，中国国内企业也开始逐渐关注公司行为准则的开发和实施。对中国国内企业开发与实施公司行为准则提出如下建议：

（一）主动寻求与外部利益相关者的沟通与合作

公司行为准则的对外性，意味着为了有效发挥准则的作用，外部利益相关者不能被排除在准则开发和实施过程中。更为积极的是，公司应该主动寻求与外部利益相关者的合作。如企业和公益性组织之间的合作联盟能为利益相关者提供一个崭新的参与平台，加强企业对利益相关者关注基点的理解，双方共同合作的组织学习也可以转化为企业承担社会责任的实践，加强公司行为准则内容和实施成效的提升。其他的，比如公司采用年度报告的形式向利益相关者定期解释公司行为准则执行和遵守的情况，表明企业承担社会责任的承诺，也有助于提高公司行为准则的影响力和可靠性。企业甚至可以开设伦理道德热线，为外部利益相关者提供求助途径，邀请外部利益相关者共同参与公司行为准则的改善和实施。另外，公司往往同时参与多种社会责任项目，伦理准则作为更为广泛的企业自我管控和管理利益相关者关系的组成部分，不该独立于其他的实践方式，建议考虑如何协调公司行为准则与其他社会责任项目共同实施以发挥协同效应。

（二）将公司行为准则融入企业文化

面向公司内部，首先应当强调的是，公司在采用行为准则时需要平衡坚守超规范与遵从道德自由空间的关系，这需要相当大的管理创造力。其次，在公司行为准则开发和实施过程中，为使公司行为准则能有效实施，可以采用员工参与行为准则的制定、经常与员工讨论准则有关话题、就常见的商业伦理问题展开辩论、与组织成员沟通伦理决策、奖励遵守行为准则的员工、定期更改公司行为准则等方式。同时，将行为准则嵌入企业文化也是至关重要。高层管理者和直线管理者要增强对行为准则实施的支持力度，通过道德型领导，发挥自身榜样的作用，为公司行为准则实施营造良好氛围。此外，在考察公司行为准则的内容时，可以使用当前企业社会责任绩效优异的公司行为准则作为标杆，审查公司行为准则的具体内容，挖掘改善空间。尤其对于跨国公司的行为准则内容而言，要平衡好文化相对性和普遍性的关系，拥有适当的文化包容度。

二、塑造人力资源管理伦理氛围

中国进入经济社会转型期后，社会失序、行为失范和价值失衡的现象有所显现，这就使得各种伦理观念纷涌而起。甚至有些企业的人力资源管理伦理氛围对员工从事不道德行为起到推波助澜的作用。但是，自中国共产党第十八次全国代表大会（简称中共十八大）以来，中国已经迈入全面责任竞争时代，"道德革命"席卷全国。人力资源管理不仅需要关注内部满意度，而且需要强调伦理和社会责任，甚至需要在上游客户和下游供应商间打造健康、负责和以人为本的雇主形象。应以雇主品牌建设为契机，将人力资源管理伦理责任融入雇主品牌，加大人力资源管理伦理和社会责任所占比重，实现伦理和社会责任从人力资源管理意识的边缘转变成人力资源管理系统持续竞争力的核心。

三、伦理型人力资源管理实践创新

伦理准则是制定企业处理各方面利益相关者（员工、供应商、债权人、社区）关系的行为准则，是企业实施伦理管理的行动指南。人力资源管理既要追求效率和效益，又应重视人文价值，追求伦理价值，承担更多的伦理责任。尤其是随着中国市场经济的深入发展，商业竞争对伦理道德提出更多的诉求，人力资源管理也必然要合乎伦理的要求，承担更多的伦理责任。当然，伦理和利润并非独立，伦理化人力资源管理实践能够增加员工的额外努力。伦理型人力资源管理不仅要着眼于理念的创新，更重要的是对人力资源管理实践的创新。人力资源管理伦理涉及员工个人伦理和人力资源管理背后的组织伦理两个层面，其中员工的个人伦理有赖于社会舆论和内心信念，组织伦理需要依赖组织惯例、组织文化和组织理念发挥约束作用。协调员工个人伦理与组织伦理需要导入社会责任标准SA8000（Social Accountability 8000 International standard，根据《国际劳工组织公约》《世界人权宣言》和《联合国儿童权利公约》等国际条约制定的首个全球企业道德规范资质标准），以实现人力资源管理伦理建设制度化。具体来说，就是把伦理道德和社会规范转化为人力资源管理的具体措施，将体现企业伦理和员工职业道德的制度流程融入人力资源管理，如员工手册或职位说明书中明确注明员工的专业胜任力和职业道德。

第五节　增强我国企业基层工会组织有效性的对策

中国所有国有企业，甚至部分民营企业和外资企业均成立了工会组织，但是企业内工会在调节劳资冲突中，不管是从工具性交换还是从组织认同视角来说，影响力和组织有效性均较弱，难以获得会员的认可。因此，从组织理论视角提出以下建议：

一、强化工会组织伦理监督职责

随着更多的企业越来越重视伦理责任，员工利益受到更多关注，员工地位逐渐提升，组织人力资源管理也逐渐回归伦理。在管理伦理回归过程中，为了促进伦理型人力资源管理实践的实施，人力资源管理部门负责制定和实施道德行为规范，保障伦理能够得到专业的、持续的、系统的关注、维护和贯彻；企业内工会组织负责监督伦理管理，保证道德大方向。虽然企业内工会组织是人力资源管理部门的合作伙伴，但是二者的关系并不是一团和气，而是一种作用力与反作用力的关系。尤其是当前伦理监督已经成为工会组织关注的重点任务，工会组织被赋予很大话语权，对人力资源管理活动进行日常道德监管，预防和控制危机事件。

二、训练工会领导的服务导向和变革型领导风格

中国企业内工会组织有效性增强更需要依赖工会领导和会员之间的二元关系，而不是会员反抗雇主的意识心理。工会领导直接和间接地积极影响会员的工会参与，其中直接作用是通过直接表率的领导行为潜移默化影响会员参与，间接作用是通过影响会员对工会的态度产生。因此，选拔合适的企业内工会领导对于增强企业内工会有效性是至关重要的。为了唤醒员工支持工会的意识，不仅需要重申工会领导的服务导向，还需要注重工会领导的变革型领导风格培育。工会影响会员对工会的信念和态度，可以归因于工会负责人的内外部领导行为。尤其是变革型工会领导对工会组织和为会员争取利益都有积极的影响作用（Christine & Dennis，2013）。[①] 此外，工会领导个人的政治技能、谈判能力和领导风格等，在与雇主或外部利益相关者的协商沟通中发挥重要作用。因此，应该培训工会领导，以使其具有聚焦工会内部和放眼工会外部的双重视野。

三、强化工会骨干的人力资源管理培训

人力资源管理部门和企业内工会组织之间的复杂关系呈现出多样性，从取代工会、约束工会到伙伴工会的动态演变，为提高工会

---

① Christine，O. Connor，Dennis，Mortimer，"Union Leadership：What is Transformational Leadership and Can It Make a Difference?" *International Employment Relations Review*，Vol.19，No.2，2013，pp. 62-77.

有效性提供新的视角。与以前的管理时尚（如人力资源管理、员工参与）相比，新的伙伴模式赋予企业内工会在工作场所中内外伙伴关系联合创造者的角色。企业内工会职能不仅包含防范消极的管理行为，更重要的是鼓励积极的管理行为。从而，企业内工会在人力资源管理中所担任的角色已经不再仅仅是充当管理层"独立的"监督控制者，还需要担任提升企业人力资源管理的资源和能力供给者。随着企业内工会组织角色的不断丰富，企业内工会积极介入人力资源管理迫切需要掌握人力资源管理知识和技能的工会骨干代表。当工会代表对自身角色明晰和自我效能感强的时候，工会代表的信心与工会力量的感知息息相关。因此，加强企业内工会骨干代表的培训是非常必要的。随着企业内工会代表不断学习更多关于人力资源管理和新管理实务的知识，企业内工会组织将会对这些管理创新的形成和实施产生更重要的影响力。此外，代表们在工作场所和工会中的影响力与不同力量资源类型（内外部网络）和战略能力（学习、连接）紧密相关。为寻求提升工作场所中代表的影响力，企业内工会不但需要强化工会代表对失控场面的处理能力，也需要强化工会代表的整合资源和战略能力。

四、实施新生代会员的工会社会化策略

由于新生代员工比他们父辈拥有更高的教育水平、个人主义倾向和独特的职业价值观，中国新生代员工中工会化水平远远低于总体员工的工会化水平。在英国、美国和加拿大等西方发达国家，个体被工会化成为工会会员的可能性随着年龄变化呈现倒 U 型曲线的发展趋势（在 40 多岁中后期达到顶峰）。部分原因在于世代效应的存在，但是消除世代效应后，倒 U 型曲线仍然存在（Blanchflower，2007）。虽然员工在 40 多岁时最有可能自愿加入工会，但是大部分人在大学毕业刚入职时就会遇到工作中要求加入工

会的选择。因此，经验丰富的工会会员榜样和全生命周期工会代表战略是非常重要的。同时，会员对待工会的态度与组织社会化过程、组织社会化机构的变革型领导特征也紧密相关。因此，企业内工会组织可以采取有效倡议，促进和支持针对年轻员工的新组织战略，例如传播工会相关的知识、实践技能和远景，以吸引更多的年轻员工，改善企业内工会代表结构。并且，加强新生代会员在入会后的工会组织社会化。例如，在企业内部经常举办有影响力的工会活动，在新员工刚入职期间加强工会知识、人力资源管理知识的培训及管理参与技能的培养。

五、利用信息通信技术实现工会实践现代化

随着信息通信技术的日益发展及在工作场所中的普及，工会组织日益扁平化，会员参与更加便利化，从而使得工会影响力不断提升。但是，信息通信技术也会对工会增强组织有效性存在负面影响。一方面，随着信息化时代远程办公等方式的出现，员工经常在物理空间和心理上都远离他们的工作场所和雇主，这可能减少员工为集体谈判被成功组织起来的机会；另一方面，雇主也可能利用信息技术开发内部局域网、QQ群、微信等社交媒体工具，吸引伴随电子通信方式长大的新生代员工加入这些媒体工具，代替工会的传统建言角色。因此，企业内工会若想维护在工作场所中的已有影响力，必须强化会员对工会在线的存在感。具体来说，企业内工会可能通过建立电子工会网络实现工会实践现代化，并强化年老会员的互联网技能，进一步改善工会组织与会员的关系及会员之间的关系。

附录　调查问卷

尊敬的先生／女士：

　　您好！我们正在进行一项有关人力资源危机事件后组织信任修复的课题研究。非常感谢您抽出宝贵的时间参与调查，本问卷采用匿名填写，您的答案仅供整体统计分析之用，我们保证对您提供的所有信息严格保密。问卷的回答没有对错之分，请您根据实际情况和内心的真实感受填写问卷。由于答题不全的问卷无法进行统计分析，请您逐题作答，在相应选项前的"□"内或相应数字前画"√"，不要遗漏。祝您工作顺利！身体健康！

第一部分　个人基本信息

1. 您的年龄：□ 25 岁以下　□ 25—35 岁　□ 35—45 岁
　　　　　　 □ 45—55 岁　□ 55 岁及以上

2. 您的性别：□男　□女

3. 您的受教育程度：□高中以下　□高中／中专　□大专
　　　　　　　　　 □本科　□硕士及以上

4. 您目前的所在单位是：□国有企业／集体企业（含控股企业）
□三资企业（包括港澳台投资企业）　□民营企业
□其他（　　　）

5. 您的工作年限：□ 1 年以下　□ 1—3 年　□ 3—5 年

　□ 5—10 年　□ 10 年以上
6. 您的职位：□基层人员　□基层主管　□专业技术人员
　　　　　　□中层管理人员或部门经理　□高层管理人员

第二部分　情景测试

下面是一则人力资源事件，假设您现在就是这个事件的主人公，即"我"正在经历所描述的事件。请您先花上几分钟时间仔细阅读故事，然后按照自己在事件中的真实想法回答后面的问题。

　　情景 1：我是国内某知名航空公司的飞行员。航空公司为了将我培养成一名合格的飞行员，耗费了巨资以及时间精力。并且，航空公司为飞行员提供了很好的住宿条件和娱乐设施等，每年有 3 个月带薪休假。与此同时，公司与每个飞行员签订一份 20 年的劳动合同，双方同意前 10 年飞行员的工资不变，后 10 年飞行员得到公司的股票权且年薪以 3% 递增，若解除合同需要支出巨额赔偿。外界看来，这是一份令人羡慕的好工作，有着高额的工资，优越的福利待遇。但是，在过去几年，航空业效益一直很好，其他航空公司飞行员工资比我所在航空公司飞行员要高。并且，近年来，公司也出现了很多问题，相继曝出公司高管贪污、机长辞职的天价索赔官司等。

　　现在，请根据您在事件中的经历，按照自己在事件中的真实想法回答下面问题（在相应数字前画"√"或标成红色）。

组织信任	完全不符合		一般		完全符合
我相信我的公司是非常正直的	1	2	3	4	5
我在公司的发展是可预期的	1	2	3	4	5
我的公司总是值得信赖的	1	2	3	4	5
我相信公司的动机和意图是好的	1	2	3	4	5
公司在工作上公平地对待我和我的同事们	1	2	3	4	5
公司在工作上对我和我的同事是坦率直接的	1	2	3	4	5
我确定能完全相信公司的决策	1	2	3	4	5
我愿意一直留在公司为之效力	1	2	3	4	5

情景2：半年前，公司所在地税局要求飞行员的个税从8%上涨到20%—30%，公司内飞行员的收入再次缩水，时常听见有同事抱怨不公。公司的飞行员同事组织了两次抗议式的集体行动（如集体告假），要求与领导进行对话，争取公正合理的待遇，但都以失败告终。前不久某天，我正在执行飞行任务时，收到有同事在飞行任务中返航的消息，我并不知道他返航的原因，但是我跟随他的做法，也停止飞行任务并返航。然而事后我发现，这次跟随返航的不止我一人，居然多达几十人，导致众多航班停飞，大量旅客滞留，造成很大的社会负面影响。大量滞留的乘客开始投诉、抱怨并要求经济赔偿和追究法律责任。

补充说明：从技术上来说，飞机返航是机长的权力，甚至是绝对不容干涉的权力，因此返航不会受到终身禁飞的严厉惩罚。

请根据您作为事件中的主人公的真实感受，对事件的责任方进行判断。

1. 出现这样的局面，您认为谁应该是这种后果的责任方？

　　□航空公司　　□我自己　　□第三方（您理解的除自己和公司相关人员以外）

2. 您认为，下述各方对这种结果在多大程度上是可以控制的？（评价等级从 1 到 5，其中 1 代表完全不可控，5 代表完全可控，请在代表您的意见的数字上画钩）

相关方	完全不可控		一般		完全可控
航空公司	1	2	3	4	5
我自己	1	2	3	4	5
第三方	1	2	3	4	5

3. 如果就造成这种严重后果的责任对各方进行评价，您认为下述各方各自应负多大责任？（评价等级从 1 到 5。"1"表示完全没有责任，"5"表示完全有责任）

相关方	完全没责任		一般		完全有责任
航空公司	1	2	3	4	5
我自己	1	2	3	4	5
第三方	1	2	3	4	5

4. 发生了这样的事情之后，您对公司的信任会产生怎样的变化？请根据上述情况勾选最能描述您感受的数字。

组织信任	完全不符合		一般		完全符合
我相信我的公司是非常正直的	1	2	3	4	5
我在公司的发展是可预期的	1	2	3	4	5
我的公司总是值得信赖的	1	2	3	4	5
我相信公司的动机和意图是好的	1	2	3	4	5

续表

组织信任	完全不符合		一般		完全符合
公司在工作上公平地对待我和我的同事们	1	2	3	4	5
公司在工作上对我和我的同事是坦率直接的	1	2	3	4	5
我确定能完全相信公司的决策	1	2	3	4	5
我愿意一直留在公司为之效力	1	2	3	4	5

情景3：公司决定对上述情况进行处理，如果公司采取以下措施，您会作出如何反应？

措施1：公司宣称因为与飞行员双方事先有合同约定，此次集体返航是飞行员无理取闹，公司并没有任何过错。

1. 针对公司的行为，您的反应是：

情绪反应	完全不符合		一般		完全符合
我对公司的行为感到恐惧	1	2	3	4	5
我对公司的行为感到愤怒	1	2	3	4	5
我对公司的行为感到厌恶	1	2	3	4	5
我对公司的行为感到藐视	1	2	3	4	5
我对公司的行为感到悲哀	1	2	3	4	5
我对公司的行为感到内疚	1	2	3	4	5
我对公司的行为感到羞愧	1	2	3	4	5
我对公司的行为感到害羞	1	2	3	4	5
我对公司的行为感到充满敌意	1	2	3	4	5
我对公司的行为感到喜悦	1	2	3	4	5
我对公司的行为感到满意	1	2	3	4	5
我认为公司的行为是合理的	1	2	3	4	5
我认为公司的行为是客观公正的	1	2	3	4	5

2. 发生了这样的事情之后，您对公司的信任会产生怎样的变化？请根据上述情况勾选最能描述您感受的数字。

组织信任	完全不符合		一般	完全符合	
我相信我的公司是非常正直的	1	2	3	4	5
我在公司的发展是可预期的	1	2	3	4	5
我的公司总是值得信赖的	1	2	3	4	5
我相信公司的动机和意图是好的	1	2	3	4	5
公司在工作上公平地对待我和我的同事们	1	2	3	4	5
公司在工作上对我和我的同事是坦率直接的	1	2	3	4	5
我确定能完全相信公司的决策	1	2	3	4	5
我愿意一直留在公司为之效力	1	2	3	4	5

措施2：公司向飞行员公开道歉，宣布出现集体返航事件，公司方也应当承担一定的责任。

1. 针对公司的行为，您的反应是：

情绪反应	完全不符合		一般	完全符合	
我对公司的行为感到恐惧	1	2	3	4	5
我对公司的行为感到愤怒	1	2	3	4	5
我对公司的行为感到厌恶	1	2	3	4	5
我对公司的行为感到蔑视	1	2	3	4	5
我对公司的行为感到悲哀	1	2	3	4	5
我对公司的行为感到内疚	1	2	3	4	5
我对公司的行为感到羞愧	1	2	3	4	5
我对公司的行为感到害羞	1	2	3	4	5
我对公司的行为感到充满敌意	1	2	3	4	5
我对公司的行为感到喜悦	1	2	3	4	5
我对公司的行为感到满意	1	2	3	4	5
我认为公司的行为是合理的	1	2	3	4	5
我认为公司的行为是客观公正的	1	2	3	4	5

2. 发生了这样的事情之后，您对公司的信任会产生怎样的变化？请根据上述情况勾选最能描述您感受的数字。

组织信任	完全不符合		一般		完全符合
我相信我的公司是非常正直的	1	2	3	4	5
我在公司的发展是可预期的	1	2	3	4	5
我的公司总是值得信赖的	1	2	3	4	5
我相信公司的动机和意图是好的	1	2	3	4	5
公司在工作上公平地对待我和我的同事们	1	2	3	4	5
公司在工作上对我和我的同事是坦率直接的	1	2	3	4	5
我确定能完全相信公司的决策	1	2	3	4	5
我愿意一直留在公司为之效力	1	2	3	4	5

措施3：公司没有做出任何声明，但提高了所有飞行员的待遇和岗位津贴。

1. 针对公司的行为，您的反应是：

情绪反应	完全不符合		一般		完全符合
我对公司的行为感到恐惧	1	2	3	4	5
我对公司的行为感到愤怒	1	2	3	4	5
我对公司的行为感到厌恶	1	2	3	4	5
我对公司的行为感到藐视	1	2	3	4	5
我对公司的行为感到悲哀	1	2	3	4	5
我对公司的行为感到内疚	1	2	3	4	5
我对公司的行为感到羞愧	1	2	3	4	5
我对公司的行为感到害羞	1	2	3	4	5
我对公司的行为感到充满敌意	1	2	3	4	5
我对公司的行为感到喜悦	1	2	3	4	5
我对公司的行为感到满意	1	2	3	4	5
我认为公司的行为是合理的	1	2	3	4	5
我认为公司的行为是客观公正的	1	2	3	4	5

2. 发生了这样的事情之后，您对公司的信任会产生怎样的变化？请根据上述情况勾选最能描述您感受的数字。

组织信任	完全不符合		一般		完全符合
我相信我的公司是非常正直的	1	2	3	4	5
我在公司的发展是可预期的	1	2	3	4	5
我的公司总是值得信赖的	1	2	3	4	5
我相信公司的动机和意图是好的	1	2	3	4	5
公司在工作上公平地对待我和我的同事们	1	2	3	4	5
公司在工作上对我和我的同事是坦率直接的	1	2	3	4	5
我确定能完全相信公司的决策	1	2	3	4	5
我愿意一直留在公司为之效力	1	2	3	4	5

措施4：公司向飞行员公开道歉，声明公司方也应当承担一定的责任，并提高了所有飞行员的待遇和岗位津贴。

1. 针对公司的行为，您的反应是：

情绪反应	完全不符合		一般		完全符合
我对公司的行为感到恐惧	1	2	3	4	5
我对公司的行为感到愤怒	1	2	3	4	5
我对公司的行为感到厌恶	1	2	3	4	5
我对公司的行为感到蔑视	1	2	3	4	5
我对公司的行为感到悲哀	1	2	3	4	5
我对公司的行为感到内疚	1	2	3	4	5
我对公司的行为感到羞愧	1	2	3	4	5
我对公司的行为感到害羞	1	2	3	4	5
我对公司的行为感到充满敌意	1	2	3	4	5
我对公司的行为感到喜悦	1	2	3	4	5
我对公司的行为感到满意	1	2	3	4	5
我认为公司的行为是合理的	1	2	3	4	5
我认为公司的行为是客观公正的	1	2	3	4	5

2. 发生了这样的事情之后，您对公司的信任会产生怎样的变化？请根据上述情况勾选最能描述您感受的数字。

组织信任	完全不符合		一般		完全符合
我相信我的公司是非常正直的	1	2	3	4	5
我在公司的发展是可预期的	1	2	3	4	5
我的公司总是值得信赖的	1	2	3	4	5
我相信公司的动机和意图是好的	1	2	3	4	5
公司在工作上公平地对待我和我的同事们	1	2	3	4	5
公司在工作上对我和我的同事是坦率直接的	1	2	3	4	5
我确定能完全相信公司的决策	1	2	3	4	5
我愿意一直留在公司为之效力	1	2	3	4	5

请核对一下是否有漏答的问题。谢谢！

参考文献

[1] Adam, Avshalom M., Rachman-Moore, Dalia, "The Methods Used to Implement an Ethical Code of Conduct and Employee Attitudes", *Journal of Business Ethics*, Vol.54, No.3, 2004, pp. 223-242.

[2] Adams, Janet S., Tashchian, Armen, Shore, Ted H., "Codes of Ethics as Signals for Ethical Behavior", *Journal of Business Ethics*, Vol.29, No.3, 2001, pp. 199-211.

[3] Agarwala, Tanuja, "Innovative Human Resource Practices and Organizational Commitment: An Empirical Investigation", *The International Journal of Human Resource Management*, Vol.14, No.2, 2003, pp. 175-197.

[4] Alexopoulos, A., Monks, K., "A Social Capital Perspective On the Role of Human Resource Practices in Intra-Organisational Knowledge Sharing", The 5th International Conference on HRD Research and Practice across Europe, 2004.

[5] Allen, T. J., *Managing the Flow of Technology: Technology Transfer and the Dissemination of Technological Information within the R&D Organization*, Cambridge, MA: MIT Press, 1977.

[6] Alpaslan, Can M., Green, Sandy E., Mitroff, Ian I., "Corporate Governance in the Context of Crises: Towards a

Stakeholder Theory of Crisis Management", *Journal of Contingencies and Crisis Management*, Vol.17, No.1, 2009, pp. 38-49.

[7] Amarakoon, U., Weerawardena, J., Verreynne, M. L., "HR Innovation for Competitive Advantage: Insights from Australia", Singapore: GSTF: Global Science and Technology Forum, 2013, pp.25-28.

[8] Anderson-Connolly, Richard, Grunberg, Leon, Greenberg, Edward S., et al., "Is Lean Mean?: Workplace Transformation and Employee Well-Being", *Work*, *Employment & Society*, Vol.16, No.3, 2002, pp. 389-413.

[9] Aquino, K., Tripp, T. M., Bies, R. J., "Getting Even or Moving on? Power, Procedural Justice, and Types of Offense as Predictors of Revenge, Forgiveness, Reconciliation, and Avoidance in Organizations", *Journal of Applied Psychology*, Vol.91, No.3, 2006, pp. 653-668.

[10] Arthur, J. B., Boyles, T., "Validating the Human Resource System Structure: A Levels-Based Strategic HRM Approach", *Human Resource Management Review*, Vol.17, No.1, 2007, pp. 77-92.

[11] Arthur, Jeffrey B., "Effects of Human Resource Systems on Manufacturing Performance and Turnover", *Academy of Management Journal*, Vol.37, No.3, 1994, pp. 670-687.

[12] Badigannavar, Vidu, Kelly, John, "Partnership and Organizing: An Empirical Assessment of Two Contrasting Approaches to Union Revitalization in the UK", *Economic and Industrial Democracy*, Vol.32, No.1, 2011, pp. 5-27.

[13] Barnes, A., Macmillan, C., Markey, R., "Maintaining

Union Voice in the Australian University Sector: Union Strategy and Non-Union Forms of Employee Participation", *Journal of Industrial Relations*, Vol.55, No.4, 2013, pp. 565-582.

[14] Barrientos, S., Smith, S., "Do Workers Benefit from Ethical Trade? Assessing Codes of Labour Practice in Global Production Systems", *Third World Quarterly*, Vol.28, No.4, 2007, pp. 713-729.

[15] Barringer, Melissa W., Milkovich, G. T., "A Theoretical Exploration of the Adoption and Design of Flexible Benefit Plans: A Case of Human Resource Innovation", *Academy of Management Review*, Vol.23, No.2, 1998, pp. 305-324.

[16] Becerra, M., Gupta, A. K., "Perceived Trustworthiness within the Organization: The Moderating Impact of Communication Frequency on Trust or and Trustee Effects", *Organization Science*, Vol.14, No.1, 2003, pp. 32-44.

[17] Bies, R. J., Tripp, T. M., "Beyond Distrust: 'Getting Even' and the Need for Revenge", in R. M. Kramer & T. R. Tyler (Eds.), *Trust in Organizations*, Thousand Oaks, CA: Sage, 1996, pp. 246-260.

[18] Birkinshaw, J. M., Mol, M. J., "How Management Innovation Happens", *Sloan Management Review*, Vol.47, No.4, 2006, pp. 81-88.

[19] Birkinshaw, J., Hamel, G., Mol, M. J., "Management Innovation", *Academy of Management Review*, Vol.33, No.4, 2008, pp. 825-845.

[20] Blanchflower, David G., "International Patterns of Union Membership", *British Journal of Industrial Relations*, Vol.45, No.1,

2007, pp. 1-28.

[21] Bond, F. W., Donaldso-Feilder, E. J., "The Relative Importance of Psychological Acceptance and Emotional Intelligence to Workplace Well-Being", *British Journal of Guidance & Counselling*, Vol.32, No.2, 2004, pp. 187-203.

[22] Bondarouk, T., Looise, J. K., Lempsink, B., "Framing the Implementation of HRM Innovation: HR Professionals vs Line Managers in a Construction Company", *Personnel Review*, Vol.38, No.5, 2009, pp. 472-491.

[23] Bondy, Krista, Matten, Dirk, Moon, Jeremy, "The Adoption of Voluntary Codes of Conduct in MNCs: A Three-Country Comparative Study", *Business and Society Review*, Vol.109, No.4, 2004, pp. 449-477.

[24] Bondy, Krista, Matten, Dirk, Moon, Jeremy, "Multinational Corporation Codes of Conduct: Governance Tools for Corporate Social Responsibility?" *Corporate Governance: An International Review*, Vol.16, No.4, 2008, pp. 294-311.

[25] Born, Marieke J., Akkerman, Agnes, Torenvlied, Ren E., "Trust Your Boss or Listen to the Union? Information, Social Identification, Trust, and Strike Participation", *Mobilization: An International Quarterly*, Vol.18, No.2, 2013, pp. 161-178.

[26] Braun, Charley, "Organizational Infidelity: How Violations of Trust Affect the Employee-Employer Relationship", *The Academy of Management Executive*, Vol.11, No.4, 1997, pp. 94-95.

[27] Braun, Rainer, Gearhart, Judy, "Who Should Code Your Conduct? Trade Union and NGO Differences in the Fight for Workers' Rights", *Development in Practice*, Vol.14, No.1-2, 2004, pp. 183-

196.

[28] Brockbank, Wayne, "If HR were Really Strategically Proactive: Present and Future Directions in HR's Contribution to Competitive Advantage", *Human Resource Management*, Vol.38, No.4, 1999, pp. 337-352.

[29] Buren, H. J. V., Greenwood, M., "Enhancing Employee Voice: Are Voluntary Employer-Employee Partnerships Enough? *Journal of Business Ethics*, Vol.81, No.1, 2008, pp. 209-221.

[30] Burt, R. S., Knez, M., "Kinds of Third-Party Effects on Trust", *Rationality and Society*, Vol.7, No.3, 1995, pp. 255-292.

[31] Caldwell, Cam, Truong, Do X., Link, Pham T., et al., "Strategic Human Resource Management as Ethical Stewardship", *Journal of Business Ethics*, Vol.98, No.1, 2011, pp. 171-182.

[32] Carmeli, A., Schaubroeck, J., "Organisational Crisis-Preparedness: The Importance of Learning from Failures", *Long Range Planning*, Vol.41, No.2, 2008, pp. 177-196.

[33] Carmeli, Abraham, "Social Capital, Psychological Safety and Learning Behaviours from Failure in Organisations", *Long Range Planning*, Vol.40, No.1, 2007, pp. 30-44.

[34] Chen, S. J., "Human Resource Strategy and Unionization: Evidence from Taiwan", *The International Journal of Human Resource Management*, Vol.18, No.6, 2007, pp. 1116-1131.

[35] Cho, Yoon Jik, Ringquist, Evan J., "Managerial Trustworthiness and Organizational Outcomes", *Journal of Public Administration Research and Theory*, Vol.21, No.1, 2011, pp. 53-86.

[36] Christine, O. Connor, Dennis, Mortimer, "Union

Leadership: What is Transformational Leadership and Can It Make a Difference?" *International Employment Relations Review*, Vol.19, No.2, 2013, pp. 62-77.

[37] Chung, Sunwook, "Explaining Compliance: A Multi-Actor Framework for Understanding Labour Law Compliance in China", *Human Relations*, Vol.68, No.2, 2014, pp. 237-260.

[38] Clarke, M. A., Hill, L. S. R., "Promoting Employee Wellbeing and Improving Service Outcomes: The Role of HRM Practices", *Journal of Management & Organization*, Vol.18, No.5, 2012, pp. 702-713.

[39] Coombs, W. T., "The Protection Powers of Crisis Response Strategies: Managing Reputational Assets during a Crisis", *Journal of Promotion Management*, Vol.12, No.3/4, 2006, pp. 241-260.

[40] Coombs, W. T., Holladay, S. J., "Unpacking the Halo Effect: Reputation and Crisis Management", *Journal of Communication Management*, Vol.10, No.2, 2006, pp. 123-137.

[41] Coombs, W. Timothy, "Impact of Past Crises on Current Crisis Communication: Insights from Situational Crisis Communication Theory", *Journal of Business Communication*, Vol.41, No.3, 2004, pp. 265-289.

[42] Coombs, W. Timothy, Holladay, S. J., "Helping Crisis Managers Protect Reputational Assets: Initial Tests of the Situational Crisis Communication Theory", *Management Communication Quarterly*, Vol.16, No.2, 2002, pp. 165-186.

[43] Costigan, Robert D., Iiter, Selim S., Berman, J. Jason, "A Multi-Dimensional Study of Trust in Organizations", *Journal of Managerial Issues*, Vol.10, No.3, 1998, pp. 303-317.

[44] Cross, R., Cummings, J. N., "Tie and Network Correlates of Individual Performance in Knowledge-Intensive Work", *The Academy of Management Journal*, Vol.47, No.6, 2004, pp. 928-937.

[45] Davis, James H., Schoorman, David F., Mayer, Roger C., et al., "The Trusted General Manager and Business Unit Performance: Empirical Evidence of a Competitive Advantage", *Strategic Management Journal*, Vol.21, No.5, 2000, pp. 563-576.

[46] De Witte, Hans, De Cuyper, Nele, Handaja, Yasmin, et al., "Associations between Quantitative and Qualitative Job Insecurity and Well-Being", *International Studies of Management and Organization*, Vol.40, No.1, 2010, pp. 40-56.

[47] Desmet, P. T. M., Cremer, D. D., Dijk, E. V., "In Money we Trust?: The Use of Financial Compensations to Repair Trust in the Aftermath of Distributive Harm", *Organizational Behavior and Human Decision Processes*, Vol.114, No.2, 2011, pp. 75-86.

[48] Desmet, Pieter T. M., De Cremer, David, Van Dijk, Eric, "Trust Recovery Following Voluntary or Forced Financial Compensations in the Trust Game: The Role of Trait Forgiveness", *Personality and Individual Differences*, Vol.51, No.3, 2011, pp. 267-273.

[49] Dirks, K. T., Ferrin, D. L., "Trust in Leadership: Meta-Analytic Findings and Implications for Research and Practice", *Journal of Applied Psychology*, Vol.87, No.4, 2002, pp. 611-628.

[50] Dirks, K. T., Ferrin, D. L., "The Role of Trust in Organizational Settings", *Organization Science*, Vol.12, No.4, 2001, pp. 450-467.

[51] Dirks, Kurt T., Kim, Peter H., Ferrin, Donald L., et al., "Understanding the Effects of Substantive Responses on Trust Following a Transgression", *Organizational Behavior and Human Decision Processes*, Vol.114, No.2, 2011, pp. 87-103.

[52] Dirks, Kurt T., Lewicki, Roy J., Zaheer, Akbar, "Repairing Relationships within and between Organizations: Building a Conceptual Foundation", *Academy of Management Review*, Vol.34, No.1, 2009, pp. 68-84.

[53] Donaldson, T., Dunfee, T. W., "Toward a Unified Conception of Business Ethics: Integrative Social Contracts Theory", *The Academy of Management Review*, Vol.19, No.2, 1994, pp. 252-284.

[54] Dunn, J. R., Schweitzer, M. E., "Feeling and Believing: The Influence of Emotion on Trust", *Journal of Personality and Social Psychology*, Vol.88, No.5, 2005, pp. 736-748.

[55] Egels-Zandén, Niklas, "Revisiting Supplier Compliance with MNC Codes of Conduct: Recoupling Policy and Practice at Chinese Toy Suppliers", *Journal of Business Ethics*, Vol.119, No.1, 2014, pp. 59-75.

[56] Elangovan, A. R., Auer-Rizzi, W., Szabo, E., "Why Don't I Trust You Now? An Attributional Approach to Erosion of Trust", *Journal of Managerial Psychology*, Vol.22, No.1, 2007, pp. 4-24.

[57] Erwin, Patrick M., "Corporate Codes of Conduct: The Effects of Code Content and Quality on Ethical Performance", *Journal of Business Ethics*, Vol.99, No.4, 2011, pp. 535-548.

[58] Farazmand, Ali, "Innovation in Strategic Human Resource

Management: Building Capacity in the Age of Globalization", *Public Organization Review*, Vol.4, No.1, 2004, pp. 3-24.

[59] Farrell, B. J., Cobbin, D. M., "A Content Analysis of Codes of Ethics in Australian Enterprises", *Journal of Managerial Psychology*, Vol.11, No.1, 1996, pp. 37-55.

[60] Farrell, Brian J., Cobbin, Deirdre M., Farrell, Helen M., "Can Codes of Ethics Really Produce Consistent Behaviours?" *Journal of Managerial Psychology*, Vol.17, No.6, 2002, pp. 468-490.

[61] Fenwick, Tara, Bierema, Laura, "Corporate Social Responsibility: Issues for Human Resource Development Professionals", *International Journal of Training and Development*, Vol.12, No.1, 2008, pp. 24-35.

[62] Ferrin, D. L., Dirks, K. T., "The Use of Rewards to Increase and Decrease Trust: Mediating Processes and Differential Effects", *Organization Science*, Vol.14, No.1, 2003, pp. 18-31.

[63] Ferrin, D. L., Kim, P. H., Cooper, C. D., et al., "Silence Speaks Volumes: The Effectiveness of Reticence in Comparison to Apology and Denial for Responding to Integrity- and Competence-Based Trust Violations", *Journal of Applied Psychology*, Vol.92, No.4, 2007, pp. 893-908.

[64] Frenkel, S. J., "Globalization, Athletic Footwear Commodity Chains and Employment Relations in China", *Organization Studies*, Vol.22, No.4, 2001, pp. 531-562.

[65] Gabbay, S. M., Leenders, R. T. A., "Creating Trust through Narrative Strategy", *Rationality and Society*, Vol.15, No.4, 2003, pp. 509-539.

[66] Galpin, T., Whittington, J. L., "Merger Repair:

A Conceptual Framework for Restoring Employer/Employee Relationships", *Journal of Behavioral and Applied Management*, Vol.12, No.1, 2010, pp. 48-68.

[67] Gibb, Stephen, "The State of Human Resource Management: Evidence From Employees' Views of HRM Systems and Staff", *Employee Relations*, Vol.23, No.4, 2001, pp. 318-336.

[68] Gilbert, J. A., Tang, L. P., "An Examination of Organizational Trust Antecedents", *Public Personnel Management*, Vol.27, No.3, 1998, pp. 321-336.

[69] Gill, C., Meyer, D., "Union Presence, Employee Relations and High Performance Work Practices", *Personnel Review*, Vol.42, No.5, 2013, pp. 508-528.

[70] Gill, Carol, "Union Impact on the Effective Adoption of High Performance Work Practices", *Human Resource Management Review*, Vol.19, No.1, 2009, pp. 39-50.

[71] Gillespie, N., Dietz, G., "Trust Repair after an Organization-Level Failure", *The Academy of Management Review*, Vol.34, No.1, 2009, pp. 127-145.

[72] Godard, John, Frege, Carola M., "Labor Unions, Alternative Forms of Representation, and the Exercise of Authority Relations in the American Workplace", *Industrial and Labor Relations Review*, Vol.66, No.1, 2013, pp. 142-168.

[73] Goeddeke, Francis Xavier, Kammeyer-Mueller, J. D., "Perceived Support in a Dual Organizational Environment: Union Participation in a University Setting", *Journal of Organizational Behavior*, Vol.31, No.1, 2010, pp. 65-83.

[74] Gonçalves, S. P., Neves, J., "The Link between

Perceptions of Human Resource Management Practices and Employee Well-Being at Work", *Advances in Psychology Study*, Vol.1, No.1, 2012, pp. 31-38.

[75] Graafland, Johan, Van de Ven, Bert, Stoffele, Nelleke, "Strategies and Instruments for Organising CSR by Small and Large Businesses in the Netherlands", *Journal of Business Ethics*, Vol.47, No.1, 2003, pp. 45-60.

[76] Grover, Steven L., Hasel, Markus C., Manville, Caroline, et al., "Follower Reactions to Leader Trust Violations: A Grounded Theory of Violation Types, Likelihood of Recovery, and Recovery Process", *European Management Journal*, Vol.32, No.5, 2014, pp. 689-702.

[77] Halinen, A., Tähtinen, J., "A Process Theory of Relationship Ending", *International Journal of Service Industry Management*, Vol.13, No.2, 2002, pp. 163-180.

[78] Hamel, Gary, "The Why, What, and How of Management Innovation", *Harvard Business Review*, Vol.84, No.2, 2006, pp. 72-84.

[79] Han, Jian, Chou, Paul, Chao, Minston, et al., "The HR Competencies-HR Effectiveness Link: A Study in Taiwanese High-Tech Companies", *Human Resource Management*, Vol.45, No.3, 2006, pp. 391-406.

[80] Harris, L. C., Ogbonna, E., "Exploring Service Sabotage: The Antecedents, Types and Consequences of Frontline, Deviant, Anti-Service Behaviors", *Journal of Service Research*, Vol.4, No.3, 2002, pp. 163-183.

[81] Haselhuhn, M. P., Schweitzer, M. E., Wood, A. M., "How

Implicit Beliefs Influence Trust Recovery", *Psychological Science*, Vol.21, No.5, 2010, pp. 645-648.

[82] Havila, Virpi, Wilkinson, Ian, "The Principle of the Conservation of Business Relationship Energy: Or Many Kinds of New Beginnings", *Industrial Marketing Management*, Vol.31, No.3, 2002, pp. 191-203.

[83] Helliwell, J. F., Huang, H., "How's the Job? Well-Being and Social Capital in the Workplace", *Industrial & Labor Relations Review*, Vol.63, No.2, 2010, pp. 205-227.

[84] Hoang, D., Jones, B., "Why do Corporate Codes of Conduct Fail? Women Workers and Clothing Supply Chains in Vietnam", *Global Social Policy*, Vol.12, No.1, 2012, pp. 67-85.

[85] Huang, Yi-Hui, "Trust and Relational Commitment in Corporate Crise: The Effects of Crisis Communicative Strategy and Form of Crisis Response", *Journal of Public Relations Research*, Vol.20, No.3, 2008, pp. 297-327.

[86] Izard, C. E., *Human Emotions*, New York: Plenum Press, 1977.

[87] Janowicz-Panjaitan, M., Krishnan, R., "Measures for Dealing with Competence and Integrity Violations of Inter-Organizational Trust at the Corporate and Operating Levels of Organizational Hierarchy", *Journal of Management Studies*, Vol.46, No.2, 2009, pp. 245-268.

[88] Johnson, J. L., O'Leary Kelly, A. M., "The Effects of Psychological Contract Breach and Organizational Cynicism: Not All Social Exchange Violations are Created Equal", *Journal of Organizational Behavior*, Vol.24, No.5, 2003, pp. 627-647.

[89] Joseph, E. E., Winston, B. E., "A Correlation of Servant Leadership, Leader Trust, and Organizational Trust", *Leadership & Organization Development Journal*, Vol.26, No.1, 2005, pp. 6-22.

[90] Kaptein, M., Wempe, J., "Twelve Gordian Knots When Developing a Code of Conduct", *Journal of Business Ethics*, Vol.17, No.8, 1998, pp. 853-869.

[91] Kaptein, Muel, "Business Codes of Multinational Firms: What do They Say?" *Journal of Business Ethics*, Vol.50, No.1, 2004, pp. 13-31.

[92] Kaptein, Muel, "Toward Effective Codes: Testing the Relationship with Unethical Behavior", *Journal of Business Ethics*, Vol.99, No.2, 2011, pp. 233-251.

[93] Kaptein, Muel, Schwartz, Mark S., "The Effectiveness of Business Codes: A Critical Examination of Existing Studies and the Development of an Integrated Research Model", *Journal of Business Ethics*, Vol.77, No.2, 2007, pp. 111-127.

[94] Karnes, Roger Eugene, "A Change in Business Ethics: The Impact on Employer-Employee Relations", *Journal of Business Ethics*, Vol.87, No.2, 2009, pp. 189-197.

[95] Kaufman, Bruce E., "High-Level Employee Involvement at Delta Air Lines", *Human Resource Management*, Vol.42, No.2, 2003, pp. 175-190.

[96] Ki, Eyun-Jung, Choi, Hong-Lim, Lee, Junghyuk, "Does Ethics Statement of a Public Relations Firm Make a Difference? Yes It Does!" *Journal of Business Ethics*, Vol.105, No.2, 2012, pp. 267-276.

[97] Kim, H. J., Cameron, G. T., "Emotions Matter in Crisis:

The Role of Anger and Sadness in the Publics' Response to Crisis News Framing and Corporate Crisis Response", *Communication Research*, Vol.38, No.6, 2011, pp. 826-855.

[98] Kim, P., Dirks, K., Cooper, C., "The Repair of Trust: A Dynamic Bi-Lateral Perspective and Multi-Level Conceptualization", *The Academy of Management Review*, Vol.34, No.3, 2009, pp. 401-422.

[99] Kim, Peter H., Cooper, Cecily D., Dirks, Kurt T., et al., "Repairing Trust with Individuals vs Groups", *Organizational Behavior and Human Decision Processes*, Vol.120, No.1, 2013, pp. 1-14.

[100] Kim, Peter H., Dirks, Kurt T., Cooper, Cecily D., et al., "When More Blame is Better than Less: The Implications of Internal vs. External Attributions for the Repair of Trust after a Competence-vs. Integrity-Based Trust Violation", *Organizational Behavior and Human Decision Processes*, Vol.99, No.1, 2006, pp. 49-65.

[101] Kim, Peter H., Ferrin, Donald L., Cooper, Cecily D., et al., "Removing the Shadow of Suspicion: The Effects of Apology versus Denial for Repairing Competence-versus Integrity-Based Trust Violations", *Journal of Applied Psychology*, Vol.89, No.1, 2004, pp. 104-118.

[102] Kolk, Ans, Van Tulder, Rob, "Child Labor and Multinational Conduct: A Comparison of International Business and Stakeholder Codes", *Journal of Business Ethics*, Vol.36, No.3, 2002, pp. 291-301.

[103] Korsgaard, M. A., Brodt, S. E., Whitener, E. M., "Trust

in the Face of Conflict: The Role of Managerial Trust-Worthy Behavior and Organizational Context", *Journal of Applied Psychology*, Vol.87, No.2, 2002, pp. 312-319.

[104] Kossek, Ellen Ernst, "The Acceptance of Human Resource Innovation by Multiple Constituencies", *Personnel Psychology*, Vol.42, No.2, 1989, pp. 263-281.

[105] Kossek, Ellen Ernst, "Human Resources Management Innovation", *Human Resource Management*, Vol.26, No.1, 1987, pp. 71-92.

[106] Kossek, Ellen Ernst, Dass, Parshotam, Demarr, Beverly, "The Dominant Logic of Employer-Sponsored Work and Family Initiatives: Human Resource Managers' Institutional Role", *Human Relations*, Vol.47, No.9, 1994, pp. 1121-1149.

[107] Kuvaas, B., Dysvik, A., "Does Best Practice HRM Only Work for Intrinsically Motivated Employees?" *The International Journal of Human Resource Management*, Vol.21, No.13, 2010, pp. 2339-2357.

[108] Kwon, Soon Sik, "Does Labor-Management Partnership Deprive Union Members of Activism Toward their Unions?: Evidence from Union Members in Korea", *The International Journal of Human Resource Management*, Vol.25, No.11, 2014, pp. 1613-1630.

[109] Lefebvre, M., Singh, J. B., "A Comparison of the Contents and Foci of Canadian and American Corporate Codes of Ethics", *International Journal of Management*, Vol.13, No.2, 1996, pp. 156-170.

[110] Lepak, D. P., Marrone, J. A., Takeuchi, R., "The Relativity of HR Systems: Conceptualizing the Impact of Desired

Employee Contributions and HR Philosophy", *International Journal of Technology Management*, Vol.27, No.6/7, 2004, pp. 639-655.

[111] Lewicki, R. J., Bunker, B. B., "Developing and Maintaining Trust in Work Relationships", in R. M. Kramer & T. R. Tylert, *Trust in Organizations: Frontiers of Theory and Research*, Thousand Oaks: Sage Publications, 1996, pp. 114-139.

[112] Lewicki, R. J., Wiethoff, C., "Trust, Trust Development, and Trust Repair", in M. Deutsch & P. T. Coleman, *The Handbook of Conflict Resolution Theory and Practice*, San Francisco, CA: Jossey-Bass, 2000, pp. 86-107.

[113] Lount, R. B. Jr, Zhong, C. B., Sivanathan, N., et al., "Getting off on the Wrong Foot: The Timing of a Breach and the Restoration of Trust", *Personality and Social Psychology Bulletin*, Vol.34, No.12, 2008, pp. 1601-1612.

[114] Lugli, Ennio, Kocollari, Ulpiana, Nigrisoli, Chiara, "The Codes of Ethics of S&P/MIB Italian Companies: An Investigation of Their Contents and the Main Factors that Influence Their Adoption", *Journal of Business Ethics*, Vol.84, No.S1, 2009, pp. 33-45.

[115] Lyubomirsky, S., King, L., Diener, E., "The Benefits of Frequent Positive Affect: Does Happiness Lead to Success?" *Psychological Bulletin*, Vol.131, No.6, 2005, pp. 803-855.

[116] Mayer, Roger C., Davis, James H., Schoorman, F. David, "An Integrative Model of Organizational Trust", *The Academy of Management Review*, Vol.20, No.3, 1995, pp. 709-734.

[117] Mckinney, Joseph A., Moore, Carlos W., "International Bribery: Does a Written Code of Ethics Make a Difference in Perceptions of Business Professionals", *Journal of Business Ethics*,

Vol.79, No.1-2, 2008, pp. 103-111.

[118] Mijatovic, Ivana S., Stokic, Dusan, "The Influence of Internal and External Codes on CSR Practice: The Case of Companies Operating in Serbia", *Journal of Business Ethics*, Vol.94, No.4, 2010, pp. 533-552.

[119] Mirvis, P. H., "Human Resource Management: Leaders, Laggards and Followers", *Academy of Management Perspectives*, Vol.11, No.2, 1997, pp. 43-56.

[120] Mol, Michael J., Birkinshaw, Julian, "The Sources of Management Innovation: When Firms Introduce New Management Practices", *Journal of Business Research*, Vol.62, No.12, 2009, pp. 1269-1280.

[121] Molden, D. C., Finkel, E. J., "Motivations for Promotion and Prevention and the Role of Trust and Commitment in Interpersonal Forgiveness", *Journal of Experimental Social Psychology*, Vol.46, No.2, 2010, pp. 255-268.

[122] Murphy, G. D., Southey, G., "High Performance Work Practices: Perceived Determinants of Adoption and the Role of the HR Practitioner", *Personnel Review*, Vol.32, No.1-2, 2003, pp. 73-92.

[123] Murphy, Patrick E., "Corporate Ethics Statements: Current Status and Future Prospects", *Journal of Business Ethics*, Vol.14, No.9, 1995, pp. 727-740.

[124] Nakayachi, Kazuya, Watabe, Motoki, "Restoring Trustworthiness after Adverse Events: The Signaling Effects of Voluntary 'Hostage Posting' on Trust", *Organizational Behavior and Human Decision Processes*, Vol.97, No.1, 2005, pp. 1-17.

[125] Ng, T. W., Feldman, D. C., "The Effects of

Organizational Embeddedness on Development of Social Capital and Human Capital", *Journal of Applied Psychology*, Vol.95, No.4, 2010, pp. 696-712.

[126] Ni, Lan, "Strategic Role of Relationship Building: Perceived Links between Employee-Organization Relationships and Globalization Strategies", *Journal of Public Relations Research*, Vol.21, No.1, 2009, pp. 100-120.

[127] Nijhof, André, "Measuring the Implementation of Codes of Conduct: An Assessment Method Based on a Process Approach of the Responsible Organization", *Journal of Business Ethics*, Vol.45, No.1/2, 2003, pp. 65-78.

[128] O'Dwyer, Brendan, Madden, Grainne, "Ethical Codes of Conduct in Irish Companies: A Survey of Code Content and Enforcement Procedures", *Journal of Business Ethics*, Vol.63, No.3, 2006, pp. 217-236.

[129] O'Fallon, Michael J., Butterfield, Kenneth D., "A Review of the Empirical Ethical Decision-Making Literature: 1996-2003", *Journal of Business Ethics*, Vol.59, No.4, 2005, pp. 375-413.

[130] Ollier-Malaterre, Ariane, Mcnamara, Tay, Matz-Costa, Christina, et al., "Looking up to Regulations, out at Peers or down at the Bottom Line: How Institutional Logics Affect the Prevalence of Age-Related HR Practices", *Human Relations*, Vol.66, No.10, 2013, pp. 1373-1395.

[131] Pate, J., Morgan-Thomas, A., Beaumont, P., "Trust Restoration: An Examination of Senior Managers Attempt to Rebuild Employee Trust", *Human Resource Management Journal*, Vol.22,

No.2, 2012, pp. 148-164.

[132] Pedone, R., "Disaster Recovery—Are You Prepared for Business Disruption", *Long Island Business News*, 1997, pp. 23-24.

[133] Perry, R. W., Mankin, L. D., "Organizational Trust, Trust in the Chief Executive and Work Satisfaction", *Public Personnel Management*, Vol.36, No.2, 2007, pp. 165-179.

[134] Petersen, Lars-Eric, Krings, Franciska, "Are Ethical Codes of Conduct Toothless Tigers for Dealing with Employment Discrimination?" *Journal of Business Ethics*, Vol.85, No.4, 2009, pp. 501-514.

[135] Redman, Tom, Snape, Ed, "Exchange Ideology and Member-Union Relationships: An Evaluation of Moderation Effects", *Journal of Applied Psychology*, Vol.90, No.4, 2005, pp. 765-773.

[136] Rego, A., Pina, E., Cunha, M., "Do the Opportunities for Learning and Personal Development Lead to Happiness? It Depends on Work-Family Conciliation", *Journal of Occupational Health Psychology*, Vol.14, No.3, 2009, pp. 334-348.

[137] Ren, Hong, Gray, Barbara, "Repairing Relationship Conflict: How Violation Types and Culture Influence the Effectiveness of Restoration Rituals", *The Academy of Management review*, Vol.34, No.1, 2009, pp. 105-126.

[138] Rhee, Mooweon, Valdez, Michael, "Contextual Factors Surrounding Reputation Damage with Potential Implications for Reputation Repair", *The Academy of Management Review*, Vol.34, No.1, 2009, pp. 146-168.

[139] Robinson, Sandra L., "Trust and Breach of the Psychological Contract", *Administrative Science Quarterly*, Vol.41,

No.4, 1996, pp. 574-599.

[140] Rutherford, Matthew W., Buller, Paul F., Mcmullen, Patrick R., "Human Resource Management Problems over the Life Cycle of Small to Medium-Sized Firms", *Human Resource Management*, Vol.42, No.4, 2003, pp. 321-335.

[141] Sama, Linda M., "Interactive Effects of External Environmental Conditions and Internal Firm Characteristics on MNEs' Choice of Strategy in the Development of a Code of Conduct", *Business Ethics Quarterly*, Vol.16, No.2, 2006, pp. 137-165.

[142] Schilke, O., Reimann, M., Cook, K. S., "Effect of Relationship Experience on Trust Recovery Following a Breach", *Proceedings of the National Academy of Sciences*, Vol.110, No.38, 2013, pp. 15236-15241.

[143] Schoorman, F. D., Mayer, R. C., Davis, J. H., "An Integrative Model of Organizational Trust: Past, Present and Future", *Academy of Management Review*, Vol.32, No.2, 2007, pp. 344-354.

[144] Schwartz, Mark S., "The Nature of the Relationship between Corporate Codes of Ethics and Behavior", *Journal of Business Ethics*, Vol.32, No.3, 2001, pp. 247-262.

[145] Schwartz, Mark S., "Effective Corporate Codes of Ethics: Perceptions of Code Users", *Journal of Business Ethics*, Vol.55, No.4, 2004, pp. 323-343.

[146] Schwartz, Mark S., "Universal Moral Values for Corporate Codes of Ethics", *Journal of Business Ethics*, Vol.59, No.1-2, 2005, pp. 27-44.

[147] Schweitzer, Maurice E., Hershey, John C., Bradlow, Eric T., "Promises and Lies: Restoring Violated Trust",

Organizational Behavior and Human Decision Processes, Vol.101, No.1, 2006, pp. 1-19.

[148] Searle, R., Den Hartog, D. N., Weibel, A., et al., "Trust in the Employer: The Role of High-Involvement Work Practices and Procedural Justice in European Organizations", *The International Journal of Human Resource Management*, Vol.22, No.5, 2011, pp. 1069-1092.

[149] Shani, D. N., Divyapriya, P., Logeshwari, K., "Human Resource Philosophy", *International Journal of Management*, Vol.2, No.1, 2011, pp. 61-68.

[150] Silver, David, "Corporate Codes of Conduct and the Value of Autonomy", *Journal of Business Ethics*, Vol.59, No.1, 2005, pp. 3-8.

[151] Singh, Jang, Carasco, Emily, Svensson, Goran, et al., "A Comparative Study of the Contents of Corporate Codes of Ethics in Australia, Canada and Sweden", *Journal of World Business*, Vol.40, No.1, 2005, pp. 91-109.

[152] Six, F., Sorge, A., "Creating a High-Trust Organization: An Exploration into Organizational Policies that Stimulate Interpersonal Trust Building", *Journal of Management Studies*, Vol.45, No.5, 2008, pp. 857-884.

[153] Sørensen, O. H., Hasle, Peter, Pejtersen, Jan H., "Trust Relations in Management of Change", *Scandinavian Journal of Management*, Vol.27, No.4, 2011, pp. 405-417.

[154] Sparrowe, Raymond T., Liden, Robert C., Wayne, Sandy J., et al., "Social Networks and the Performance of Individuals and Groups", *The Academy of Management Journal*, Vol.44, No.2,

2001, pp. 316-325.

[155] Spector, M. D., Jones, G. E., "Trust in the Workplace: Factors Affecting Trust Formation between Team Members", *The Journal of Social Psychology*, Vol.144, No.3, 2004, pp. 311-321.

[156] Stevens, Betsy, "An Analysis of Corporate Ethical Code Studies: 'Where do We Go from Here?'" *Journal of Business Ethics*, Vol.13, No.1, 1994, pp. 63-69.

[157] Stevens, Betsy, "Corporate Ethical Codes: Effective Instruments for Influencing Behavior", *Journal of Business Ethics*, Vol.78, No.4, 2008, pp. 601-609.

[158] Subramony, Mahesh, "Why Organizations Adopt Some Human Resource Management Practices and Reject Others: An Exploration of Rationales", *Human Resource Management*, Vol.45, No.2, 2006, pp. 195-210.

[159] Svensson, Göran, Wood, Greg, Singh, Jang, et al., "Implementation, Communication and Benefits of Corporate Codes of Ethics: An International and Longitudinal Approach for Australia, Canada and Sweden", *Business Ethics: A European Review*, Vol.18, No.4, 2009, pp. 389-407.

[160] Tannenbaum, Scott I., Dupuree-Bruno, Lisa M., "The Relationship between Organizational and Environmental Factors and the Use of Innovative Human Resource Practices", *Group & Organization Management*, Vol.19, No.2, 1994, pp. 171-202.

[161] Tomlinson, E. C., "The Context of Trust Repair Efforts: Exploring the Role of Relationship Dependence and Outcome Severity", *Journal of Trust Research*, Vol.1, No.2, 2011, pp. 139-157.

[162] Tomlinson, E. C., Mayer, R. C., "The Role of Casual

Attribution Dimensions in Trust Repair", *The Academy of Management Review*, Vol.34, No.1, 2009, pp. 85-104.

[163] Tomlinson, Edward C., Dineen, Brian R., Lewicki, Roy J., "The Road to Reconciliation: Antecedents of Victim Willingness to Reconcile Following a Broken Promise", *Journal of Management*, Vol.30, No.2, 2004, pp. 165-187.

[164] Tsui, Anne S., Wang, D., "Employment Relationships from the Employer's Perspective: Current Research and Future Directions", in C. L. Cooper & I. T. Robertson, *International Review of Industrial and Organizational Psychology*, Chichester, UK: Wiley, 2002, pp. 77-114.

[165] Tsui, Anne S., Wu, J. B., "The New Employment Relationship versus the Mutual Investment Approach: Implications for Human Resource Management", *Human Resource Management*, Vol.44, No.2, 2005, pp. 115-121.

[166] Tymon, W. G., Stumpf, S. A., "Social Capital in the Success of Knowledge Workers", *Career Development International*, Vol.8, No.1, 2003, pp. 12-20.

[167] Van Buren Ⅲ, H. J., Greenwood, M., Sheehan, C., "Strategic Human Resource Management and the Decline of Employee Focus", *Human Resource Management Review*, Vol.21, No.3, 2011, pp. 209-219.

[168] Van Tulder, Rob, Kolk, Ans, "Multi-Nationality and Corporate Ethics: Codes of Conduct in the Sporting Goods Industry", *Journal of International Business Studies*, Vol.32, No.2, 2001, pp. 267-283.

[169] Waddington, J., Kerr, A., "Unions Fit for Young

Workers?" *Industrial Relations Journal*, Vol.33, No.4, 2002, pp. 298-315.

[170] Wang, Hong-Zen, "Asian Transnational Corporations and Labor Rights: Vietnamese Trade Unions in Taiwan-Invested Companies", *Journal of Business Ethics*, Vol.56, No.1, 2005, pp. 43-53.

[171] Wang, Jia, "Developing Organizational Learning Capacity in Crisis Management", *Advances in Developing Human Resources*, Vol.10, No.3, 2008, pp. 425-445.

[172] Whitener, Ellen M., "The Impact of Human Resource Activities on Employee Trust", *Human Resource Management Review*, Vol.7, No.4, 1997, pp. 389-404.

[173] Wolfe, Richard A., "Human Resource Management Innovations: Determinants of Their Adoption and Implementation", *Human Resource Management*, Vol.34, No.2, 1995, pp. 313-327.

[174] Wong, Yui Tim, Ngo, Hang Yue, Wong, Chi Sum, "Antecedents and Outcomes of Employees' Trust in Chinese Joint Ventures", *Asia Pacific Journal of Management*, Vol.20, No.4, 2003, pp. 481-499.

[175] Wood, Greg, "A Cross Cultural Comparison of the Contents of Codes of Ethics: USA, Canada and Australia", *Journal of Business Ethics*, Vol.25, No.4, 2000, pp. 287-298.

[176] Wood, Greg, Svensson, Goran, Singh, Jang, et al., "Implementing the Ethos of Corporate Codes of Ethics: Australia, Canada, and Sweden", *Business Ethics*, *A European Review*, Vol.13, No.4, 2004, pp. 389-403.

[177] Xie, Y., Peng, S., "How to Repair Customer Trust

after Negative Publicity: The Effects of Competence, Benevolence, Integrity and Forgiveness", *Psychology & Marketing*, Vol.26, No.7, 2009, pp. 572-589.

[178] Yuki, Masaki, Maddux, William W., Brewer, Marilynn B., et al., "Cross-Cultural Differences in Relationship- and Group-Based Trust", *Personality and Social Psychology*, Vol.31, No.1, 2005, pp. 48-62.

[179][美] 贝克·布莱恩、休斯里德·马克、迪夫·乌里奇等:《人力资源记分卡》,机械工业出版社 2003 年版。

[180] 蔡翔、李燎原:《组织内部信任的内涵、特点与功能》,《改革与战略》2006 年第 11 期。

[181] 陈春花、刘祯:《反生产力工作行为研究述评》,《管理学报》2010 年第 6 期。

[182] 陈惠芳:《人力资源管理创新及其影响因素之研究——技术接受模式观点》,《东吴经济商学学报》1994 年第 50 期。

[183] 陈阅、时勘、罗东霞:《组织内信任的维持与修复》,《心理科学进展》2010 年第 4 期。

[184] 韩平、闫围、曹洁琼:《企业内人际信任修复的研究内容与框架》,《西安交通大学学报(社会科学版)》2012 年第 2 期。

[185] 李黎青、周学军:《解读组织支持对人力资源管理创新的影响》,《江西社会科学》2008 年第 10 期。

[186] 刘军、刘小禹、任兵:《员工离职:雇佣关系框架下的追踪研究》,《管理世界》2007 年第 12 期。

[187] 刘星、高嘉勇:《国外最新组织信任修复模型评介》,《外国经济与管理》2010 年第 4 期。

[188] 皮永华、宝贡敏:《西方组织报复行为理论研究述评》,《外国经济与管理》2006 年第 3 期。

[189] 祁顺生、贺宏卿:《组织内信任的影响因素》,《心理科学进展》2006 年第 6 期。

[190] 孙红萍、刘向阳:《个体知识共享意向的社会资本透视》,《科学学与科学技术管理》2007 年第 1 期。

[191] 韦慧民、蒋白梅:《基于双主体视角的组织内信任修复模型构建》,《广西大学学报(哲学社会科学版)》2012 年第 2 期。

[192] 韦慧民、龙立荣:《主管认知信任和情感信任对员工行为及绩效的影响》,《心理学报》2009 年第 1 期。

[193] 吴娅雄、贾志永:《信任修复理论前沿探析》,《科技管理研究》2012 年第 5 期。

[194] 项保华、刘丽珍:《社会资本与人力资本的互动机制研究》,《科学管理研究》2007 年第 3 期。

[195] 姚琦、乐国安、赖凯声等:《信任修复:研究现状及挑战》,《心理科学进展》2012 年第 6 期。

[196] 张红芳、吴威:《心理资本、人力资本与社会资本的协同作用》,《经济管理》2009 年第 7 期。

[197] 张建卫、刘玉新:《企业反生产行为:概念与结构解析》,《心理科学进展》2009 年第 5 期。

[198] 赵书松、喻冬平:《绩效考核导致的员工反生产行为及其控制》,《中国人力资源开发》2009 年第 11 期。

[199] 郑伯埙:《华人人际关系研究的困境与出路》,《本土心理学研究》1999 年第 12 期。

[200] 周宇、陈天白:《通钢事变:国企重组改制与总经理陈国君之死》,《凤凰周刊》2009 年第 23 期。

策划编辑:郑海燕

封面设计:林芝玉

责任校对:吕　飞

图书在版编目(CIP)数据

员工—组织关系修复与管理创新:社会契约理论的视角/陈建安 著.
　-北京:人民出版社,2015.12
ISBN 978－7－01－015408－4

Ⅰ.①员…　Ⅱ.①陈…　Ⅲ.①企业管理-人力资源管理-研究
　Ⅳ.①F272.92

中国版本图书馆 CIP 数据核字(2015)第 248250 号

员工—组织关系修复与管理创新

YUANGONG ZUZHI GUANXI XIUFU YU GUANLI CHUANGXIN

——社会契约理论的视角

陈建安　著

人民出版社 出版发行

(100706　北京市东城区隆福寺街99号)

北京汇林印务有限公司印刷　新华书店经销

2015 年 12 月第 1 版　2015 年 12 月北京第 1 次印刷
开本:710 毫米×1000 毫米 1/16　印张:19.25
字数:238 千字

ISBN 978－7－01－015408－4　定价:55.00 元

邮购地址　100706　北京市东城区隆福寺街 99 号
人民东方图书销售中心　电话　(010)65250042　65289539